2014年会计从业资格考试无纸化应试通

初级会计电算化

CHUJI KUAIJI DIANSUANHUA

无纸化应试通

会计从业资格考试命题研究组　编

上海财经大学出版社

图书在版编目(CIP)数据

初级会计电算化 /会计从业资格考试命题研究组编．—上海：上海财经大学出版社，2013.5
(会计从业资格考试无纸化应试通)
ISBN 978-7-5642-1652-8/F.1652

Ⅰ.①初…　Ⅱ.①会…　Ⅲ.①会计电算化—资格考试—自学参考资料　Ⅳ.①F232

中国版本图书馆 CIP 数据核字(2013)第 107666 号

□ 责任编辑　施春杰
□ 封面设计　天　一

会计从业资格考试无纸化应试通
初级会计电算化

上海财经大学出版社出版发行
(上海市武东路 321 号乙　邮编 200434)
网　　址：http://www.sufep.com
电子邮箱：webmaster @ sufep.com
全国新华书店经销
河南理想印刷有限公司
2013 年 7 月第 1 版　2013 年 7 月第 1 次印刷

787mm×1092mm　1/16　16.5 印张　402 千字
印数：0 001—3 000　定价：32.00 元

前　言

会计从业资格证书是进入会计职业、从事会计工作的“门槛”。凡申请会计从业资格证书的人员都必须参加会计从业资格考试，成绩合格、符合规定的方可获得会计从业资格证书。

为了更好地服务广大考生，在财政厅等相关部门的指导下，我们特组织了具有丰富会计从业资格考试经验的教授及命题专家，严格按照会计从业资格考试大纲和2013年7月1日起施行的《会计从业资格管理办法》编写、出版了这套书，包括《会计基础》、《财经法规与会计职业道德》和《初级会计电算化》。

本书的“**知识梳理**”部分由资深命题专家精心组编，语言精练、内容翔实，形成了科学完备的知识体系；同时“**同步强化训练**”部分题型丰富、考点全面，能够及时帮助考生强化所学知识。本书后特附3套命题预测试卷，均按照最新题型题量编写，使考生能够进行综合性实践演练。

本书以全新的版式编排全文，一方面，将“精典例题”穿插于知识讲解中，使学练结合，帮助考生理解所学知识；另一方面，独立于正文之外的“名师点拨”、“考生反馈”及时点明了重要考点，并拓展了相关知识，使考生更加明确考试重点、把握考试方向，从而提升综合应试能力。此外，本书更新了第四章的知识内容，一方面重要实务操作部分配有操作图片，另一方面新增了计算机基本操作要求的知识内容，使第四章从整体内容上更具有实用性和可读性，更加适合考试使用。

由于编写时间仓促，不足之处在所难免，恳请同行及广大读者批评指正，以便再版时修正。

预祝广大考生顺利通过考试，轻松取得会计从业资格证书！

会计从业资格考试命题研究组

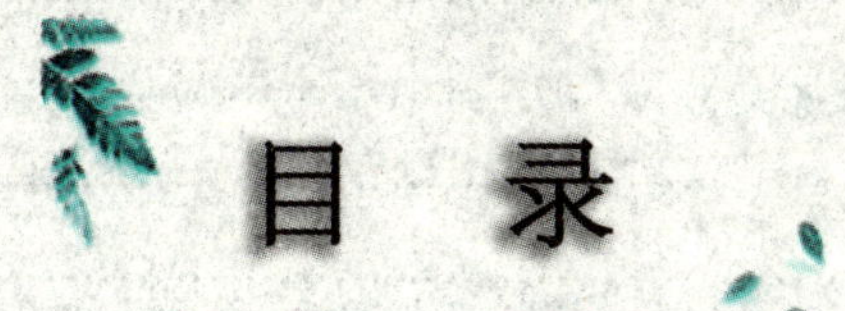

目　录

第一章 会计电算化概述

本章要点

1. 会计信息化的含义。
2. 会计信息化的发展阶段。
3. 探索起步阶段的时间、基本特征。
4. 推广发展阶段的时间、基本特征。
5. 渗透融合阶段的基本特征。
6. 集成管理阶段的基本特征。
7. 会计核算软件的概念、发展过程。
8. 会计核算软件的分类。
9. 会计核算软件的功能模块。
10. 会计核算软件与手工记账的异同。

知识梳理

一、会计电算化简介

会计信息化，就是会计工作与电子计算机、网络技术的有机融合，即充分利用电子计算机和网络技术，更好地发挥会计的职能作用，极大地提高会计工作的效能和水平。我国会计信息化工作经历了模拟手工记账的探索起步阶段、与企业其他业务相结合的推广发展阶段、适应会计准则和制度的发展要求引入会计专业判断的渗透融合阶段，以及与内部控制相结合建立企业资源计划(Enterprise Resource Planning，简称 ERP)系统的集成管理阶段。其中，会计电算化是会计信息化的初级阶段，是会计信息化的基础工作。掌握会计电算化知识，是对会计从业人员的基本要求。

【名师点拨】

会计电算化的概念有广义和狭义之分。狭义的会计电算化，是指以电子计算机为主体的当代电子信息技术在会计中的应用。广义的会计电算化，是指与实现会计工作电算化有关的所有工作。

精典例题

[例 1-1·多选] 我国会计信息工作经历了(　　)几个阶段。

A. 探索起步阶段

B. 推广发展阶段

C. 渗透融合阶段

D. 集成管理阶段

[答案] ABCD

【解析】 我国会计信息化工作经历了模拟手工记账的探索起步阶段、与企业其他业务相结合的推广发展阶段、适应会计准则和制度的发展要求引入会计专业判断的渗透融合阶段,以及与内部控制相结合建立 ERP 系统的集成管理阶段。

(一)模拟手工记账的探索起步阶段

【名师点拨】

我国会计电算化在起步阶段的发展特点主要体现在以下几个方面:①此阶段会计软件的内容是用计算机模拟手工记账。②此阶段会计软件开发目标是实现会计核算电算化。③此阶段会计软件的特点是程序简单,程序和数据是相互联系的,没有数据管理。会计软件生成的数据都是一个个信息"孤岛",缺乏信息共享。

我国会计电算化是从 20 世纪 80 年代起步的。当时,我国会计电算化主要处于实验试点和理论研究阶段。在这一阶段的早期,财政部向相关试点单位拨款,进行会计电算化试点工作,由此拉开了我国会计电算化工作的序幕。当时将计算机在会计工作中的应用简称为会计电算化。

在这一时期,多数企业和会计人员对"电算化"的理解是设计一个专门的账务处理程序,模拟替代手工记账算账,利用电子计算机来处理会计账务。

模拟手工记账阶段的基本特征是采用相应的数据库管理系统,并开发企业自身的**"账务处理系统"**。虽然数据库等工具已开始被引入会计工作,但各单位开展这些工作的出发点主要还只是为了让会计人员从复杂的手工劳动中解放出来,减轻会计人员的工作量,提高劳动效率和信息输出速度,并没有主动将其作为企业信息化建设的重要组成部分。

这一时期所开发的会计核算软件,实质上是将电子计算机作为一个高级的计算工具用于会计领域,系统开发的目标是使会计人员摆脱手工账务处理过程中繁复易错的重复劳动,因而在其应用过程中还不能实现最大限度的数据共享,容易造成电算化会计数据资源的浪费,也无法使实现电算化的会计信息与企业其他信息系统的有效融合,从而在企业内部造成一个个信息"孤岛"。原始的电算化会计工作也成为信息"孤岛"之一,无法充分发挥应有的作用。

财政部于 1989 年底和 1990 年 7 月先后颁布了《会计核算软件管理的几项规定(试行)》和《关于会计核算软件评审问题的补充规定(试行)》两个文件,确定了商品化会计核算软件的评审制度和标准。

(二)与其他业务相结合的推广发展阶段

进入20世纪90年代后,企业开始将单项会计核算业务电算化统合、扩展为全面电算化,将企业内的信息“孤岛”与企业连接。

在这一阶段,企业积极研究对传统会计组织和业务处理流程的重整,从而实现企业内部以会计核算系统为核心的信息集成化,其主要特征是在企业组织内部实现会计信息和业务信息的一体化,并在两者之间实现无缝联结,使会计信息和业务信息能够做到你中有我、我中有你。信息集成的结果是信息的有效共享和利用,所有相关原始数据只要输入一次,就能做到分次或多次利用,既减少了数据输入的工作量,又实现了数据的一致性,还保证了数据的共享性。

同期,商品化会计电算化软件开始蓬勃发展。为正确引导企业实施电算化、指引软件开发公司为企业提供更好的电算化软件,财政部先后印发了《关于发展我国会计电算化事业的意见》(1994年5月4日发布)、《会计电算化管理办法》(1994年6月30日发布)、《会计电算化工作规范》(1996年6月10日发布)等一系列规章制度,并启动了商品化会计核算软件的审批工作,有力地推进了我国会计软件行业产业化、规范化发展的进程。

由于软件水平的提高和计算机的更多应用,这一时期的会计电算化工作顺利地完成了由单项会计核算业务电算化到全面电算化的升级发展,并由部分企业推广到全面普及。同时,这一时期商品化会计电算化软件的发展,也为推动我国民族会计软件产业大发展奠定了基础。

(三)引入会计专业判断的渗透融合阶段

会计准则体系引入了会计专业判断的要求。同时,《企业会计准则》适度审慎地引入了公允价值等新的计量基础,对金融工具、资产减值、合并报表等会计业务作出了系统的规范。这对企业的会计电算化工作提出了新的要求。企业以《企业会计准则》为指引,以《会计基础工作规范》等文件为准绳,在前期会计电算化工作成果的基础上,将各种确认、计量、记录、报告要求渗透融合进企业的会计电算化系统和管理信息系统。在这一时期,企业纷纷建立了以会计电算化为核心的管理信息系统和ERP系统。

借助《企业会计准则》与会计电算化系统的渗透融合,企业具备了进一步优化重组其管理流程的能力。一些大型企业大幅减少了核算层次,规范了资金账户管理,缩短了提交财务会计报告的时间,甚至改革了内部财务会计机构设置,真正使会计人员从烦琐、低效的重复性工作中解放出来,投入到加强内部控制等工作中。

企业和会计软件开发商在这一时期充分掌握了会计电算化紧密围

【名师点拨】

从会计软件开发特点来看,本阶段的会计核算软件开发呈现出从单纯的数据处理开始向管理系统发展的特点,软件开发不再局限于单项会计核算,而是针对整个企业的业务流程进行开发。

【考生反馈】

继1992年年末推出《企业会计准则》之后,20世纪90年代中期我国陆续颁布了一系列具体会计准则,其中很重要的变化就是引入了会计专业判断,这对会计电算化提出了新的要求。

绕会计准则和制度不断调整、渗透和融合的方法，同时，会计电算化也逐步完成了由单机应用向局域网应用的转变。但由于内部控制相关研究刚刚起步，企业在构建自身的 ERP 系统时的指导思想还不清晰，尚未能自觉地围绕内部控制关系理顺其会计信息系统，在实务中出现了很多不同的做法。因此，尽管这一时期已经出现了会计信息系统和 ERP 的概念，但其实质仍停留在会计电算化阶段，即构建会计信息系统的初中级阶段。

(四)与内控相结合建立 ERP 系统的集成管理阶段 ★★★★

财政部先后制定发布了《内部会计控制规范——基本规范(试行)》和 6 项具体内部会计控制规范，要求单位加强内部会计及与会计相关的控制，以堵塞漏洞、消除隐患，保护财产安全，防止舞弊行为，促进经济健康发展。

2006 年 7 月，财政部、国资委、证监会、审计署、银监会和保监会六部委联合发起成立企业内部控制标准委员会，并于 2008 年 6 月联合发布了《企业内部控制基本规范》。这标志着我国企业内部控制规范建设取得了重大突破和阶段性成果，是我国企业内部控制建设的一个重要里程碑。

为适应建立和实施内部控制制度的新要求，防范风险，加强管理，提高竞争力，企业开始全面、系统地依托其既有的会计电算化系统，构建与内部控制紧密结合的 ERP 系统，将企业的管理工作全面集成，从而实现会计管理和会计工作的信息化。目前，这一阶段尚在进行中，但已取得了令人瞩目的成果。

同时，财政部还积极研究构建会计信息化的社会平台，以方便企业会计信息化所提供的会计信息的再开发和利用。进入 21 世纪，可扩展业务报告语言(XBRL)作为一种基于互联网，跨平台操作，专门应用于财务报告编制、披露和使用的计算机语言，在全球范围内迅速应用。这种语言能从根本上实现数据的集成与最大化利用，会计信息数出一门、资料共享将成为现实。

2008 年 11 月 12 日，中国会计信息化委员会暨 XBRL 中国地区组织正式成立，这是深化会计改革、全面推进我国信息化建设的重大举措，标志着中国会计信息化建设迈上了一个新台阶。

从会计电算化发展到会计信息化是一次质的飞跃。会计电算化解决的是利用信息技术进行会计核算和报告工作的相关问题。会计信息化则是在会计电算化工作的基础上，以构建和实施有效的企业内部控制为指引，集成管理企业的各种资源和信息。由此可见，会计电算化是会计信息化的初级阶段和基础工作。

无论会计信息化发展到何种程度，会计电算化所解决的会计簿记

【考生反馈】

ERP（Enterprise Resource Planning）的全称是企业资源计划，ERP 是整合先进管理理念、业务流程、基础数据、人力资源、计算机软硬件于一体的企业资源管理系统，它将企业的人、财、物等资源集中管理，用于最佳的时间和地点，从而使企业获得最大限度的增值。ERP 会计软件的发展为内部控制的实施应用提供了平台，内部控制规范同时也对会计软件的设计开发和应用提出了更高的要求。

等会计基础工作，都是会计工作和会计信息化工作的主要内容和重要基础。因此，从事会计工作就必须了解会计电算化的基础知识和基本技能。

二、会计核算软件

（一）会计核算软件的概念和演进

计算机软件就是指使计算机正常工作的一组程序及其附属的数据和文档。软件又分为系统软件和应用软件两类，而会计核算软件是应用软件中的一种。应用软件是采用某种计算机语言编写的、通过系统软件的支持使计算机帮助人们解决某方面问题的计算机软件。因此，会计核算软件是指专门用于会计核算工作的计算机应用软件，包括采用各种计算机语言编制的用于会计核算工作的计算机程序。凡是具备相对独立完成会计数据输入、处理和输出功能模块的软件，如账务处理软件、固定资产核算软件、工资核算软件等，均可视为会计核算软件。从会计核算软件的发展过程来看，有人工管理、文件管理系统和数据库系统三个阶段。

【名师点拨】具体而言，会计核算软件是以会计理论和会计方法为核心，以会计法规和会计制度为依据，以计算机技术和通信技术为技术基础，以会计核算、财务管理、为经营提供财务信息为目标，用计算机处理会计业务的计算机应用软件。

精典例题

[例 1-2 · 单选]　(　　)是指专门用于会计核算工作的计算机软件。

A. 会计软件　　B. 会计核算软件

C. 会计管理软件　　D. 管理软件

[答案]　B

【解析】　会计核算软件是指专门用于会计核算工作的计算机应用软件。

1. 人工管理阶段

在将计算机技术应用于会计工作的初期（人工管理阶段），所开发的会计核算软件主要用于会计业务的单项处理。此时的会计核算软件主要是模仿手工会计数据处理的方式和程序，着重解决那些数据量大、计算简便但重复次数多的单项会计业务，如工资计算、固定资产核算等，各单项会计核算软件并没有有机地集成起来。

2. 文件管理系统阶段

随后开发的会计核算软件都把会计部门内的所有单项软件进行有机的整合，形成一个处理会计业务的完整的会计信息系统（文件管理系统阶段）。此时的会计核算软件虽然实现了会计部门内各项工作的集成，但它只是企业会计部门专用的信息系统，在物理上独立于企业其他部门的信息系统，它只能被动地依赖业务部门提供数据，对管理决策的支持只是提供事后的统计、分析和评价，而无法有效地进行事中控制。此时的会计核算软件基本上实现了计算机替代手工会计核算的目标，实现了主要会计核算业务的自动化。

3. 数据库系统阶段 ★★★★

【名师点拨】

ERP软件涵盖了所有会计核算软件的全部功能，并且将其与办公自动化系统、电子商务、企业分销管理等全方位准确对接，充分实现了企业各类资源的集中管理，并且充分体现了准时制生产、约束理论、精益生产、敏捷制造等先进的管理理念，体现了会计电算化发展为高级阶段的特点。

会计电算化日益与企业管理活动相互渗透和结合，逐渐形成了企业管理信息系统的一个重要子系统，此时管理信息系统的一个重要发展是ERP系统的推广和应用(数据库系统阶段)。

ERP是建立在信息技术基础上，以系统化的管理思想为基础，为企业决策层及员工提供决策运行手段的管理平台，其目的是整合、优化企业资源。ERP系统集信息技术与先进的管理思想于一身，成为现代企业的运行模式，反映时代对企业合理调配资源、最大化地创造社会财富的要求，成为企业在信息时代生存、发展的管理平台。

ERP系统的一个重要思想就是“集成”，其中的信息集成要求数据“来源唯一，实时共享”。所谓来源唯一，是指任何数据均由一个部门、一个员工从一个应用程序录入，这样可以减少重复劳动，避免差错，提高效率，明确责任；所谓实时共享，是指将数据存入统一的数据库，按一定规则处理，然后对相关人员授权，使他们能及时获得所需要的不断变化的信息，高效而且有效地执行业务或做出决策。

ERP系统中也集成了会计信息系统，此时的会计信息系统与业务系统已融为一体，业务发生时，触发会计业务执行逻辑，能够实时采集详细的业务、财务信息，执行处理和控制规则。ERP系统中的会计信息系统包括财务会计和管理会计两个子系统：财务会计子系统处理日常的财务作业，并以企业实体为单位对外出具规定格式的各种会计报表；而管理会计子系统则以企业内部管理为目的，可以灵活设置核算对象，从财务角度为管理提供信息。ERP系统中用于处理会计核算数据部分的模块为财务会计模块，我们把它也纳入会计核算软件的范畴。

精典例题

[例1-3·判断] ERP也属于会计核算软件范畴。 ( )

[答案] ×

【解析】ERP软件中用于处理会计核算数据部分的模块属于会计核算软件范畴。

(二)会计核算软件的分类

1. 通用会计核算软件和专用会计核算软件 ★★★★★

按会计核算软件的使用范围划分，会计核算软件分为通用会计核算软件和专用会计核算软件两种。

通用会计核算软件一般是指由专业软件公司研制，公开在市场上销售，能适应不同行业、不同单位会计核算与管理基本需要的会计核算软件。其特点是：软件可以在多个单位使用，一次开发、多次使用，研制效益比较高。但这类软件研制难度较大，而且并不是所有类型的企业都适用，只能在一定范围内通用。

精典例题

[例 1-4 · 判断] 通用会计核算软件能适应不同单位会计核算与管理的所有需要。 （ ）

[答案] ×

【解析】 通用会计核算软件通用性强，一般能满足不同行业、不同单位会计核算的基本要求，但并不能满足其所有需要。

【考生反馈】 与专用会计软件比较，通用的商品化会计软件具有以下特点：①通用性强；②安全可靠性高；③支持各类软硬件平台；④保密性；⑤软件的维护和升级由厂家负责。

专用会计核算软件一般是指由使用单位自行开发或委托其他单位开发、供本单位使用的会计核算软件。由于这类软件研制开发过程中只考虑某一个单位会计处理的特殊性，因此该单位使用很方便，但往往难以适用于其他单位的会计工作。

在某些领域，专用会计核算软件也发挥着重要作用。专用会计核算软件在特殊行业、特殊单位中，更适应企业的实际需要，可能比通用会计核算软件发挥更大的作用。此外，还可以在通用会计核算软件的基础上开发专用模块以适应某些特殊的行业和企业。

精典例题

[例 1-5 · 单选] （ ）一般是指由使用单位自行开发或委托其他单位开发、供本单位使用的会计核算软件。

A. 商品化会计核算软件　　B. 通用会计核算软件

C. 专用会计核算软件　　D. 金蝶 2000 系列软件

[答案] C

【解析】 专用会计核算软件一般是指由使用单位自行开发或委托其他单位开发、供本单位使用的会计核算软件。金蝶 2000 系列属于通用会计核算软件。

2. 单用户会计核算软件和多用户会计核算软件

按硬件结构划分，会计核算软件可分为单用户会计核算软件和多用户（网络）会计核算软件。

单用户会计核算软件是指会计核算软件安装在一台或几台计算机上，每台计算机的会计核算软件单独运行，生成的数据只存储在各自的计算机中，计算机之间不能直接实现数据交换和共享。多用户（网络）

会计核算软件是指将会计核算软件安装在一个多用户系统的主机(或计算机网络的服务器)上,该系统中各个终端(工作站)可以同时运行软件,且不同终端(工作站)上的会计操作人员能够共享会计信息。目前,多数大中型企业使用的是多用户会计核算软件。

精典例题

[例 1-6·单选] 目前,我国通用会计核算软件以( )软件为主。

A. 账务处理　　B. 商品化

C. 工资核算　　D. 成本核算

[答案] B

【解析】 目前,我国通用会计核算软件以商品化软件为主。

(三)会计核算软件的功能模块

【名师点拨】

如果企业购买软件的目的是为了替代现有的手工操作,那么可以根据企业现行的会计制度、核算方法和操作流程等选用其中的模块。

会计核算软件的功能模块就是会计软件的各种功能。如账务处理、报表编制、工资核算等,在软件中都分别是一个独立的子系统,这个子系统就是会计核算软件的功能模块。

会计核算软件中具有相对独立的会计数据输入、处理和输出功能的各个组成部分(一组程序)被称为会计核算软件的功能模块,也就是说,会计核算软件的功能模块一般就是按照软件所实现的会计工作内容和工作流程来划分的。

1. 会计核算软件的构成 ★★★★★

由于使用单位的企业规模、行业特点、性质和管理水平各有不同,企业对会计工作的要求也存在差异,因此会计核算软件所划分的功能模块也不能一概而论地要求完全一致。但是,会计核算软件通常分为账务处理、报表处理、应收/应付账款核算、工资核算、固定资产核算等功能模块。财政部在 1994 年发布的《会计核算软件基本功能规范》中详细规定了会计核算软件所应具备的功能模块及其内容。其中,账务处理模块是会计核算软件的核心模块,该模块以记账凭证为接口与其他功能模块有机地连接在一起,构成完整的会计核算系统。

【名师点拨】

账务处理模块是会计核算软件的核心。

(1)账务处理模块。账务处理模块通过输入记账凭证(或原始凭证),经审核后的记账凭证由系统自动过账到相应的明细账和总账,并提供查询、打印、数据备份等功能。

账务处理模块都提供系统初始化功能,目的是把手工会计账簿资料录入会计核算系统,同时,还提供系统维护、权限设置、系统日志等功能。

为了更好地完成账务处理工作,很多会计核算软件的账务处理模块还提供了记账凭证汇总、银行对账和清理往来账等功能。

(2)报表处理模块。报表处理在会计核算软件中能够完成企业对外、对内各种会计报表的编制、生成、浏览、打印、分析等功能。

会计报表的设计和生成功能应该使会计人员能够灵活地定义报表格式和报表数据来源(定义取数公式)与报表的勾稽关系,由计算机自动生成所需的会计报表。

(3)应收/应付账款核算模块。应收/应付账款核算模块的主要功能是:完成企业应收/应付账款的日常登记,并编制记账凭证;处理企业在进行资金往来结算过程中发生的各种结算票据,尤其是各种应收/应付票据的登记、利息计算等;进行应收账款的账龄分析;自动勾对往来账款等。

精典例题

[例1-7·单选] ( )模块是会计核算软件的核心模块,该模块以记账凭证为接口与其他功能有机地连接在一起,构成完整的会计核算系统。

A. 账务处理

B. 报表处理

C. 工资处理

D. 应收应付处理

[答案] A

【解析】 账务处理模块是会计核算软件的核心模块,该模块以记账凭证为接口与其他功能模块有机地连接在一起,构成完整的会计核算系统。

【考生反馈】

账务处理模块主要包括:账务初始化(建账);凭证处理(输入、审核和汇总);查询;对账;结账;打印输出;其他辅助功能。

(4)工资核算模块。工资核算模块主要完成企业职工的工资计算,并完成工资分配的入账等工作。与手工工资核算形式一样,工资核算采用工资表计算每位员工的工资,因此,工资核算模块应该提供工资表和工资计算方法的设计功能;工资核算模块还应该提供灵活的输入功能,以满足员工基本资料、每月更新资料、批量更新资料的方便录入;工资核算模块应该提供计算功能,以计算职工的应发工资和实发工资;工资核算模块的入账功能是编制工资分配的记账凭证,并记入账务处理模块;如果有银行代发工资业务,还应该包括文件格式转换功能。

【名师点拨】

工资核算模块包括:设计工资项目及项目计算公式;录入职工工资基础资料;输入本月工资增减变动及修改数据;汇总计算工资;查询工资数据;打印输出。

(5)固定资产核算模块。固定资产核算模块主要完成两个功能:一是固定资产增减变动情况的登记;二是根据各种折旧计算方法计算固定资产折旧。此外,还包括固定资产卡片的定义和计提折旧方法的定义功能,以及折旧计算和折旧入账功能,完成固定资产的折旧计算和折旧入账。

精典例题

[例1-8·单选] 账务处理子系统以(　　)为接口与其他功能模块有机地连接在一起。

A. 原始凭证　　B. 转账凭证

C. 收款凭证　　D. 记账凭证

[答案] D

【解析】 账务处理子系统以记账凭证为接口与其他功能模块有机地连接在一起。

2. 账务处理模块与主要核算模块间的联系

账务处理模块在会计核算软件中处于核心地位，它与其他各个单项核算子系统都有着十分紧密的关系。由于账务处理模块主要以会计凭证为数据处理对象，而会计凭证包含的信息相对比较全面、标准，因此，账务处理模块与其他模块间的联系也主要表现为凭证数据的传递。

对于整个单位，通过账务处理模块可以获得全面完整的会计信息；对于每一个核算岗位，可以从账务处理模块获得主要的核算数据。

【名师点拨】

关于账务处理模块与主要核算模块之间的联系，可以概括为以下几点：①工资系统生成计提工资费用的凭证传递到总账。②固定资产系统生成各类折旧凭证传递到总账。③应收/应付系统从总账取得客户、供应商信息，提供查询功能，并进行往来账款管理，生成相关凭证传递至总账。④财务分析系统可以制订各项支出费用等计划，在总账系统中进行控制。

(四)会计核算软件与手工会计核算的异同

会计核算软件主要替代了手工会计的记账、算账、报表生成等工作，其会计数据处理主要由计算机系统来完成。会计核算软件的会计核算方法与手工会计在原理上是一致的，但由于会计核算软件的会计数据处理工具和方式与手工会计核算存在一定区别，因此也造成了会计核算软件与手工会计核算在处理会计数据的具体方法方面既有相同也有不同。

1. 会计核算软件与手工会计核算的相同点 ★★★

(1)目标一致。无论是手工会计核算还是会计核算软件，其目标都是进行会计核算，提供与决策相关的会计信息，参与企业经营决策，提高企业经济效益。

(2)遵守共同的会计准则和会计制度。会计法规是进行会计工作的法律依据，会计准则和会计制度是指导会计工作的规范。会计法规不能因为约束对象所使用的操作工具或操作手段的改变而改变，手工会计核算和会计核算软件同样要遵守相关的会计法规。

(3)遵守共同的基本会计理论和会计方法。虽然会计核算软件是依据现代信息技术开发而成的，现代信息技术极大地改变了会计数据处理的方式，但会计核算软件始终是处理会计业务数据的。无论信息技术如何变化，会计核算软件开发所依据的会计理论和会计方法与手工会计核算所依据的都是一致的。因此，会计核算软件与手工会计核算要遵守共同的**基本会计理论**和**会计方法**。

(4)会计数据处理流程大体一致。手工会计核算的数据处理流程是:会计制证人员根据原始凭证制作记账凭证,审核人员审核记账凭证,记账人员把审核过的记账凭证登记到明细账和总账,结账前进行账账核对及账证核对等工作,月末结账并生成报表。会计核算软件的数据处理流程与手工会计核算大体一致,只是有些步骤由于计算机处理的特点而取消了。例如,由于采用了计算机处理,账账核对及账证核对步骤取消了。总体来看,会计核算软件的数据处理流程本质上是模仿手工会计核算流程的,因此两者的会计数据处理流程基本相同。

精典例题

[例 1-9·判断] 会计电算化方式下会计数据处理流程与手工方式大体一致。 ( )

[答案] √

【解析】 会计核算软件的数据处理流程本质上是模仿手工会计核算流程的,因此两者的会计数据处理流程基本相同。

2. 会计核算软件与手工会计核算的区别 ★★★

(1)会计核算工具不同。手工会计核算使用的会计工具是算盘、计算器、笔、纸张等。会计核算软件系统是一个人机结合系统,其**最大的特点**就是使用计算机来处理会计数据,数据处理程序已经存储在计算机中,数据处理过程按程序自动完成,尤其是记账及报表生成的工作过程无需人工干预。

(2)会计信息载体不同。手工会计核算处理的会计信息是以纸张为载体的,而会计核算软件处理的会计信息是以电子数据的形式存储在磁性介质、光盘等非纸张的存储材料上,其特点是信息存储量大,检索方便、快速。

(3)记账规则不完全相同。手工会计核算采用平行登记法分别登记明细账和总账,以便检验登账的正确性。会计核算软件登账(记账或过账)操作由软件完成,登账的正确性是由软件的正确性来保证的,只要记账凭证数据录入正确,就能保证账实相符。

(4)账务处理流程类型存在差别。由于企业规模和会计业务的繁简程度不同,在手工会计核算中,以登记总账的方式不同来划分出不同的账务处理程序,一般会计部门会选定其中的一种来规范本企业的账务处理程序。会计核算软件处理会计数据是由计算机完成的,计算机由于处理速度快、存储容量大,一般不会因会计数据量大而影响记账,因此不用区分登记总账的方式,也就无所谓区分账务处理流程类型。

(5)内部控制方式不同。手工会计核算主要靠会计人员在工作中遵守各项规章制度,按照工作流程,加强不同岗位间的稽核工作来达到

【考生反馈】

关于记账流程及规则的不同,可以细分为以下四点:①账簿的存在方式不同;②账簿的修改方法不同;③记账的原理不同;④结账方法不同。

内部控制的目的。由于会计核算软件利用了计算机处理数据的特点，在数据处理方法上与手工会计核算不同，造成了原手工会计核算下的控制方法部分地被融入会计核算软件中。在这种情况下，内部控制的特点主要表现为软件控制与人工控制相结合，内部控制向综合控制发展。

同步强化训练

一、单项选择题

1. 1996年，财政部为了规范企业会计电算化专门制定了（　　）。

A.《会计电算化管理办法》　　B.《会计电算化工作规范》

C.《商品化会计核算软件评审规则》　　D.《会计核算软件基本功能规范》

2. 下列子系统中，不属于会计核算软件的是（　　）。

A. 工资核算系统　　B. 生产计划管理系统

C. 应收账款核算系统　　D. 应付账款核算系统

3. 简单地说，会计电算化就是（　　）在会计工作中的应用。

A. 会计理论　　B. 会计准则　　C. 计算机技术　　D. 会计法规

4. 会计核算软件是指专门用于（　　）的计算机应用软件。

A. 会计职称考试　　B. 录入记账凭证

C. 审核记账凭证　　D. 会计核算

5. 会计核算软件是一种（　　）。

A. 计算机应用软件　　B. 记账规则

C. 计算机语言　　D. 计算机系统软件

6. 辅助核算要设置在（　　）会计科目上。

A. 一级　　B. 二级　　C. 总账　　D. 末级

7. 语言编译软件按分类来看属于（　　）。

A. 系统软件　　B. 操作系统

C. 应用软件　　D. 管理系统

8. 会计电算化是会计信息化的（　　）阶段。

A. 初级　　B. 中级　　C. 高级　　D. 特级

9. 专用会计核算软件一般是（　　）。

A. 单位购买的商品化软件

B. 单位自行开发或委托其他单位开发的会计核算软件

C. 适用于多数单位的会计核算软件

D. 适用于多数行业的会计核算软件

10. 我国会计电算化是从（　　）开始的。

A. 20世纪60年代　　B. 20世纪70年代

C. 20世纪80年代　　D. 20世纪90年代

二、多项选择题

1. 1994 年，财政部为了加强对会计电算化的管理，正式制定了(　　)等文件。

A.《会计电算化管理办法》　　B.《会计电算化工作规范》

C.《会计核算软件基本功能规范》　　D.《关于加强会计电算化管理的规定》

2. 会计软件运行日志包括(　　)。

A. 学习日志　　B. 手工日志　　C. 记账日志　　D. 机器日志

3. 下列有关通用会计核算软件特点的说法中，正确的有(　　)。

A. 通用性强　　B. 功能全面

C. 需要进行初始化设置　　D. 软件质量高

4. 下列选项中，属于会计核算软件功能模块的有(　　)。

A. 账务处理系统　　B. 财务管理系统

C. 会计报表系统　　D. 会计管理系统

5. 会计核算软件的发展可分为(　　)三个阶段。

A. 人工管理阶段　　B. 文件管理阶段

C. 数据库系统阶段　　D. 智能管理阶段

6. 会计核算软件是(　　)。

A. 一种计算机应用软件　　B. 一种会计核算编程语言

C. 专门用于会计核算工作的软件　　D. 专门用于检查凭证合法性的软件

7. 下列选项中，(　　)软件属于会计核算软件。

A. 账务处理　　B. 计算机辅助设计

C. 客户关系管理　　D. 工资核算

8. 下列选项中，属于会计核算软件的是(　　)。

A. 固定资产核算软件　　B. 存货核算软件

C. ERP 软件　　D. 报表生成与汇总软件

9. ERP 软件是一种(　　)。

A. 会计核算软件　　B. 企业管理规范文件

C. 企业管理软件　　D. 计算机应用软件

10. 会计核算软件的获得方式主要有(　　)。

A. 购买商品化通用软件　　B. 自行开发

C. 合作开发　　D. 委托外单位开发

三、判断题

1. 会计核算软件按服务层次和提供信息的深度，可分为单用户会计核算软件和多用户(网络)会计核算软件。(　　)

2. 账务处理子系统不仅可以直接处理来自记账凭证的信息，而且可以接收来自各核算子系统的自动转账凭证。(　　)

3. 通用会计软件应具有良好的人机界面，对于用户的误操作，系统应设置足够的容错

功能,并给出警告和提示信息。 ( )

4.专用会计核算软件重点考虑单位会计处理的特殊性。 ( )

5.凡是具备相对独立完成会计数据输入、处理和输出功能模块的软件,均可视为会计核算软件。 ( )

6.通用会计核算软件一般是指由专业软件公司研制、公开在市场上销售、能适应不同单位会计核算与管理基本需要的会计核算软件。 ( )

7.专用会计核算软件比通用会计核算软件操作复杂。 ( )

8.会计软件必须以账务处理功能模块为核心,但会计软件各功能模块不是独立的。 ( )

9.会计核算软件与手工会计核算都需要遵守共同的会计准则和会计制度。 ( )

10.会计核算软件不包括报表处理功能模块。 ( )

11.会计软件系统可能是一个独立的系统,也可以是ERP的一个子系统。 ( )

12.ERP系统中的会计信息系统包括财务会计和管理会计两个子系统。 ( )

参考答案及精析

一、单项选择题

1.【精析】B 1996年,财政部为了规范企业会计电算化专门制定了《会计电算化工作规范》。

2.【精析】B 会计核算软件通常分为账务处理、报表处理、应收/应付账款核算、工资核算、固定资产核算等功能模块。

3.【精析】C 简单地说,会计电算化就是计算机技术在会计工作中的应用。

4.【精析】D 会计核算软件是指专门用于会计核算的计算机应用软件。

5.【精析】A 会计核算软件是一种计算机应用软件。

6.【精析】D 辅助核算要设置在末级会计科目上。

7.【精析】A 语言处理程序属于系统软件,而语言编译软件是语言处理程序的一种,因此,也属于系统软件。

8.【精析】A 会计电算化是会计信息化的初级阶段。

9.【精析】B 专用会计核算软件一般是指由使用单位自行开发或委托其他单位开发、供本单位使用的会计核算软件。

10.【精析】C 我国会计电算化是从20世纪80年代起步的。

二、多项选择题

1.【精析】AC 1994年,财政部为了加强对会计电算化的管理,正式制定了《会计电算化管理办法》、《商品化会核算软件评审规则》、《会计核算软件基本功能规范》等文件。《会计电算化工作规范》是1996年实施的。

2.【精析】BD 会计软件运行日志主要是指会计人员上机的操作日志管理,包括手工日志和机器日志。

3.【精析】AC 通用会计核算软件通用性强，需要进行初始化设置。

4.【精析】AC 会计核算软件通常分为账务处理、应收/应付款核算、工资核算、固定资产核算、存货核算、销售核算、成本核算、会计报表生成与汇总、财务分析等功能模块。

5.【精析】ABC 从会计核算软件的发展过程来看，有人工管理、文件管理系统和数据库系统三个阶段。

6.【精析】AC 会计核算软件是指专门用于会计核算工作的计算机应用软件。

7.【精析】AD 凡是具备相对独立完成会计数据输入、处理和输出功能模块的软件，如账务处理软件、固定资产核算软件、工资核算软件等，均可视为会计核算软件。

8.【精析】ABD 凡是具备相对独立完成会计数据输入、处理和输出功能模块的软件，如账务处理软件、固定资产核算软件、工资核算软件等，均可视为会计核算软件。

9.【精析】CD ERP 软件是企业管理软件，属于计算机应用软件。

10.【精析】ABCD 企业可以购买商品化通用会计核算软件，也可以自行开发或者委托其他单位开发、与其他单位合作开发专用会计核算软件。

三、判断题

1.【精析】× 会计核算软件按硬件结构划分，可分为单用户会计核算软件和多用户(网络)会计核算软件。若按服务层次和提供信息的深度划分，可分为核算型会计软件、管理型会计软件和决策型会计软件等。

2.【精析】√ 账务处理子系统不仅可以直接处理来自记账凭证的信息，而且可以接收来自各个核算子系统的自动转账凭证，进行总分类核算。

3.【精析】√ 通用会计软件应具有良好的人机界面，对于用户的误操作，系统应设置足够的容错功能，并给出警告和提示信息。

4.【精析】√ 专用会计核算软件重点考虑的是单位会计处理的特殊性。

5.【精析】√ 凡是具备相对独立完成会计数据输入、处理和输出功能模块的软件，如账务处理软件、固定资产核算软件、工资核算软件等，均可视为会计核算软件。

6.【精析】√ 本题考查的是通用会计核算软件的定义，考生应理解记忆。通用会计核算软件一般是指由专业软件公司研制，公开在市场上销售，能适应不同行业、不同单位会计核算与管理基本需要的会计核算软件。

7.【精析】× 专用会计核算软件与通用会计核算软件的最大区别在于它们的通用性，而不在于软件操作的复杂性。

8.【精析】× 会计软件以账务处理功能模块为核心，各功能模块是独立的。

9.【精析】√ 会计核算软件与手工会计核算都需要遵守共同的会计准则和会计制度。

10.【精析】× 会计核算软件通常分为账务处理、应收/应付账款核算、工资核算、固定资产核算、存货核算、销售核算、成本核算、会计报表生成与汇总、财务分析等功能模块。

11.【精析】√ 会计软件系统可能是一个独立的系统，也可以是 ERP 的一个子系统。

12.【精析】√ ERP 系统中的会计信息系统包括财务会计和管理会计两个子系统。

第二章 会计电算化的工作环境

1. 计算机的概念及种类。
2. 计算机的主要性能指标。
3. 计算机的应用领域。
4. 计算机硬件的基本知识。
5. 计算机硬件系统的各组成部分。
6. 计算机软件的各组成部分。
7. 系统软件和应用软件。
8. 计算机程序设计语言。
9. 计算机网络的概念及功能。
10. 计算机网络的分类。
11. 因特网的相关内容。
12. 计算机安全隐患的相关内容。
13. 计算机病毒防范的相关内容。
14. 计算机黑客及其防范。

一、计算机一般知识

【名师点拨】

计算机发展经历了四代：电子管计算机→晶体管计算机→集成电路计算机→大规模集成电路计算机。

计算机是一种按程序自动进行信息处理的通用工具。**1946年**，由美国陆军部资助，**世界上第一台电子计算机**（Electronic Numerical Integrator and Calculator，简称ENIAC）在**美国宾夕法尼亚大学**研制成功，并很快投入使用。

（一）计算机及其种类 ★★★★

计算机可按多种标准分类。例如，根据计算机中信息的表示形式和处理方式划分，可将其分为数字电子计算机、模拟电子计算机和数字模拟混合式计算机；根据计算机的用途划分，可将其分为通用机和专用机两种;根据计算机的规模划分,又可将其分为巨型机、大型机、中型机、小型机、微型机五大类。根据学习会计电算化的需要,从用户应用的角度分类,一般可将计算机分为微型计算机、服务器、终端等。

1. 微型计算机

微型计算机也称电脑、个人计算机或PC机。其特点是体积小、功耗低、价格便宜并易于使用。目前,微型计算机在商业和生活领域得到了广泛的使用。

2. 服务器

服务器用来帮助大量用户访问同一数据或资源。服务器可以是高效率的微型计算机、专用超级服务器、中档服务器,也可以是大型机。服务器必须具有出色的可靠性,必须具备可用性和可扩充性。

3. 终端

终端最初是指一种计算机外部设备,现在其概念已基本定位到一种由显示器、控制器及键盘合为一体的设备。它与微型计算机的根本区别是没有自己的中央处理单元(Central Processing Unit,简称CPU),也没有自己的内存,其主要功能是将键盘输入的请求数据发往主机(或打印机)并将主机运算的结果显示出来。然而,随着互联网的发展,目前对于"终端"一词又引入了新的含义,即泛指一切可以接入网络的计算设备,如个人电脑、网络电视、可上网手机、个人数字助理(PDA)等。

【名师点拨】

计算机与其他工具相比,具有如下特点:①运算能力强大;②强大的"记忆"能力;③能进行复杂的逻辑判断;④计算精度高;⑤可以按照程序自动执行。

(二)计算机的主要性能指标 ★★★★

计算机的性能指标是**衡量计算机系统功能强弱**的主要指标,主要有以下几种。

1. 计算机速度

计算机速度也称主频或时钟频率,是指计算机在单位时间里处理计算机指令的数量,是表示计算机运算速度的主要性能指标。时钟频率越高,计算机的运算速度越快。时钟频率的单位是**兆赫(MHz)**。如通常说的"486微机"、"586微机"就是计算机速度的一种表示方式。

【名师点拨】

现在计算机的主频最低都能达到1GHz以上,运算速度相比过去的计算机有了很大的提高。

精典例题

[例2-1·判断] 一般来说,时钟频率越高,计算机的运算速度越快。 ( )

[答案] √

【解析】 主频是指计算机的时钟频率,是决定计算机速度的重要指标。一般时钟频率越高(周期越短),计算机的运算速度就越快。

2. 字长

字长是计算机信息处理中能同时处理的**二进制**数据的**长度**。字长标志着计算机的精度和处理信息的能力。一般地,微型计算机字长以32位、64位为主,服务器的字长一般都在64位、128位以上。

3. 存储容量

存储容量是指计算机存储器所能存储的**二进制**信息的**总量**,它反映了计算机处理时容纳数据量的能力。存储容量以**字节**为单位,每1 024个字节为1KB,每1 024KB字节为1MB,每1 024MB字节为1GB。

【名师点拨】

存储容量主要包括内存储器和外存储器。CPU与内存储器直接交换数据,所以内存储器容量越大,计算机运行速度越快。

(三)计算机的应用领域

1. 信息处理

信息处理是指计算机对信息进行记录、整理、统计、加工、利用、传播等一系列活动的总称。信息处理是目前计算机**最主要**的应用领域,包括办公自动化、管理信息系统、专家系统等。会计电算化也属于信息处理应用领域,是计算机应用于信息处理的典型实例。由于计算机能够存储和管理大量数据,目前有越来越多的企业利用计算机建立以财务管理为核心,包括物资、设备、生产、销售、人力资源等管理在内的企业管理信息系统。

2. 科学计算

科学计算是指用计算机完成科学研究和工程技术等领域中涉及的复杂的数据运算。科学计算是计算机最早应用的领域。

【考生反馈】

关于计算机的应用领域的考查,一般以多项选择题出现,考生应注意。

3. 过程控制

过程控制是指用计算机及时采集检测数据,按最佳值迅速对控制对象进行自动调节,从而实现有效的控制。这不仅可以大大提高生产的自动化水平,提高生产效率和产品质量,而且可以完成一些特殊环境、特殊要求下的工作。

4. 计算机辅助系统

计算机辅助系统是利用计算机帮助人类完成相关的工作。常用的计算机辅助系统有计算机辅助设计(CAD)、计算机辅助制造(CAM)、计算机辅助教学(CAI)等。

5. 计算机通信

计算机通信是计算机技术与通信技术相结合而产生的一个应用领域。利用通信设备和线路将计算机连接起来,就形成了计算机网络。计算机网络是计算机通信应用领域的典型代表。

6. 人工智能

人工智能(AI)是指利用计算机模拟人类的智能活动,如判断、理解、学习、问题求解等。目前,人工智能的研究已开始进入实用阶段。

二、计算机硬件 ★★★

计算机系统由**硬件系统**和**软件系统**组成。计算机硬件系统是指组成一台计算机的各种物理装置,它们由各种具体的器件组成,是计算机进行工作的**物质基础**。硬件依靠软件来协调工作,**只有硬件而没有软件**的计算机通常称为"裸机"。

计算机硬件系统由**输入设备**、**输出设备**、**运算器**、**控制器**和**存储器**五部分组成。

【考生反馈】

考生应了解计算机硬件系统的组成部分和功能,熟悉计算机软件的概念和分类。

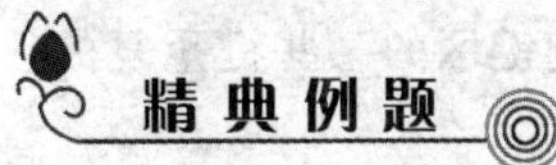

精典例题

[例 2-2·单选] 计算机硬件的基本组成是(　　)。

A. 输入设备、输出设备、运算器、控制器、存储器

B. 磁盘、软盘、内存、CPU、显示器

C. 打印机、触摸屏、键盘、软盘

D. 鼠标、打印机、主机、显示器、存储器

[答案] A

【解析】 计算机硬件的基本组成有运算器、控制器、存储器(包括内存和外存)、输入设备和输出设备。

[例 2-3·多选] 一个完整的计算机系统由(　　)组成。

A. 软件系统　　　　B. 软盘和硬盘

C. 硬件系统　　　　D. ROM 和 RAM

[答案] AC

【解析】 一个完整的计算机系统由硬件系统和软件系统组成。

[例 2-4·判断] 只有硬件而没有软件的计算机通常称为"裸机"。(　　)

[答案] √

【解析】 只有硬件而没有软件的计算机通常称为"裸机",什么也无法处理。普通用户所面对的一般都不是裸机,而是已经配置若干软件之后的计算机系统。

【名师点拨】

输入设备是计算机与用户通信的桥梁。

(一)输入设备 ★★★★★

输入设备是指向计算机输入各种信息(程序、文字、数据、图像等)的设备。常用的输入设备有键盘、鼠标、扫描仪、条形码输入器、写字板、触摸屏、数码相机等。在会计电算化领域,会计人员一般用键盘和

鼠标来完成会计数据或相关信息的输入工作。

1. 键盘

按功能划分，键盘总体上可分为四个大区：打字键区、编辑控制键区、功能键区和小键盘区。

打字键区是最为常用的键区，通过它可以实现各种文字和控制信息的录入。打字键区的正中央有8个基本键，即左边的“A、S、D、F”和右边的“J、K、L、;”，其中F键和J键上都有一个凸起的小棱杠，以便于盲打时手指能通过触觉定位。

编辑控制键区的键是起编辑控制作用的。其中，Ctrl、Alt和Shift键往往又与别的键结合，用来完成特定的功能。

一般键盘上都有F1～F12共12个功能键，它们最大的特点就是单击就可完成特定的功能。

小键盘区的键其实是与打字键区、编辑控制键区的某些键重复的。它的存在主要是为了提高批量输入数据时的效率。

2. 鼠标

按照定位原理划分，鼠标可分为**机械式**和**光电式**。机械式鼠标底部有一个滚动的橡胶球，光电式鼠标底部有一个光电探测器。鼠标可控制屏幕上的光标移动，用于定位光标、选择菜单和命令、选取范围等操作，可以减少击键次数，简化操作过程。

精典例题

【考生反馈】 考生应多注意编辑控制键区的各键功能以及它们与别的键结合的特定功能，这方面考查较多。如Ctrl＋Alt＋Del即对系统锁定或解除。Ctrl＋Prtsc即联机打印，拷贝屏幕。

[例2-5·单选] 下列选项中，功能为进行键盘输入大小写字母转换的控制键是（　　）。

A. Caps Lock　　　　B. Shift

C. Num Lock　　　　D. Alt

[答案] A

【解析】 控制键Caps Lock的功能是进行键盘输入的大小写字母转换。Shift也称转换键，但它必须与字母键同时配合，才能进行大小写字母的转换。Alt键通常不能单独使用，要与其他键配合使用，才能发生作用。Num Lock键用于控制小键盘中双符号键的状态转换。

（二）输出设备 ★★★★★

输出设备是指用来输出计算机处理结果的设备，其主要功能是把计算机处理后的结果转换成人们习惯的信息形式（如字符、图像、表格、声音等），或能为其他机器所接受的形式。最常用的输出设备有**显示器**、**打印机**、**绘图仪**等。会计报表、会计账簿等一般可以用打印机按照指定要求打印输出。

1. 显示器

显示器是用于显示计算机输入输出信息的屏幕设备，又称监视器或显示终端。计算机的显示系统由**显示器**和**显示卡**两部分组成。

2. 打印机

打印机是从计算机获得硬拷贝的输出设备，它将计算机的信息打印到纸张或其他特殊介质上，以供阅读和保存。会计报表、账簿等一般可以用打印机按要求打印输出。

【名师点拨】

打印机一般包括针式打印机、喷墨打印机和激光打印机等。

3. 绘图仪

绘图仪是一种可以输出图形的硬拷贝设备。绘图仪在绘图软件的支持下可绘制出复杂、精确的图形，是各种计算机辅助设计不可缺少的工具。绘图仪有笔式、喷墨式和发光二极管式三大类。目前，使用最广泛的是笔式绘图仪。

（三）运算器

运算器又称算术逻辑单元（Arithmetic Logic Unit，简称 ALU），是指在控制器控制下完成加、减、乘、除运算和逻辑判断的计算机部件。**运算器**是计算机的**核心**装置之一，计算机在计算过程中，运算器不断从存储器中获取数据，经计算后将计算结果再返回存储器。

（四）控制器

控制器是整个计算机的**指挥中心**，负责从存储器中取出指令，并对指令进行分析判断后产生一系列的控制信号，去控制计算机各部件自动连续地工作。控制器负责控制计算机各部件的协调工作，并使整个处理过程有条不紊地进行。它的基本功能就是从内存中取指令和执行指令，即控制器按程序计数器指出的指令地址从内存中取出该指令进行译码，然后根据该指令功能向有关部件发出控制命令，执行该指令。另外，控制器在工作过程中，还要接收各部件反馈回来的信息。

人们通常把**运算器、控制器做在同一块**大规模集成电路块上，**并称为"中央处理器"，又称 CPU**。

【名师点拨】

CPU 是中央处理器的简称，也称为微处理器。它是计算机的核心，主要负责处理、运算计算机内部的所有数据。

精典例题

［**例 2-6 · 单选**］ 在计算机中负责指挥和控制计算机各部分自动地、协调一致地进行工作的部件是（　　）。

A. 控制器　　　　B. 运算器

C. 存储器　　　　D. 总线

［**答案**］ A

【解析】 控制器的基本功能就是从内存中取指令和执行指令，即控制器按程序计数器指出的指令地址从内存中取出该指令进行译码，然后根据该指令功能向有关部件发出控制命令，执行该指令。另外，控制器在工作过程中，还要接收各部件反馈回来的信息。

[**例 2-7 · 单选**] 微型计算机系统中的中央处理器通常是指（ ）。

A. 内存储器和控制器

B. 内存储器和运算器

C. 控制器和运算器

D. 内存储器、控制器和运算器（构成主机）

[**答案**] C

【解析】 中央处理器简称 CPU，由运算器和控制器两大部件构成，是计算机硬件系统的核心。

[**例 2-8 · 判断**] CPU 负责完成各种运算处理和各种控制，是计算机的心脏。 （ ）

[**答案**] √

【解析】 CPU 由运算器和控制器两大部件构成，负责完成各种运算处理和各种控制，是计算机的心脏。

【名师点拨】

内存按功能又可以划分为只读存储器、随机存储器和高速缓冲存储器。

（五）存储器

存储器是指计算机系统中具有记忆能力的部件，用来存储程序和数据。它的基本功能是在控制器的控制下按照指定的地址存入和取出各种信息。按照存储器在计算机结构中所处的位置不同，可分为**内存储器**和**外存储器**两类。

1. 内存储器（简称内存或主存） ★★★★★

内存储器也称主存储器（简称主存），一般只存放急需处理的数据和正在执行的程序。它直接与 CPU 相连接，**存储容量较小**，但**速度快**。内存储器由许多存储单元组成，每个单元能存放**一个二进制数**，或一条由二进制编码表示的指令。

【名师点拨】

CPU 可以直接访问内存，而高速缓冲存储器是在内存与 CPU 之间，主要用来存储当前内存中使用频率比较高的数据和程序。

存储器的存储容量以**字节**为基本单位，每个字节都有自己的编号，称为“地址”，如要访问存储器中的某个信息，就必须知道它的地址，然后再按地址存入或取出信息。为了度量信息存储容量，将 **8 位二进制码**（8 bits）**称为一个字节**（Byte，简称 B）。**字节**是计算机中数据处理和存储容量的**基本单位**。**1 024 个字节为 1K 字节，1 024K 字节为 1M 字节（1MB），1 024M 字节为 1G 字节（1GB），1 024G 字节为 1TB 字节。**

精典例题

[**例 2-9 · 单选**] 计算机的存储容量往往以 KB、MB、GB 为单位，

其中 1KB 等于（　　）字节。

A. 1 000　　B. 1 024

C. 1 000×1 000　　D. 1 024×1 024

［答案］ B

【解析】 计算机存储容量以字节为单位，常用的衡量单位有 KB、MB、GB、TB 等，它们的换算关系是：1KB＝1 024B，1MB＝1 024KB，1GB＝1 024MB，1TB＝1 024GB。

2. 外存储器（简称外存或辅存） ★★★

外存储器又称辅助存储器，是内存的扩充。外存存储容量大，价格低，但存储速度较慢，一般用来存放大量暂时不用的程序、数据和中间结果，必要时，可成批地与内存储器进行信息交换。外存只能与内存交换信息，不能被计算机系统的其他部件直接访问。外存储器有磁盘、内置硬盘、光盘、移动硬盘、U 盘等。实行会计电算化的单位的会计资料一般存储在外存储器中。

【名师点拨】

CPU 与外存进行数据交换，必须通过内存进行，CPU 不能与外存直接进行数据交换。

精典例题

［例 2-10 · 单选］ 下列设备中，不能作为输出设备的是（　　）。

A. 显示器　　B. 打印机

C. 键盘　　D. 绘图仪

［答案］ C

【解析】 常用的输出设备有显示器、打印机、绘图仪；常用的输入设备有键盘、鼠标、扫描仪、条形码输入器、写字板、触摸屏、数码相机等。

［例 2-11 · 单选］ 微型计算机的内存储器比外存储器（　　）。

A. 存储容量大

B. 存储可靠性高

C. 读写速度快

D. 价格便宜

［答案］ C

【解析】 微型计算机的内存储器与外存储器相比，其读写速度快、存储容量小，当然价格也更贵。

［例 2-12 · 多选］ 下列设备中，属于计算机外存储器的有（　　）。

A. 光盘　　B. 移动硬盘

C. 随机存储器　　D. 文件

［答案］ AB

【解析】 计算机的外存储器又称辅助存储器，简称外存，常用的外存包括磁盘、内置硬盘、光盘、移动硬盘、U 盘等。

三、计算机软件 ★★

【名师点拨】

计算机系统软件是用于管理和维护计算机资源、协调计算机各部分的工作、增强计算机功能的软件。

计算机软件是指在计算机硬件上运行的各种程序及相应的文档资料。计算机软件可分为**系统软件**和**应用软件**两大类。

（一）系统软件

系统软件是指用于对计算机资源进行管理、监控和维护，以及对各类应用软件进行解释和运行的软件。系统软件是计算机系统**必备**的软件。系统软件主要包括操作系统、语言处理程序、支持服务程序、数据库管理系统。

1. 操作系统

操作系统（Operating System）是**最基本、最重要的**系统软件，已成为计算机系统必不可少的基本组成部分。它负责管理计算机系统的全部软件资源和硬件资源，合理地组织计算机各部分协调工作，为用户提供操作界面和编程接口。用户通过操作系统使用计算机，其他软件则在操作系统提供的平台上运行。目前比较通用的操作系统有 Windows、UNIX、Linux 等。

2. 语言处理程序 ★★★

计算机软件一般通过计算机程序设计语言编制，会计核算软件也是用相应的计算机程序语言编写出来的。不同程序设计语言编写的源程序，计算机无法直接执行，必须经过翻译才能被计算机所接受。语言处理程序包括解释程序和编译程序等，其任务是将用汇编语言或高级语言编写的程序翻译成计算机硬件能够直接识别和执行的机器指令代码。没有语言处理程序的支持，用户编写的应用软件就无法被计算机接受和执行。

人和计算机交流信息所使用的语言为计算机语言，也称程序设计语言。计算机语言通常分为**机器语言**、**汇编语言**和**高级语言**三类。计算机软件一般通过计算机程序设计语言编制。会计核算软件也是用相应的计算机程序语言编写出来的。

【名师点拨】

机器语言即指令系统，由一系列指示 CPU 操作的计算机指令组成。它是计算机的“母语”，完全依赖于特定机器的硬件。

（1）机器语言。机器语言就是计算机指令代码的集合，它是最底层的计算机语言。它用**二进制**代码“0”和“1”的形式表示，能被计算机直接识别和执行。用机器语言编写的程序，称为计算机机器语言程序。用机器语言编写程序的难度较大，容易出错，不易排错，几乎不能移植，因此通常不用机器语言直接编写程序。

（2）汇编语言。汇编语言是采用能帮助记忆的英文缩写符号代替机器语言的操作码和操作地址所形成的计算机语言，又称符号语言。不同类型的计算机系统一般有不同的汇编语言。用汇编语言编写的程序比机器语言编写的程序易读、易检查、易理解。计算机**不能**直接识别和运行用汇编语言编写的程序，必须将其翻译成机器语言程序后，计算机才能识别并执行。把汇编语言程序翻译成机器语言程序的程序称为汇编程序。

机器语言和汇编语言都是面向机器的语言，称为低级语言。低级语言依赖于具体型号的计算机，用它们开发的程序通用性很差。

(3)高级语言。高级语言是一种比较接近自然语言和数学表达式的计算机程序设计语言。一般用高级语言编写的程序称为“源程序”，不能被计算机直接识别和运行，必须通过翻译程序翻译成机器指令序列后，才能被计算机识别和运行。要把用高级语言编写的源程序翻译成机器指令，通常有编译和解释两种方式。编译方式是将源程序整个编译成目标程序，然后通过链接程序将目标程序链接成可执行程序。解释方式是将源程序逐句翻译，翻译一句执行一句，边翻译边执行，不产生目标程序。

常用的高级语言有：①BASIC，一种简单易学的计算机高级语言。②C，一种具有很高灵活性、高执行效率的高级语言，适用于编写系统软件。③C++，一种面向对象的程序设计的语言。④JAVA，近几年发展起来的一种新型的高级语言，适用于网络环境的编程。

【名师点拨】

人们常常把机器语言称为第一代语言，把汇编语言(如8086宏汇编)称为第二代语言，把一般高级语言(如C语言)称为第三代语言，而把非过程性语言(如FoxPro)称为第四代语言。

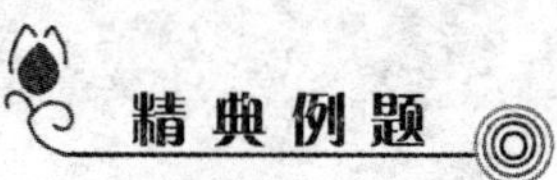

精典例题

[例2-13·单选] 基本上计算机能直接处理的语言是由“0”与“1”所组成的语言，这种语言称为( )。

A. 汇编语言　　B. 机器语言

C. 高级语言　　D. 自然语言

[答案] B

【解析】 机器语言就是计算机指令代码的集合，它是最底层的计算机语言。它用二进制代码“0”和“1”的形式表示，能被计算机直接识别和执行。

[例2-14·多选] 程序设计语言按其对计算机硬件的依赖程度，可分为( )。

A. 机器语言　　B. 汇编语言

C. 高级语言　　D. 编码语言

[答案] ABC

【解析】 程序设计语言通常分为机器语言、汇编语言和高级语言三类。

【考生反馈】

在学习中，考生应了解程序设计语言的作用和分类，这一知识点考查较多。

[例2-15·判断] 汇编语言程序在计算机中不需要编译，能被直接执行。( )

[答案] ×

【解析】 汇编语言是一种符号化的机器语言，它将难以记忆和辨认的二进制指令码用有意义的英语单词(或缩写)作为助记符来表示,从而使程序的编写、修改和阅读得到改进。计算机在执行汇编语言编写的程序时,首先要将用汇编语言编写的程序翻译成机器语言程序,然后才能执行。这种翻译程序被称为汇编程序,翻译过程则被称为汇编。

3. 支持服务程序

支持服务程序也称为工具软件,主要为用户使用、维护和管理计算机提供服务,包括协助用户进行软件开发或硬件维护的软件,如诊断程序、调试程序、编辑程序、杀病毒程序等。

4. 数据库管理系统

【名师点拨】

数据库管理系统对数据库进行统一的管理和控制,以保证数据库的安全性和完整性。

数据库管理系统(Data Base Management System,简称 DBMS)的作用是管理数据库。数据库是在计算机存储设备上存放的相关的数据集合,这些数据是按一定的结构组织起来的,可服务于多个程序。数据库管理系统是有效地进行数据存储、共享和处理的工具。根据数据库数据模型设计方法的不同,可把数据库管理系统分为层次型、网状型、关系型三类。目前,微机系统常用的单机数据库管理系统有 Visual FoxPro、Access 等;适用于网络环境的大型数据库管理系统有 Sybase、Oracle、DB2、SQL Server 等。

(二)应用软件

应用软件是在硬件和系统软件的支持下,为解决各类具体应用问题而编制的软件。计算机用户日常使用的绝大多数软件,如文字处理软件、表格处理软件、游戏软件等,都是应用软件。会计电算化软件也属于应用软件。

通用应用软件大致可分为文字处理、表格处理、图形和图像、网络通信、演示统计等几大类。

1. 文字处理软件

【考生反馈】

应用软件考查较少,考生可只作了解。

文字处理软件用于文字输入、存储、修改、编辑和多种字体、字形输出,如常用的 WPS、Word 等。

2. 表格处理软件

表格处理软件根据不同需求自动生成各种表格,管理、组织和处理各种数据,打印各种表格,完成投资决策,分析形形色色的数据,把结果以各种统计图形表示出来,并完成各种财务报表的制作、检索表格数据等。常用的有 Excel 等。

3. 图形和图像软件

从应用的角度来看,图形和图像软件大致上可分为两大类:一类是彩色图像处理软件;另一类则是绘图软件。

4. 网络通信软件

网络通信软件可以分为两大类：一类是用于实现网络底层各种通信协议的通信软件或协议转换软件，它们属于系统软件性质，一般都包含在网络操作系统（如UNIX、Windows 98、Windows NT等）之内，由操作系统提供；另一类则是用于实现各种网络应用的软件，如电子邮件(E-mail)、网络文件管理程序(FTP)、网络浏览器等。

5. 演示软件

演示软件常用于演讲报告、教学、产品发布、展览会演示等场合下的文字、图形、表格，甚至声音、动画等各类材料的制作。所制成的材料具有丰富的色彩及各种控制播放手段，也可以制作成简单的动画和各类教学片。

6. 统计软件

统计软件是以统计方法处理数值数据的软件，包括收集、汇总、分析与解释各类可变化的数值数据。统计软件有着相当广泛的应用领域，包括生命科学、经济、农业、物理、测量、气象、人口统计以及与社会发展和经济发展相关的许多应用领域。

四、计算机网络

（一）计算机网络的概念及功能

计算机网络是现代计算机技术与通信技术相结合的产物，它是以硬件资源、软件资源、信息共享和信息传递为目的，在统一的网络协议控制下，将地理位置分散的许多独立的计算机系统连接在一起所形成的网络。

计算机网络的功能主要有以下三个方面。

1. 资源共享

资源共享是指网络上的用户能部分或全部地享受网络中的资源，是计算机网络最主要的功能。资源共享包括以下几种：

(1)共享硬件资源。一个计算机网络能够使网络用户共享网络上的多种硬件设备。例如，共享服务器资源、共享打印机等设备、共享通信设备等。

(2)共享软件资源。软件资源的共享包括两个方面的内容：共享软件和共享数据。

【名师点拨】

资源共享可以大大节约投资费用，是计算机网络最主要的功能。

2. 信息传送

信息传送是计算机网络的基本功能之一。在网络上，可以通过通信线路实现计算机与计算机之间快速、可靠的信息传输，主要内容包括数据交换、信息检索、消息发布、邮件传送等，以便实现网络会议、电子邮件、信息检索等功能。

3. 分布处理

分布处理是指当计算机网络中的某个计算机系统负荷过重时，可以将其处理的任务传送到网络中的其他计算机系统中，以提高整个系统的利用率。由于计算机网络中的设备相对分散，可以对数据进行分布式处理；而地理上分布的设备通过通信子网连接起来，又能实现信息的集中管理，从而实现分布与集中相结合的管理和处理方式。对于大型的综合性的科学计算和信息处理，通过适当的算法，可将任务分散到网络中不同的计算机系统上进行分布式处理。

(二)计算机网络的分类 ★★★★

1. 按地理有效范围划分

【名师点拨】

因特网是最大的广域网。

(1)广域网。广域网又称远程网，通常是指作用范围为几十到几千公里的网络，由相距较远的计算机系统或局域网互联而成。其覆盖面积非常辽阔，可以通过微波、卫星把跨省、跨国，甚至跨洲的计算机连成网络。

(2)局域网。局域网通常是指作用范围为几米到几公里的网络。局域网是一种在小区域内使用的由多台计算机组成的网络，一般限于一个单位内部或一个建筑物内，由单位自行组建并专用。

(3)城域网。城域网通常是指作用范围在广域网与局域网之间的网络，其运行方式与局域网相似，但距离可达5～50公里。

【名师点拨】

有线网安装简便，价格便宜，抗干扰能力相对较强。

无线网联网方式方便灵活，但费用高。

2. 按通信媒介划分

(1)有线网。有线网是采用同轴电缆、双绞线、光纤等物理媒介来传输数据的网络。

(2)无线网。无线网是采用微波等形式来传输数据的网络。

3. 按使用范围划分

(1)公用网。公用网是指为公众提供各种信息服务的网络系统，如因特网。

(2)专用网。专用网是指只为特定对象提供服务，而不向他人提供服务的网络。

4. 按配置划分

(1)同类网。同类网又称对等网，如果在网络系统中，每台计算机既是服务器(提供服务)，又是工作站(接受服务)，那这个网络系统就是同类网。在同类网中，每台计算机都可以共享其他计算机的资源。

(2)单服务器网。在单服务器网络系统中，只有一台计算机作为整个网络的服务器，其他计算机全部是工作站。单服务器网是一种最简单、最常用的网。

(3)混合网。在混合网络系统中的服务器不止一个，同时并非每个工作站都可以当作服务器来使用。混合网与单服务器网的差别在于网中有不止一个服务器；混合网与同类网的差别在于每个工作站不能既是服务器又是工作站。

5. 按对数据的组织方式划分

(1)分布式数据组织网络系统。在分布式数据组织网络系统中，系统中的资源既是互联的，又是独立的。虽然系统要求对资源进行统一的管理，但分布在各工作站中的资源，由各工作站独立支配。

(2)集中式数据组织网络系统。集中式数据组织网络系统是将网络系统中的资源进行统一管理，系统中各独立的计算机工作站独立性差，它们必须在主服务器或起决定作用的主计算机支配下进行工作。

【名师点拨】

分布式数据组织网络系统的特点是：系统独立性强，用户使用方便、灵活。但对整个网络系统来说，管理复杂，保密性、安全性较差。

集中式数据组织网络系统的特点是：对信息处理集中，系统响应时间短，可靠性高，便于管理，但整个系统适应性较差。

(三)因特网 ★★★

因特网(Internet)是当今世界上最大的计算机互联网络，是广域网的一种。它集**现代通信技术**、**计算机技术**和**网络技术**于一体，是进行信息交流和实现计算机资源共享的最佳手段。

Internet 的实用性主要在于它的信息资源，Internet 在全球范围内提供极为丰富的信息资源。

1. 因特网协议——TCP/IP 协议

互联协议是用于实现各种同构计算机、网络之间，或异构计算机、网络之间通信的协议。

TCP/IP 协议成功地解决了不同网络之间难以互联的问题，实现了异网互联通信。TCP/IP 是当今网络互联的核心协议，可以说没有 TCP/IP 协议，就没有今天的网络互联技术，就没有今天的以互联技术为核心建立起来的 Internet。

【名师点拨】

TCP/IP 协议包括两部分：TCP 传输控制协议和 IP 网际协议。

2. 因特网的应用

因特网的主要应用领域，包括电子邮件、远程登录、文件传输、新闻组、万维网、电子公告板等。从使用者的角度看，因特网的主要应用领域有浏览网络信息、运行网络应用软件、收发电子邮件等。

(1)电子邮件(E-mail)是网上用户利用计算机相互通信和联络的一种方式。凡是具有电子邮件地址的 Internet 用户都可以利用 Internet 发送或接收邮件。

(2)远程登录(Telnet)。在分布式计算机与分布式计算环境中,常常需要调用位于远地的计算机上的计算资源,协同其与本地计算机上的作业或进程之间的工作,使得多台计算机能共同地完成一个较大的任务。Telnet 是人们为网络系统开发的一种能够使本地计算机暂时成为远程计算机终端的通信协议。它允许用户在本地计算机上与远地计算机上的服务器建立通信连接,然后将本地计算机上输入的字符串直接送到远程计算机上执行。这样用户就可以通过自己的鼠标和键盘实时地使用远端的计算机上对外开放的相应资源。**远程登录**是网络环境下实现资源共享的有效手段。

【名师点拨】

文件传输分为上传(Upload)和下载(Download)两种方式。下载是指由远端电脑接收电子数据到本机上的动作,它让使用者可以将所需要的电子数据保存到本机。上传是指由本机传送电子数据到远端电脑上的动作,该动作是下载动作的逆操作。

(3)文件传输。文件传输就是利用网络将一台计算机磁盘上的文件传输到另一台计算机的磁盘上。文件传输服务使用文件传输协议。

(4)新闻组。新闻组的主要功能是为广大用户提供各个领域的信息,以及供大众交流思想、信息和看法的论坛。

(5)万维网(World Wide Web,简称 WWW、3W 或 Web)是由无数网页组合而成的网页世界,是 Internet 上全球范围的超文本信息查询工具。用户只要知道目标对象的网页地址,就可以利用万维网浏览它所提供的信息。

(6)电子公告板(Bulletin Board System,简称 BBS)是一种电子信息服务系统。它向用户提供了一块公共电子白板,每个用户都可以在上面发布信息或提出看法。BBS 可以根据不同的主题划分为多个讨论区,在每个讨论区中有一个较集中和固定的主题,用户可以关注某一主题或对某一主题发表看法,还可以利用它与未见过面的朋友聊天、组织沙龙、讨论问题、获得帮助,也可以为别人提供信息。

【名师点拨】

一级域名也称顶级域名,是每个国家的英文名称的缩写。例如,"cn"表示中国,"jp"代表日本,"us"代表美国。二级域名代表该企业所属的行业。例如,"com"为商业企业,"edu"为教育机构,"net"为网络支持中心,"gov"为政府部门。例如,www.lenovo.com.cn 为联想集团在中国的网址。

3. 网址 ★★★★

Internet 网址是因特网的重要标志,浏览网络信息、运行网络应用软件都必须输入 Internet 网址。Internet 网址主要有以下几种表示方法:

(1)IP 地址。Internet 连接着无数台主机,为了明确区分 Internet 上的每一台主机,就要为每一台入网主机分配一个 IP 地址。IP 地址是一个 **32 位**的**二进制数**,由于阅读二进制数很不方便,因此通常把 32 位 IP 地址分成 4 组十进制数表示,组与组之间用圆点进行分隔。

(2)域名。由于数字形式的 IP 地址不便于用户记忆和使用,人们又建立了一套与IP 地址相对应的域名管理系统。域名一般用通俗易懂的缩写字母表示。其一般格式为:**www.<用户名>.<二级域名>.<一级域名>**。一级域名也称顶级域名,除美国外,世界上每个国家或地区都具有唯一的一级域名。二级域名一般为该主机所隶属的行业。

(3)网络文件地址。网络上的所有数据信息,包括文字信息和应用软件,都视为网络文件。为了便于查找,每个网络文件都有唯一的地址,网络文件地址表示格式如下:**<协议>://<服务器类型>.<域名>/<目录>/<文件名>**。

(4)电子邮件地址。每个收发电子邮件的用户都必须有一个电子邮件地址。电子邮件地址主要用来标明电子邮件用户,以便处理用户的电子邮件业务。电子邮件地址的一般格式如下:**<用户名>@<电子邮件服务器域名>**。这里的用户名是由用户在申请电子信箱时自己确定的,邮件服务器地址通常采用该主机的域名地址。

【名师点拨】 协议主要包括 http、ftp、telnet等。例如,http://baike.baidu.com/view/43.html 中,http为协议,baike.baidu.com为域名,view为目录,43.html为文件名。

精典例题

[例2-16·单选] 在E-mail地址中,@前面的是(　　)。

A. 用户名　　B. 用户所在国家名

C. 计算机资源　　D. 域名

[答案] A

【解析】 电子邮件地址的一般格式为:<用户名>@<电子邮件服务器域名>。

[例2-17·单选] 合法的电子邮件地址是(　　)。

A. Wang. em. hxing. corn. cn

B. em. hxing. tom. cn. wang

C. em. hxing, com. cn@wang

D. wang@em. hxig. com. cn

[答案] D

【解析】 电子邮件地址的一般格式为:<用户名>@<电子邮件服务器域名>。这里的用户名是由用户在申请电子信箱时自己确定的。邮件服务器地址通常采用该主机的域名地址。显然,合法的电子邮件地址是 wang@em. hixg. com. cn。

五、计算机安全

计算机安全的主要目标是保护计算机资源免受毁坏、替换、盗窃和丢失。这些计算机资源包括计算机设备、存储介质、软件、计算机输出材料和数据。

【名师点拨】 计算机安全隐患是指由于计算机系统安全方面的缺陷,使得系统或其应用数据的保密性、完整性、可用性、访问控制、监测机制等面临威胁。

(一)计算机安全隐患

1. 影响计算机系统安全的主要因素

(1)系统故障风险。系统故障风险是指由于操作失误,硬件、软件、网络本身出现故障,而导致系统数据丢失甚至瘫痪的风险。

(2)内部人员道德风险。内部人员道德风险是指企业内部人员对信息的非法访问、篡改、泄密和破坏等方面的风险。

【名师点拨】

1992 年,公安部的《中华人民共和国计算机信息系统安全保护条例》指出,对于构成计算机犯罪的要追究法律责任。

(3)系统关联方道德风险。系统关联方道德风险是指关联方非法侵入企业内部网,以剽窃数据和知识产权、破坏数据、扰乱某项特定交易等所产生的风险。企业的关联方包括客户、供应商、合作伙伴、软件供应商或开发商,也包括银行、保险、税务、审计等部门。

(4)社会道德风险。社会道德风险是指来自社会上的不法分子通过 Internet 对企业内部网的非法入侵和破坏,这是目前媒体报道最多的风险类型。

(5)计算机病毒。计算机病毒是一种人为蓄意编制的具有自我复制能力并可以制造计算机系统故障的计算机程序。

2. 保证计算机安全的对策

(1)不断完善计算机安全立法。

(2)不断创新计算机安全技术。

(3)不断加强计算机系统内部控制与管理。计算机安全的内部管理工作主要包括以下几方面:①加强基础设施的安全防范工作。②配备功能完善的会计电算化软件。③建立必要的技术防护措施。④加强系统操作的安全管理。⑤加强对会计电算化系统使用人员的安全教育和管理。让系统相关人员自觉遵守各种操作规章制度和操作规程,防止工作中出现不必要的失误。另外,要执行严格的岗位职责分工制度,各级人员的操作密码要相互保密,并定期更换。

精典例题

[例 2-18·判断] 将软盘写保护后,不可以向该盘复制文件,但可以删除该盘上的文件。 ( )

[答案] ×

【解析】 将软盘写保护后,不可以删除、修改该盘上的文件,但可以打开、移动、复制该盘中的文件。

【考生反馈】

在学习中,考生应掌握计算机病毒的概念和特点,此点多以多项选择题和判断题来考查。

(二)计算机病毒防范

计算机病毒在《中华人民共和国计算机信息系统安全保护条例》中的定义为:"编制或者在计算机程序中插入的破坏计算机功能或者数据,影响计算机使用并且能够自我复制的一组计算机指令或者程序代码。"

1. 计算机病毒的特点 ★★★

(1)隐蔽性。计算机病毒一般是具有很高编程技巧、短小精悍的程序，通常附在正常程序中或磁盘较隐蔽的地方，也有个别的病毒以隐藏文件形式出现，目的是不让用户发现它的存在。如果不经过代码分析，病毒程序与正常程序是不容易区别开来的。

(2)感染性。计算机病毒的感染性是指病毒具有把自身复制到其他程序中的特性。正常的计算机程序一般是不会将自身的代码强行连接到其他程序上的；而病毒却能使自身的代码强行传染到一切符合其污染条件的未受到传染的程序上。

(3)潜伏性。大部分的病毒感染系统之后一般不会马上发作，它可长期隐藏在系统中，除了传染外不做什么破坏，这样的状态可能保持几天、几个月甚至几年，只有在满足特定条件时才启动其表现(破坏)模块。

(4)破坏性。任何病毒只要侵入系统，都会对系统及应用程序产生程度不同的影响。轻者会降低计算机工作效率、占用系统资源，重者可导致系统崩溃。

【名师点拨】

病毒的破坏性主要表现为：破坏系统配置；对计算机系统内正常的数据、文件进行增删改，造成计算机系统局部功能的残缺，甚至使整个系统瘫痪；干扰程序的正常运行；非法占用系统资源，如占用CPU时间和内存空间等。个别恶性病毒甚至能损坏硬件设备。

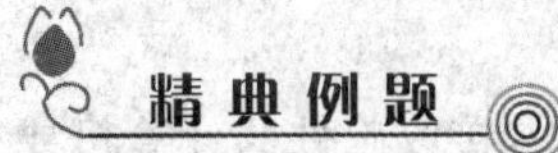

[例 2-19·多选] 计算机病毒的特点有(　　)。

A. 感染性　　B. 偶然性

C. 隐蔽性　　D. 潜伏性

[答案] ACD

【解析】 计算机病毒有以下特点：感染性、破坏性、隐蔽性和潜伏性。

2. 计算机病毒的分类

计算机病毒通常可分为如下几类：

(1)系统引导病毒。系统引导病毒又称引导区型病毒。到 20 世纪 90 年代中期，系统引导病毒是最流行的病毒类型，主要通过软盘在 DOS 操作系统中传播。

(2)文件型病毒。文件型病毒是文件感染者，也被称为寄生病毒。它运作在计算机存储器中，通常它感染扩展名为 com、exe、drv、bin、ovl、sys 的文件。每一次它们被激活时，感染文件把自身复制到其他文件中，并能在存储器中保存很长时间，直到病毒又被激活。

(3)复合型病毒。复合型病毒兼有系统引导病毒和文件型病毒两者的特征。

(4)宏病毒。所谓宏，就是软件设计者为了在使用软件工作时，避免一再重复相同的动作而设计出来的一种工具。它利用简单的语法把常用的动作写成宏，当再工作时，就可以直接利用事先写好的宏自动行动，去完成某项特定的任务，而不必一再重复相同的动作。所谓宏病毒，就是利用软件所支持的宏命令编写成的具有复制、传染能力的宏。

【名师点拨】

计算机病毒的传染途径主要有三种：①通过盘传染，即使用带病毒的盘感染机器；②通过机器传染，即带病毒的机器感染干净的盘，并再扩散；③通过网络传染，能在很短的时间内使网络上的机器受到感染。

宏病毒根据传染宿主的不同，可以分为传染 Word 的宏病毒、传染 Excel的宏病毒和传染 AmiPro 的宏病毒。目前，国内 Word 系统应用较多，所以通常所说的宏病毒一般是指 Word 宏病毒。

3. 计算机病毒的防范措施　★★★★

防范计算机病毒的最有效方法是切断病毒的传播途径，主要应注意以下几点：

(1)不用非原始软盘或其他介质引导机器，对系统等原始盘实行写保护。

(2)不随便使用外来软盘或其他介质，对外来软盘或其他介质必须先检查后再使用。

(3)做好系统软件、应用软件的备份，并定期进行数据文件备份，供系统恢复使用。

(4)计算机系统要专机专用，要避免使用其他软件，如游戏软件，以减少病毒感染机会。

(5)接收网上传送的数据要先检查后再使用，接收邮件的计算机要与系统用计算机分开。

(6)定期对计算机进行病毒检查，对于联网的计算机应安装实时检测病毒软件，以防止病毒传入。

(7)如发现有计算机感染病毒，应立即将该台计算机从网上撤下，以防止病毒蔓延。

精典例题

【考生反馈】

考生应了解计算机病毒的防范及检测清除措施。计算机病毒的检测和清除通常利用杀毒软件来完成。

[例 2-20·单选]　下列各项措施中，不能防止计算机病毒入侵的是(　　)。

A. 软盘未加写保护

B. 先用杀病毒软件检查从其他机器上拷贝来的文件

C. 不用来历不明的磁盘

D. 经常关注防病毒软件升级情况，并尽量取得最新病毒特征库

[答案]　A

【解析】　为了防止计算机病毒的侵入，最好不用非原始软盘引导机器，对系统等原始盘实行写保护。

4. 计算机病毒的检测和清除

在计算机的日常使用过程中，要采用多种方式定期对计算机病毒进行查杀，以防计算机和数据受到损失。最常用的方法是采用防病毒软件进行病毒的判定、清除。

精典例题

[例 2-21 · 多选] 若发现软盘中文件染上病毒,可(　　)进行清除。

A. 将软盘重新格式化　　B. 使用清洗盘

C. 用 CIS 命令　　D. 使用杀毒软件

[答案] AD

【解析】 如果发现某软盘已经感染病毒,则可用杀毒软件清除该软盘上的病毒或者在确认无病毒的计算机上格式化该软盘。

(三)计算机黑客及其防范

计算机黑客一般是指通过网络非法进入他人系统的计算机入侵者。随着 Internet 应用的迅速普及,由黑客入侵引起的计算机安全问题正日益突出。

1. 黑客常用手段

黑客一般使用黑客程序入侵网络,入侵的手段多种多样,下面是黑客用来入侵他人计算机系统的常用手段:

(1)拒绝访问,这已成为一个很常用的网络恶作剧,进攻者用大量的请求信息冲击网站,从而有效地阻塞系统,使系统的运行速度变慢,甚至导致网站崩溃。

(2)扫描器,通过广泛地扫描 Internet 来确定计算机、服务器和链接的类型,找到计算机和软件的薄弱环节,并加以利用。

(3)嗅觉器,这种软件暗中搜寻正在网上传输的个人信息包,用来获取密码甚至整个信息包的内容。

(4)网上欺骗,伪造电子邮件地址或网页,用它们来哄骗用户输入关键信息,如个人密码或信用卡号,以达到其不法目的。

(5)特洛伊木马,这种程序包含有探测一些软件弱点所在的指令,安装在计算机上,用户一般很难察觉。

(6)后门,黑客为了防止原来进入的通道被察觉,开发一些隐蔽的进入通道,使重新进入很容易,这些通道是很难被发现的。

(7)进攻拨号程序,这种程序能够自动地拨出成千上万个电话号码,用以搜寻一个通过调制解调器连接的进入通道。

(8)逻辑炸弹,这是嵌入计算机软件中的一种指令,它能够触发对计算机的恶意操作。

(9)缓存溢出,是一种破坏或接管对计算机控制的技术,其原理是向计算机存储器的缓冲区发送过量的数据。

2. 防范黑客的措施

计算机网络是一种新生事物。面对日趋严重的网络犯罪,必须建

【引申阅读】

2000 年 2 月 6 日,世界最大的门户网站 Yahoo 遭黑客攻击关闭 3 小时,接着 Buy、eBay、Amazon、CNN、新浪等国内外著名网站相继遭到黑客攻击。中国金融认证中心试发证书消息公布不到 1 小时便遭到黑客攻击。

【考生反馈】

考生应对计算机黑客的概念及防范黑客入侵的主要措施了解记忆。多以判断题来考查。

立相关的法律、法规，使执法机关在惩处网络犯罪行为时能够有法可依、有章可循；使非法分子慑于法律的威严，不敢轻举妄动。此外，单位和会计人员应注意采取以下措施防范黑客攻击：

(1)在网络中采用防火墙、防黑客软件等防黑产品。防火墙是在两个网络之间执行访问控制策略的一个或一组系统，包括硬件和软件，目的是保护网络不被他人侵扰，防止不希望的、未经授权的通信进出被保护的网络，迫使单位强化自己的网络安全政策。有条件的单位，应该使用防火墙。利用防火墙技术，通过仔细的配置，通常能够在内外网之间提供安全的网络保护，降低网络安全风险。单位应该使用通过安全检测的反黑客软件来检查系统。必要时应在系统中安装具有实时检测、拦截、查解黑客攻击程序的工具。应该注意的是，与病毒不同，黑客攻击程序不一定具有病毒传染的机制，因此，传统的防病毒工具未必能够防御黑客程序。

【名师点拨】

常用的杀毒软件有瑞星、江民、金山、诺顿、卡巴斯基、NOD32防病毒软件等。另外，有些软件可以防范木马病毒的传播，如瑞星卡卡、360安全卫士等。

(2)建立防黑客扫描和检测系统，一旦检测到黑客攻击，迅速做出应对措施。防范黑客的最好方法是在黑客找到安全漏洞并加以利用之前找到并修补漏洞。随着计算机技术的不断发展，新的安全漏洞不断出现，所以必须对最新发现的安全漏洞及时进行修补，并定期进行检测，做到永远领先于黑客一步。

经过安全漏洞检测和修补后的网络和系统仍然难以完全避免黑客的攻击，应建立黑客入侵检测系统(IDS)，自动不间断地实时监控网络活动，及时识别可疑的入侵迹象，分析来自网络外部和内部的入侵信号，将黑客入侵现象实时报警到安全监控中心，记录攻击源和攻击过程。在检测到黑客攻击后，应迅速采取补救方法及阻断等措施，最大限度地保护计算机系统的安全。

同步强化训练

一、单项选择题

1. CAI的含义是(　　)。

A. 计算机辅助设计　　B. 计算机辅助教学

C. 计算机辅助制造　　D. 计算机辅助测试

2. 下列各组设备中，全部属于输入设备的一组是(　　)。

A. 键盘、磁盘和打印机　　B. 键盘、扫描仪和鼠标

C. 键盘、鼠标和显示器　　D. 硬盘、打印机和键盘

3. 代表中国的顶级域名是(　　)。

A. com　　B. JP　　C. cn　　D. Telnet

4. 存储器分为内存储器和外存储器两类，(　　)。

A. 它们中的数据均可被CPU直接调用

B. 其中只有外存储器中的数据可被 CPU 直接调用

C. 它们中的数据均不能被 CPU 直接调用

D. 其中只有内存储器中的数据可被 CPU 直接调用

5. 局域网的简称是(　　)。

A. LAN　　B. WAN　　C. MAN　　D. CN

6. 将不同区域或同一区域的不同计算机连接起来的一种方式叫做(　　)。

A. 客户机—服务器　　B. 单用户

C. 网络　　D. 多用户

7. 当使用会计核算软件进行数据备份时,若驱动器中未插入软盘或软盘处于写保护状态,则该软件应(　　)。

A. 不予提示,继续进行备份　　B. 退出备份系统

C. 予以提示,并保持正常运行状态　　D. 造成死机

8. Internet 为网上的每个网络和每台主机都分配了唯一的地址,该地址由纯数字组成,它称为(　　)。

A. WWW 服务器地址　　B. TCP 地址

C. IP 地址　　D. WWW 客户机地址

9. 计算机中网络通信协议 TCP 指的是(　　)。

A. 传播控制协议　B. 传输控制协议　　C. 国际通信协议　　D. 网际协议

10. E-mail 指的是(　　)。

A. 网上用户利用计算机相互通信和联络的一种方式

B. 电报、电话、电传等通信方式

C. 无线和有线的总称

D. 报文的传送

11. 计算机黑客是指(　　)。

A. 总在晚上上网的人

B. 匿名上网的人

C. 不花钱上网的人

D. 在网上非法进入他人系统的计算机入侵者

12. 资源共享包括(　　)。

A. 硬件共享　　B. 数据共享

C. 软件共享　　D. 硬件共享、软件共享

13. 计算机软件一般包括系统软件和(　　)。

A. 源程序　　B. 应用软件　　C. 管理软件　　D. 科学计算

14. 解释方式的功能是(　　)。

A. 解释执行高级语言程序　　B. 将高级语言程序翻译成目标程序

C. 解释执行汇编语言程序　　D. 将汇编语言程序翻译成目标程序

15. 光驱的倍数越大,(　　)。

A. 数据传输越快　　B. 纠错能力越强

C. 所能读取光盘的容量越大　　　　D. 播放 VCD 效果越好

16. 计算机应用中的不安全因素来自计算机的(　　)、软件故障和人为的因素。

A. 病毒　　B. 硬件故障　　C. 系统错误　　D. 外部设备故障

17. 在计算机内部，所有数据都是以(　　)编码形式表示的。

A. 条形码　　B. 拼音码　　C. 汉字码　　D. 二进制

18. 计算机内的存储器容量以字节(B)为单位，1MB 表示(　　)。

A. 1 024×1 024 字节　　B. 1 024 个二进制位

C. 1 000×1 000 字节　　D. 1 000×1 024 个二进制位

19. 若发现某软盘已经感染病毒，则可(　　)。

A. 将该软盘报废

B. 换一台计算机再使用该软盘上的文件

C. 将该软盘上的文件拷贝到另一张软盘上使用

D. 用消毒软件清除该软盘上的病毒或者在确认无病毒的计算机上格式化该软盘

20. 微机系统与外部交换信息主要通过(　　)。

A. 输入设备和输出设备　　B. 键盘

C. 光盘　　D. 内存

21. 网络上数据传输速率的单位是 BPS，其含义是(　　)。

A. 信号每秒传输多少公里　　B. 信号每秒传输多少千公里

C. 每秒传输多少二进制位　　D. 每秒传输多少个数据

22. 从域名 www.saah.edu.cn 可以看出，该站点属于中国的一个(　　)部门。

A. 政府　　B. 军事　　C. 工商　　D. 教育

23. 下列选项中，合法的 IP 地址是(　　)。

A. 190.220.5　　B. 206.53.3.78

C. 206.53.312.78　　D. 123,43,82,220

24. 计算机网络是现代计算机技术与(　　)相结合的产物。

A. 通信技术　　B. 电话　　C. 线路　　D. 各种协议

25. 下列设备中，可以将图片输入计算机内的设备是(　　)。

A. 绘图仪　　B. 键盘　　C. 扫描仪　　D. 鼠标

26. 构成计算机电子或机械的物理实体被称为(　　)。

A. 计算机系统　　B. 计算机硬件系统

C. 主机　　D. 外设

27. 下列关于系统软件的叙述中，错误的是(　　)。

A. 系统软件与具体的应用领域无关

B. 系统软件与具体的硬件逻辑功能有关

C. 应用软件是在系统软件的基础之上开发的

D. 系统软件并不具体提供人机界面

28. 计算机病毒是一种(　　)。

A. 计算机命令　　B. 人体病毒　　C. 计算机程序　　D. 外部设备

29. 在微型计算机中，运算器的主要功能是（ ）。

A. 控制计算机的运行　　B. 进行算术运算与逻辑判断

C. 分析指令并执行　　D. 负责存取数据

30. 下面有关计算机操作系统的叙述中，不正确的是（ ）。

A. 操作系统属于系统软件

B. 操作系统只负责管理内存储器，而不负责管理外存储器

C. UNIX 是一种操作系统

D. 计算机的处理器、内存等硬件资源也由操作系统管理

31. 某工厂的字处理软件属于（ ）。

A. 应用软件　　B. 系统软件　　C. 工具软件　　D. 以上答案都不对

32. 计算机能直接识别并执行的语言是（ ）。

A. 汇编语言　　B. 机器语言　　C. 自然语言　　D. 高级语言

33. 在会计电算化条件下，（ ）是保障会计电算化系统安全的最有效途径。

A. 完善安全立法　　B. 创新安全技术

C. 加强内部控制和管理　　D. 加强人员权限管理

34. 因操作失误而导致系统数据丢失属于（ ）。

A. 系统故障风险　　B. 内部人员道德风险

C. 社会道德风险　　D. 计算机病毒

35. 在已建立好与 Internet 相连的校园网的前提下，目前最适合大学校园师生的计算机上网的方法是采用（ ）连线。

A. 数字专线　　B. 无线　　C. 电话线　　D. 局域网

36. 硬盘工作时，应特别注意避免（ ）。

A. 强烈震动　　B. 噪声　　C. 光线直射　　D. 环境卫生不好

37. 在电子邮件中所包含的信息（ ）。

A. 只能是文字　　B. 只能是文字与图形图像信息

C. 只能是文字与声音信息　　D. 可以是文字、声音和图形、图像信息

38. 某单位的人事档案管理程序属于（ ）。

A. 工具软件　　B. 应用软件　　C. 系统软件　　D. 文字处理软件

39. 用户使用计算机高级语言编写的程序，通常称为（ ）。

A. 源程序　　B. 汇编程序　　C. 二进制代码程序　　D. 目标程序

40. 系统软件和应用软件的相互关系是（ ）。

A. 前者以后者为基础　　B. 后者以前者为基础

C. 相互没有关系　　D. 相互支持

41. 世界上第一台电子计算机（ENIAC）于（ ）年在美国诞生。

A. 1944　　B. 1945　　C. 1946　　D. 1947

42. 一个完整的计算机系统由（ ）组成。

A. 主机、键盘和显示器　　B. 主机及外部设备

C. 硬件系统和软件系统　　D. 操作系统及应用软件

43. 计算机内存储器的作用是(　　)。

A. 存放正在执行的程序和当前使用的数据，它具有一定的运算能力

B. 存放正在执行的程序和急需处理的数据，它本身并无运算能力

C. 存放正在执行的程序，它具有一定的运算能力

D. 存放当前使用的数据文件，它本身并无运算能力

44. Windows 是一种(　　)。

A. 数据库管理系统　　B. 操作系统

C. 字处理系统　　D. 鼠标器驱动程序

45. Internet 上许多复杂网络和不同类型计算机之间能够互相通信的基础是(　　)。

A. X. 25　　B. ATM　　C. Novell　　D. TCP/IP

46. 下列指标中，属于计算机的性能指标的是(　　)。

A. 清晰度　　B. 精度　　C. 可靠性　　D. 计算机速度

47. 目前，在 Internet 上提供的主要应用功能有电子邮件、万维网、远程登录和(　　)等。

A. 文件传输　　B. 数字图书馆　　C. 互动教学　　D. 视频演播

48. (　　)是指计算机在单位时间里处理计算机指令的数量。

A. 字长　　B. 字节　　C. 主频　　D. 容量

49. 定期运行杀毒软件，计算机系统(　　)。

A. 就一定不会被病毒感染　　B. 硬盘中数据就一定不会遭到破坏

C. 系统文件就一定不会被破坏　　D. 仍然不能确保不受病毒感染

50. 通过 Internet 发送或接收电子邮件(E-mail)的首要条件是应该有一个电子邮件地址，它的正确形式是(　　)。

A. 用户名#域名　　B. 用户名@域名

C. 用户名/域名　　D. 用户名. 域名

51. 扫描仪是(　　)输入的主要设备。

A. 文字　　B. 图像　　C. 音乐　　D. 数据

52. 鼠标是微机上必不可少的输入设备。鼠标分为(　　)两类。

A. 自动式和半自动式　　B. 手工式和机械式

C. 机械式和光电式　　D. 内置式和外置式

53. 下列软件中，不属于应用软件的是(　　)。

A. SQL Server　　B. U8-ERP

C. WPS　　D. K/3-ERP

54. 应用软件是指(　　)。

A. 所有能够使用的软件　　B. 所有微机上都应该使用的软件

C. 被应用部门采用的软件　　D. 专门为某一应用目的而设计的软件

55. WPS、Word 都属于(　　)。

A. 文字处理软件　　B. 电子表格软件

C. 图形处理软件　　D. 课件制作软件

56. 下列软件中，不属于系统软件的是（　　）。

A. FoxPro　　B. Java　　C. Excel　　D. Windows NT

57.（　　）的主要功能是建立数据库，并对数据库中的数据进行检索、修改、增加、删除、排序等多种操作。

A. 网络软件　　B. 数据库管理系统　　C. 操作系统　　D. 语言处理程序

58. 在 Internet 中用 www.＜用户名＞.＜二级域名＞.＜一级域名＞格式表示（　　）。

A. IP 地址　　B. 域名地址　　C. 电子邮件地址　　D. 网络文件地址

59. Internet 应用中的（　　）相当于远程文件拷贝，它将用户计算机登录到一台远程计算机上，并在自己计算机系统与远程计算机系统之间传送文件。

A. 远程登录　　B. 文件传送　　C. 信息查询　　D. 网络通信

60. Internet 的基础和核心是（　　）网络协议。

A. IPX/SPX　　B. NetBEUI　　C. OSI　　D. TCP/IP

二、多项选择题

1. 计算机中的数据形式有（　　）。

A. 数值　　B. 文字　　C. 图像　　D. 声音

2. 下列设备中，属于计算机内存储器的有（　　）。

A. 软盘　　B. 硬盘　　C. RAM　　D. ROM

3. 下列 IP 地址中，正确的有（　　）。

A. 102.123.3.1　　B. 10.5.67　　C. 101.23.4.7　　D. 125.256.456.1

4. 计算机的性能指标包括（　　）。

A. 计算机速度　　B. 字长　　C. 内存容量　　D. 分辨率

5. 下列设备中，同时属于输入、输出设备的有（　　）。

A. 键盘　　B. 软盘　　C. 硬盘　　D. 显示器

6. 当一张软盘写保护后，对盘中文件可以做的有（　　）。

A. 复制文件　　B. 移动文件　　C. 打开文件　　D. 删除文件

7. 在会计电算化硬件系统选择中，选择主机主要涉及的指标有（　　）。

A. 运行速度　　B. 输入量　　C. 输出量　　D. 存储量

8. 计算机的硬件系统包括（　　）。

A. 中央处理器　　B. 内存储器　　C. 输入输出设备　　D. 辅助存储器

9. CPU 能直接访问的存储器有（　　）。

A. ROM　　B. RAM　　C. 软盘　　D. 硬盘

10. 计算机病毒可通过（　　）传染。

A. 计算机网络　　B. 磁盘　　C. 光盘　　D. 打印机

11. 存储器是指计算机系统中具有记忆能力的部件，它是用来存放（　　）的。

A. 程序　　B. 数据　　C. 信息　　D. 结果

12. 按照地理有效范围划分，计算机网络主要可分为（　　）。

A. 广域网　　B. 城域网　　C. 互联网　　D. 局域网

13. 电子计算机的特点有(　　)。

A. 运算速度快　　B. 有逻辑判断能力

C. 计算精度高　　D. 存储程序和自动执行

14. 常用的辅助存储器主要包括(　　)。

A. RAM　　B. 软盘　　C. 硬盘　　D. 光盘

15. 计算机病毒不是(　　)。

A. 寄生在芯片上的一种细菌　　B. 硬件中存放的致人生病的细菌

C. 计算机程序　　D. 一种能够自我复制的特殊程序

16. (　　)属于计算机信息处理应用领域。

A. 会计电算化　　B. 办公自动化　　C. 管理信息系统　　D. 专家系统

17. 常用的计算机辅助系统有(　　)。

A. CAB　　B. CAD　　C. CAM　　D. CAI

18. 防止黑客进入的主要措施有(　　)。

A. 制定相关法律　　B. 采用防火墙

C. 安装防毒软件　　D. 建立防黑客扫描和检测系统

19. 保障计算机安全的对策有(　　)。

A. 完善安全立法　　B. 创新安全技术

C. 加强计算机系统内部控制　　D. 加强管理

20. 下列选项中,属于系统软件的有(　　)。

A. 操作系统　　B. 语言处理程序

C. 数据库管理系统　　D. 会计电算化软件

21. 计算机网络的主要功能有(　　)。

A. 资源共享　　B. 信息传送　　C. 分布处理　　D. 协同商务

22. 因特网的主要应用领域有(　　)。

A. 电子邮件　　B. 新闻组　　C. 文件传输　　D. 万维网

23. 使用计算机进行自动控制可大大提高控制的(　　)。

A. 实时性　　B. 重要性　　C. 准确性　　D. 智能性

24. 最常见的操作失误情况有(　　)。

A. 泄密　　B. 非正常关机

C. 误删除　　D. 移动操作系统重要文件

25. 属于应用软件的有(　　)。

A. Windows XP　　B. Word　　C. 会计核算软件　　D. 游戏软件

26. 断电不会使存储器内数据丢失的存储器有(　　)。

A. RAM　　B. 硬盘　　C. ROM　　D. 软盘

27. 电子邮件的特点有(　　)。

A. 快速　　B. 便宜　　C. 方便　　D. 内容丰富

28. 计算机安全的内部管理工作主要包括(　　)。

A. 加强基础设施的安全防范工作　　B. 配备功能完善的会计电算化软件
C. 建立必要的技术保护措施　　D. 加强系统操作的安全管理

29. 下列情况中,可以反映会计电算化系统进行数据备份和恢复重要性的有(　　)。
A. 备件软盘存储不当引起数据丢失
B. 软件故障造成财务数据丢失
C. 计算机病毒造成财务数据丢失
D. 人为的误操作造成财务数据丢失

30. 下列关于网络个人安全意识描述中,正确的有(　　)。
A. 如果可能,最好使用代理上网,隐藏自己的 IP
B. 系统要勤打补丁,数据要常做备份
C. 关闭不必要的共享和服务
D. 安装网络防火墙和病毒防火墙,病毒库和扫描引擎要不断更新升级

31. 计算机资源包括(　　)。
A. 硬件资源　　B. 软件资源　　C. 数据资源　　D. 制度

32. 运算器的主要功能是(　　)。
A. 完成字符串的连接、匹配运算　　B. 完成加、减、乘、除等算术运算
C. 完成与、或、非等逻辑运算　　D. 完成<、>、=等比较运算

33. 中央处理器简称 CPU,主要包括(　　),是计算机的核心部分。
A. 鼠标器　　B. 运算器　　C. 控制器　　D. 存储器

34. 下列软件中,属于应用软件的有(　　)。
A. 操作系统　　B. Delphi 语言　　C. 会计核算软件　　D. 企业管理软件

35. 下列有关系统软件的说法中,正确的有(　　)。
A. 系统软件用于管理和维护计算机资源
B. 系统软件是为解决各类应用问题而设计的各种计算机软件
C. 系统软件用于协调计算机各部分的工作、增强计算机功能
D. 编译程序、数据库管理系统、支持服务程序和诊断程序等都属于系统软件

36. 下列措施中,可以防范计算机病毒的有(　　)。
A. 用"写保护"来保护软盘
B. 不使用外来或来历不明的软件
C. 注意关机以防病毒入侵
D. 安装防病毒软件并及时更新病毒库

37. 影响计算机系统安全的主要因素有(　　)。
A. 政治风险　　B. 系统故障风险
C. 内部人员道德风险　　D. 计算机病毒

三、判断题

1. 计算机硬件系统由中央处理器、硬盘、显示器、键盘和鼠标五大基本部件构成。
(　　)

2. 存储器的主要功能是保存信息。存储器分为两大类型：内存储器和外存储器。 （ ）

3. 常用的外存储器有软盘、硬盘、光盘和磁带等。 （ ）

4. CPU 和 RAM 是计算机的外部设备。 （ ）

5. 运算器和控制器构成了中央处理器 CPU。 （ ）

6. 外存储器是计算机的外部设备。 （ ）

7. 一台微机必备的输入设备包括 CPU、键盘和显示器。 （ ）

8. 通常把计算机软件分为两大类：系统软件和应用软件。 （ ）

9. 操作系统是软件系统的核心。 （ ）

10. 计算机在使用的过程中突然断电，则 ROM 中保存的信息全部丢失。 （ ）

11. 网络技术中"上传"是指把文件从远程计算机拷贝到用户本地计算机中的过程。 （ ）

12. 指令是指挥计算机硬件工作的命令，一组有序的指令集合就构成了程序。（ ）

13. 对软盘进行写保护设置是防止软盘感染计算机病毒的有力措施之一。 （ ）

14. 计算机中的"数据"是一个广义的概念，包括数值、文字、图形、图像、声音等多种形式。 （ ）

15. 外存储器又称为辅助存储器，用来永久地存放大量的程序和数据。 （ ）

16. CD-ROM 属于微型计算机的外存储器设备。 （ ）

17. 按照地理有效范围，我们将计算机网络分为局域网、都市网、广域网和互联网。 （ ）

18. 办公自动化系统（OA）是计算机的一项应用，按计算机应用的分类，它属于信息处理领域。 （ ）

19. 计算机常用的输入设备有键盘和鼠标器。 （ ）

20. 内存的计量单位称为"字节"（Byte），并且规定 1 024Byte＝1KB。 （ ）

21. RAM 容量远小于硬盘存储器，但它存取信息的速度要比硬盘存储器快得多。 （ ）

22. 计算机中最小的数据存储单位是位。 （ ）

23. 主频是计算机的时钟频率。 （ ）

24. 计算机网络的特点是共享计算机硬件、软件及数据等资源。 （ ）

25. 裸机在没有软件的支持下，不能产生任何动作，不能完成任何功能。 （ ）

26. 目前，使用最为广泛的网络协议是 TCP/IP 协议。 （ ）

27. 位于互联网上的计算机都有其唯一的地址，称为 IP 地址。 （ ）

28. 域名 www.pku.edu.cn 中，cn 表示教育机构。 （ ）

29. 防范计算机病毒最有效的方法是切断传播途径。 （ ）

30. 会计核算软件属于系统软件。 （ ）

31. 实行会计电算化的单位的会计资料一般存储在内存储器中。 （ ）

32. 计算机程序设计语言是人与计算机之间进行交流、沟通的语言。 （ ）

33. 信息处理是计算机最早应用的领域。 （ ）

34. 电子商务是计算机通信应用领域的典型代表。（　）

35. 计算机病毒是一种人为特制的具有破坏性的程序。（　）

36. 无论多么高级的反病毒软件，都不能发现和清除所有的计算机病毒。（　）

37. 人事管理、人口统计、仓库管理、银行业务、预订机票都属于科学计算的应用领域。（　）

38. 运算器是CPU中完成加、减、乘、除等算术运算的部件，而控制器是完成与、或、非等逻辑运算的部件。（　）

39. CPU是计算机的核心，它由运算器、控制器和内存组成。（　）

40. 系统软件是为了管理和维护计算机资源而编制的程序和有关文档的总和，其中数据库管理系统最为重要，它是所有软件的核心。（　）

41. 操作系统是用于管理、操作和维护计算机各种资源并使其正常高效运行的软件。（　）

42. 用高级语言编写的程序称为源程序，只有将其翻译成机器语言的目标程序，计算机才能识别和执行。（　）

43. 会计核算软件、企业管理软件都是应用软件。（　）

44. 计算机网络是计算机技术与现代通信技术相结合的产物。（　）

45. 电子邮件地址的一般格式为：<用户名>@<电子邮件服务器域名>。（　）

46. 影响计算机系统安全的主要因素有系统故障风险、道德风险及计算机病毒等。（　）

47. 计算机病毒可以清除但不能预防。（　）

48. 会计电算化属于计算机辅助系统领域。（　）

49. Office和Windows都是系统软件。（　）

50. 宏病毒是利用软件所支持的宏命令编写成的具有复制、传染能力的宏。（　）

51. 计算机黑客是指通过计算机网络非法进入他人系统的计算机入侵者。（　）

52. 防火墙是一种杀毒软件。（　）

参考答案及精析

一、单项选择题

1.【精析】B　计算机辅助设计的英文缩写是CAD，计算机辅助制造的英文缩写是CAM，计算机辅助教学的英文缩写是CAI。

2.【精析】B　键盘、鼠标、扫描仪属于输入设备，显示器、打印机、绘图仪属于输出设备，外存储器（包括磁盘和硬盘）、触摸屏既是输入设备又是输出设备。

3.【精析】C　“cn”是一级域名，表示中国。除美国外，世界上每个国家都有唯一的一级域名。

4.【精析】D　存储器分为内存储器和外存储器，其中内存储器中的数据可被CPU直接调用，外存储器只能与内存交换信息。

5.【精析】A　局域网的简称是LAN，广域网的简称是WAN，城域网的简称是MAN。

6.【精析】C 计算机网络是现代计算机技术与通信技术相结合的产物，它是以硬件资源、软件资源、信息共享和信息传递为目的，在统一的网络协议控制下，将地理位置分散的许多独立的计算机系统连接在一起所形成的网络。

7.【精析】C 进行数据备份时，若驱动器中未插入软盘或软盘处于写保护状态，该软件应予以提示，并保持正常运行状态。

8.【精析】C 为了明确区分 Internet 上的每一台主机，就要为每一台入网主机分配一个 IP 地址。IP 地址是一个 32 位的二进制数。

9.【精析】B Internet 的基础和核心是 TCP/IP 网络协议。TCP 称为传输控制协议，IP 称为网间互联协议。

10.【精析】A 电子邮件简称 E-mail，是网上用户利用计算机相互通信和联络的一种方式。

11.【精析】D 计算机黑客一般指的是通过网络非法进入他人系统的计算机入侵者。

12.【精析】D 资源共享包括硬件资源共享和软件资源共享。

13.【精析】B 计算机系统包括硬件系统和软件系统；软件系统包括系统软件和应用软件。

14.【精析】A 解释方式和编译方式可以实现高级语言程序的翻译。解释方式是将高级语言编写的源程序逐句解释执行，不产生目标程序；编译方式是将高级语言编写的源程序翻译成目标程序，然后通过链接程序将目标程序链接成可执行程序。

15.【精析】A 光驱最重要的性能指标是光驱的数据传输速率，每 150KB/S(每秒传输 150 千位)被称为 1 倍速。光驱的倍数越大，数据传输速度越快。

16.【精析】B 计算机应用中的不安全因素来自计算机硬件故障、软件故障和人为的因素。

17.【精析】D 计算机内部采用二进制形式表示数据，即用“0”和“1”的编码表示数据。

18.【精析】A 计算机的存储容量以字节(B)为单位，常用的衡量单位有 KB、MB、GB 等，它们的换算关系是：1KB=1 024B，1MB=1 024KB，1GB=1 024MB。

19.【精析】D 如果发现某软盘已经感染病毒，则可用杀毒软件清除该软盘上的病毒或者在确认无病毒的计算机上格式化该软盘。

20.【精析】A 微机系统通过输入设备和输出设备实现与外部信息的交换。

21.【精析】C 网络上数据传输速率的单位是 BPS，其含义是每秒传输多少二进制位。

22.【精析】D “edu”是二级域名，表示教育部门。

23.【精析】B IP 地址是一个 32 位的二进制数，通常把 32 位 IP 地址分成 4 组十进制数表示，组与组之间用圆点进行分隔，数字值在 0～255 之间。

24.【精析】A 计算机网络是现代计算机技术与通信技术相结合的产物，它是以硬件资源、软件资源和信息资源共享和信息传递为目的的。

25.【精析】C 绘图仪属于输出设备；键盘、鼠标、扫描仪属于输入设备。扫描仪可以将图片输入计算机内。

26.【精析】B 一个完整的计算机系统由硬件系统和软件系统两大部分组成。计算机硬件系统是指组成一台计算机的各种物理装置,它们由各种具体的器件组成,是计算机进行工作的物质基础。

27.【精析】D "系统软件并不具体提供人机界面"这个说法是错误的。Windows 操作系统属于系统软件,它就提供了非常友好的人机界面。

28.【精析】C 计算机病毒是编制或者在计算机程序中插入的破坏计算机功能或者数据、影响计算机使用并且能够自我复制的一组计算机指令或者程序代码。

29.【精析】B 运算器又称算术逻辑单元(Arithmetic Logic Unit,简称 ALU),是指在控制器控制下完成加、减、乘、除运算和逻辑判断的计算机部件。

30.【精析】B 操作系统是对计算机系统中的软件和硬件资源进行有效管理和控制的软件,它合理地组织计算机的工作流程,为用户提供一个使用计算机的工作环境,起到用户与计算机之间的接口作用。因此,操作系统不但要负责管理内存储器,也要管理外存储器。

31.【精析】A 字处理软件、会计核算软件、企业管理软件等都属于应用软件。

32.【精析】B 机器语言是计算机唯一能直接识别和执行的语言。计算机不能直接识别和执行用高级语言和汇编语言编写的程序。

33.【精析】C 在会计电算化条件下,加强内部控制和管理是保障会计电算化系统安全的最有效途径。

34.【精析】A 系统故障风险指由于操作失误,硬件、软件、网络本身出现故障,而导致系统数据丢失甚至瘫痪的风险。

35.【精析】D 局域网通常是指作用范围为几米到几公里的网络。局域网是一种在小区域内使用的由多台计算机组成的网络。一般限于一个单位内部或一个建筑物内,由单位自行组建并专用。

36.【精析】A 硬盘工作时,应注意避免强烈震动。

37.【精析】D 在电子邮件中所包含的信息不但可以是文字,还可以是声音和图形、图像信息。

38.【精析】B 某单位的人事档案管理程序属于应用软件。

39.【精析】A 用户使用计算机高级语言编写的程序,通常称为源程序。

40.【精析】B 系统软件是用于对计算机软件、硬件资源进行管理、监控和维护以及对各类应用软件进行解释和运行的软件。系统软件是计算机必备的支持软件,而应用软件是在硬件和系统软件支持下,为解决各类具体应用问题而编制的软件。因此,应用软件以系统软件为基础。

41.【精析】C 世界上第一台电子计算机(ENIAC)于 1946 年 2 月在美国的宾夕法尼亚大学诞生。

42.【精析】C 一个完整的计算机系统由硬件系统和软件系统组成。

43.【精析】B 计算机内存储器的作用是存放正在执行的程序和急需处理的数据,它本身并无运算能力。

44.【精析】B Windows 是一种操作系统。目前,比较通用的操作系统有 Windows、

UNIX、Linux 等。

45.【精析】D　Internet 上最基本的通信协议是 TCP/IP。为了在不同结构的计算机之间实现正常通信，要求联网用户共同遵守 TCP/IP 通信协议。

46.【精析】D　计算机的性能指标是衡量计算机系统功能强弱的主要指标，主要有计算机速度、字长和存储容量三项。

47.【精析】A　Internet 的主要功能有万维网、电子邮件、文件传输、远程登录、新闻组、电子公告板等。

48.【精析】C　主频是指计算机在单位时间里处理计算机指令的数量。

49.【精析】D　定期运行杀毒软件，计算机系统仍然不能确保不受病毒感染。

50.【精析】B　每个收发电子邮件的用户都必须有一个电子邮件地址。电子邮件地址主要用来标明电子邮件用户，以便处理用户的电子邮件业务。电子邮件地址的一般格式如下：＜用户名＞@＜电子邮件服务器域名＞。

51.【精析】B　扫描仪是图像输入的主要设备。

52.【精析】C　按照定位原理划分，鼠标可分为机械式和光电式。

53.【精析】A　SQL Server 属于系统软件。

54.【精析】D　应用软件是在硬件和系统软件的支持下，为解决各类具体应用问题而编制的软件。

55.【精析】A　文字处理软件用于文字输入、存储、修改、编辑和多种字体、字形输出，例如，常用的 WPS、四通利方、Word 等。

56.【精析】C　Excel 属于应用软件。

57.【精析】B　数据库管理系统（简称 DBMS）的作用是管理数据库。数据库是在计算机存储设备上存放的相关的数据集合，这些数据是按一定的结构组织起来的，可服务于多个程序。数据库管理系统是有效地进行数据存储、共享和处理的工具。

58.【精析】B　域名的一般格式为：www.＜用户名＞.＜二级域名＞.＜一级域名＞。

59.【精析】B　文件传输就是利用网络将一台计算机磁盘上的文件传输到另一台计算机的磁盘上。

60.【精析】D　Internet 的基础和核心是 TCP/IP 网络协议。

二、多项选择题

1.【精析】ABCD　计算机中的数据形式有数值、文字、图像、声音等。

2.【精析】CD　计算机内存储器可分为随机存储器（RAM）、只读存储器（ROM）和高速缓冲存储器（Cache）；软盘和硬盘属于外存储器。

3.【精析】AC　IP 地址是一个 32 位的二进制数，通常把 32 位 IP 地址分成 4 组十进制数表示，组与组之间用圆点进行分隔，数字值在 0～255 之间。

4.【精析】ABC　计算机系统的性能指标主要包括字长、内存容量、运算速度等。

5.【精析】BC　软盘、硬盘既属于输入设备又属于输出设备；键盘属于输入设备；显示器属于输出设备。

6.【精析】ABC　当一张软盘处于写保护时，对盘中文件只能读不能写，不能对盘中文件进行修改、删除。

7.【精析】AD 在会计电算化硬件系统选择中，选择主机主要涉及运算速度和存储量。

8.【精析】ABCD 计算机硬件系统包括中央处理器(CPU)、存储器(包括内存储器和辅助存储器)、输入设备和输出设备。

9.【精析】AB ROM和RAM属于内存储器，可直接与CPU交换信息；软盘和硬盘属于外存储器，只能与内存交换信息，CPU不能直接访问。

10.【精析】ABC 计算机病毒可通过计算机网络、磁盘和光盘等传染。

11.【精析】AB 存储器是计算机系统中的记忆装置，用来存储程序和数据，它的基本功能是在控制器的控制下按照指定的地址存入和取出各种信息。

12.【精析】ABD 计算机网络按照地理有效范围分类，可分为局域网(LAN)、城域网(MAN)和广域网(WAN)。

13.【精析】ABCD 计算机与其他计算工具相比，具有以下特点：①运算速度快；②计算精度高；③存储容量大；④具有逻辑判断能力；⑤具有自动执行程序的能力。

14.【精析】BCD RAM是内存储器，软盘、硬盘、光盘属于外部存储器，也称辅助存储器。

15.【精析】AB 计算机病毒是一种人为蓄意编制的具有自我复制能力并可以制造计算机系统故障的计算机程序。

16.【精析】ABCD 会计电算化、办公自动化、管理信息系统、专家系统均属于计算机信息处理应用领域。

17.【精析】BCD 常用的计算机辅助系统有计算机辅助设计(CAD)、计算机辅助制造(CAM)、计算机辅助教学(CAI)等。

18.【精析】ABD 安装防毒软件不能阻止黑客进入。

19.【精析】ABCD 保证计算机安全的对策有：①不断完善计算机安全立法；②不断创新计算机安全技术；③不断加强计算机系统内部控制与管理。

20.【精析】ABC 会计电算化软件属于应用软件。

21.【精析】ABC 计算机网络的主要功能有信息传送、资源共享和分布处理。

22.【精析】ABCD 因特网的主要应用领域包括电子邮件、远程登录、文件传输、新闻组、万维网、电子公告板等。

23.【精析】AC 使用计算机进行自动控制可大大提高控制的实时性、准确性。

24.【精析】BCD 最常见的操作失误情况有非正常关机、误删除、移动操作系统重要文件等。泄密属于内部人员道德风险。

25.【精析】BCD Windows XP是操作系统，属于系统软件。

26.【精析】BCD 当计算机断电时，RAM中的信息完全丢失，并不可恢复，需要将数据保存到外存储器上才能长期保存。存放在ROM中的信息，在没有电源的情况下也能保持。

27.【精析】ABCD 电子邮件的特点有快速、方便、便宜、内容丰富等。

28.【精析】ABCD 计算机安全的内部管理工作主要包括以下几方面：①加强基础设施的安全防范；②配备功能完善的会计电算化软件；③建立必要的技术保护措施；

④加强系统操作的安全管理;⑤加强对会计电算化系统使用人员的安全教育和管理。

29.【精析】BCD 由于软件故障、计算机病毒、人为的误操作造成的财务数据丢失可以反映会计电算化系统进行数据备份和恢复的重要性。

30.【精析】ABCD 本题考核网络个人安全意识的有关内容,考生应了解。

31.【精析】ABC 计算机资源包括硬件资源、软件资源和数据资源。

32.【精析】BC 运算器又称算术逻辑单元(ALU),是指在控制器控制下完成加、减、乘、除运算和逻辑判断的计算机部件。

33.【精析】BC 人们通常把运算器、控制器做在同一块大规模集成电路块上,并称为“中央处理器”,又称 CPU。

34.【精析】CD 会计核算软件、企业管理软件属于应用软件。

35.【精析】ACD 应用软件是在硬件和系统软件的支持下,为解决各类具体应用问题而编制的软件。

36.【精析】ABD 防范计算机病毒的最有效方法是切断病毒的传播途径,主要应注意以下几点:①不用非原始软盘或其他介质引导机器,对系统等原始盘实行写保护。②不随便使用外来软盘或其他介质,对外来软盘或其他介质必须先检查后再使用。③做好系统软件、应用软件的备份,并定期进行数据文件备份,供系统恢复使用。④计算机系统要专机专用,要避免使用其他软件,如游戏软件,以减少病毒感染机会。⑤接收网上传送的数据要先检查后再使用,接收邮件的计算机要与系统用计算机分开。⑥定期对计算机进行病毒检查,对于联网的计算机应安装实时检测病毒软件,以防止病毒传入。⑦如发现有计算机感染病毒,应立即将该台计算机从网上撤下,以防止病毒蔓延。

37.【精析】BCD 影响计算机系统安全的主要因素有:①系统故障风险;②内部人员道德风险;③系统关联方道德风险;④社会道德风险;⑤计算机病毒。

三、判断题

1.【精析】× 计算机硬件系统由输入设备、输出设备、运算器、存储器和控制器五部分组成。

2.【精析】√ 存储器是指计算机系统中具有记忆能力的部件,用来存放程序和数据。存储器分为内存储器和外存储器。

3.【精析】√ 常用的外存储器有磁盘存储器、磁带存储器和光盘存储器等。磁盘存储器常见的有软盘存储器和硬盘存储器。

4.【精析】× 中央处理器简称 CPU,是计算机的核心部件。RAM 属于内存储器,两者均不是计算机的外部设备。

5.【精析】√ CPU 由运算器和控制器两大部件构成。

6.【精析】√ 外存储器又称辅助存储器,是计算机的外部设备。

7.【精析】× CPU 不属于输入设备。

8.【精析】√ 计算机软件分为系统软件和应用软件两大类。

9.【精析】√ 操作系统是软件系统的核心。在所有软件中,操作系统是最基本、最重要、最贴近硬件的,是对裸机在功能上的首次开发和补充。

10.【精析】× 一旦关闭电源或发生断电,RAM 中的数据就会丢失,并不可恢复,而 ROM 中的信息不会丢失。

11.【精析】× 文件传输分为上传(upload)和下载(download)两种方式。所谓下载文件,就是将所连接系统中的文件传输到用户系统的磁盘中;上传文件是下载文件的逆操作,就是把文件从用户系统的磁盘上传送到所连接的系统中。

12.【精析】√ 指令是指挥计算机硬件工作的命令,一组有序的指令集合就构成了程序。

13.【精析】√ 对软盘进行写保护设置是防止病毒入侵的可靠措施。

14.【精析】√ 计算机中的"数据"是一个广义的概念,包括数值、文字、图形、图像、声音等多种形式。

15.【精析】√ 外存储器也称辅助存储器,主要用来存储大量的暂不参加运算或处理但又需要长期处理的数据和程序。

16.【精析】√ CD-ROM 是只读式光盘存储器,属于微型计算机的外存储器设备。

17.【精析】× 按照地理有效范围划分,计算机可分为局域网(LAN)、城域网(MAN)和广域网(WAN)。

18.【精析】√ 办公自动化系统(OA)按计算机应用的分类,属于信息处理领域。

19.【精析】√ 计算机常用的输入设备有键盘、鼠标、扫描仪等。

20.【精析】√ 存储容量以字节(Byte)为单位,每 1 024 个字节称为 1KB,即1KB=1 024B。

21.【精析】√ RAM 容量远小于硬盘存储器,但它存取信息的速度要比硬盘存储器快得多。

22.【精析】√ 计算机中最小的数据存储单位是位。

23.【精析】√ 主频是指计算机的时钟频率,是决定计算机速度的重要指标,以兆赫(MHz)为单位。

24.【精析】√ 计算机网络的特点是共享计算机硬件资源、软件资源及数据资源等。

25.【精析】√ 只有硬件而没有软件的计算机通常称为裸机,裸机无法进行任何操作。

26.【精析】√ 目前,使用最为广泛的网络协议是 TCP/IP 协议,它是 Internet 的基础和核心。

27.【精析】√ 位于互联网上的计算机都有唯一的 IP 地址。

28.【精析】× "cn"是一级域名,表示中国;"edu"是二级域名,表示教育机构。

29.【精析】√ 防范计算机病毒最有效的方法是切断传播途径。

30.【精析】× 会计核算软件属于应用软件。

31.【精析】× 实行会计电算化的单位的会计资料一般存储在外存储器中。

32.【精析】√ 计算机程序设计语言是人与计算机之间进行交流、沟通的语言。

33.【精析】× 计算机最早应用的领域是科学计算。

34.【精析】× 计算机网络是计算机应用领域的典型代表。

35.【精析】√ 计算机病毒是一种人为蓄意编制的、具有自我复制能力并可以制造计算机故障的计算机程序。

36.【精析】√ 无论多么高级的反病毒软件，都不能发现和清除所有的计算机病毒。

37.【精析】× 人事管理、人口统计、仓库管理、银行业务、预订机票都属于计算机信息处理的应用领域。

38.【精析】× 运算器又称算术逻辑单元(ALU)，是指在控制器控制下完成加、减、乘、除运算和逻辑判断的计算机部件。

39.【精析】× 人们通常把运算器、控制器做在同一块大规模集成电路块上，并称为“中央处理器”，又称 CPU(Central Processing Unit)。中央处理器主要由运算器和控制器两个部件构成，它是计算机的核心部件。

40.【精析】× 系统软件是指用于对计算机资源的管理、监控和维护，以及对各类应用软件进行解释和运行的软件。操作系统是最基本、最重要的系统软件，已成为计算机系统必不可少的基本组成部分。它负责管理计算机系统的全部软件资源和硬件资源，合理地组织计算机各部分协调工作，为用户提供操作界面和编程接口。

41.【精析】√ 操作系统是最基本、最重要的系统软件，已成为计算机系统必不可少的基本组成部分。它负责管理计算机系统的全部软件资源和硬件资源，合理地组织计算机各部分协调工作，为用户提供操作界面和编程接口。

42.【精析】√ 用高级语言编写的程序称为“源程序”，不能被计算机直接识别和运行，必须通过翻译程序翻译成机器指令序列后，才能被计算机识别和运行。

43.【精析】√ 会计核算软件、企业管理软件都属于应用软件。

44.【精析】√ 计算机网络是现代计算机技术与通信技术相结合的产物，它是以硬件资源、软件资源、信息共享和信息传递为目的，在统一的网络协议控制下，将地理位置分散的许多独立的计算机系统连接在一起所形成的网络。

45.【精析】√ 电子邮件地址的一般格式：＜用户名＞@＜电子邮件服务器域名＞。

46.【精析】√ 影响计算机系统安全的主要因素有：①系统故障风险；②内部人员道德风险；③系统关联方道德风险；④社会道德风险；⑤计算机病毒。

47.【精析】× 计算机病毒可以预防和清除。

48.【精析】× 会计电算化属于计算机信息处理领域。

49.【精析】× Windows 属于系统软件，Office 属于应用软件。

50.【精析】√ 所谓宏病毒，就是利用软件所支持的宏命令编写成的具有复制、传染能力的宏。

51.【精析】√ 计算机黑客一般指的是通过网络非法进入他人系统的计算机入侵者。

52.【精析】× 防火墙是在两个网络之间执行访问控制策略的一个或一组系统，包括硬件和软件，目的是保护网络不被他人侵扰，防止不希望的、未经授权的通信进出被保护的网络，迫使单位强化自己的网络安全政策。

第三章 会计电算化的基本要求

1. 会计电算化法规制度。
2. 会计核算软件的基本要求。
3. 会计数据输入功能的基本要求。
4. 会计数据输出功能的基本要求。
5. 会计数据处理功能的基本要求。
6. 会计电算化岗位及其权限设置的基本要求。
7. 计算机替代手工记账的基本要求。
8. 会计电算化档案管理的基本要求。

知识梳理

一、会计电算化法规制度 ★★

国家制定了一系列政策法规，对开发设计会计电算化软件和单位开展会计电算化工作提出了基本要求。

《中华人民共和国会计法》(以下简称《会计法》)规定，使用电子计算机进行会计核算的，其软件及生成的会计凭证、会计账簿、财务会计报告和其他会计资料必须符合国家统一的会计制度的规定；**会计账簿的登记、更正应当符合国家统一的会计制度的规定**。这是对实行会计电算化的单位关于会计软件及其相关会计资料的基本要求，包括两个方面：第一，使用的会计软件达到符合财政部规定的会计软件的功能和技术标准；第二，用电子计算机生成的会计资料应当符合国家统一的会计制度的要求。

为加强对会计电算化工作的指导和规范，财政部根据《会计法》制定了《会计电算化管理办法》、《会计核算软件基本功能规范》、《会计电算化工作规范》、《会计基础工作规范》和《会计档案管理办法》等规范性文件，对会计核算软件的研制和单位实施会计电算化工作作出了具体规定。

【名师点拨】

国际会计师联合会(IFAC)分别于 1984 年 2 月、10 月和 1985 年 6 月公布了三个有关会计电算化的《国际审计准则》。

【考生反馈】

考生应了解开展会计电算化工作有哪些政策法规制度的要求。此处多以单项选择题和多项选择题考查。

精典例题

[**例 3-1 · 单选**] 《会计法》规定:"使用电子计算机进行会计核算的,其软件及生成的(　　)、会计账簿、财务会计报告和其他会计资料必须符合国家统一的会计制度的规定。"

A. 记账凭证　　　　B. 会计凭证

C. 会计报表　　　　D. 会计档案

[**答案**] B

【**解析**】《会计法》规定,使用电子计算机进行会计核算的,其软件及生成的会计凭证、会计账簿、财务会计报告和其他会计资料必须符合国家统一的会计制度的规定。

二、会计核算软件的要求

(一)会计核算软件的基本要求 ★

【名师点拨】

会计法规制度从会计核算软件的基本要求、会计数据输入功能的基本要求、会计数据输出功能的基本要求、会计数据处理功能的基本要求四个方面对会计核算软件提出了要求。

会计核算软件的设计、应用和维护应当符合以下**基本要求**:

(1)会计核算软件设计应当符合我国法律、法规、规章的规定,保证会计数据合法、真实、准确、完整,有利于提高会计核算工作效率。

(2)会计核算软件应当按照国家统一的会计制度的规定划分会计期间,分期结算账目和编制会计报表。

(3)会计核算软件中的文字输入、屏幕提示和打印输出必须采用中文,可以同时提供少数民族文字或者外国文字对照。

(4)会计核算软件必须提供人员岗位及操作权限设置的功能。

(5)会计核算软件应当符合 GB/T19581-2004《信息技术会计核算软件数据接口》国家标准的要求。

(6)会计核算软件在设计性能允许的使用范围内,不得出现由于自身原因造成死机或者非正常退出等情况。

(7)会计核算软件应当具有在机内会计数据被破坏的情况下,利用现有数据恢复到最近状态的功能。

(8)单位修改、升级正在使用的会计核算软件,改变会计核算软件的运行环境,应当建立相应的审批手续。

(9)会计核算软件开发销售单位必须为使用单位提供会计核算软件操作人员培训、会计核算软件维护、版本更新等方面的服务。

【考生反馈】

考生应掌握会计核算软件的要求的内容,此处多以多项选择题、判断题考查。

精典例题

[**例 3-2 · 单选**] 会计核算软件应当具有在机内(　　)的情况下,利用现有数据恢复到最近状态的功能。

A. 会计数据被破坏　　　　B. 会计报表被破坏

C. 会计软件被破坏　　　　D. 会计制度被破坏

[答案] A

【解析】 会计核算软件应当具有在机内会计数据被破坏的情况下,利用现有数据恢复到最近状态的功能。

(二)会计数据输入功能的基本要求 ★★★★

会计电算化条件下,会计数据的**输入方式**包括手工录入、存储介质导入以及由其他业务系统传入等。**输入的数据**主要有三大类:初始数据、记账凭证数据和原始凭证数据。

1. 对初始数据输入的基本要求

会计核算软件应当具备以下**初始化功能**:

(1)输入会计核算所必需的期初数据及有关资料,包括各级会计科目名称、编号、年初数、期初数、累计发生额及有关数量指标等。

(2)输入需要在本期进行对账的未达账项。

(3)选择会计核算方法,包括固定资产折旧方法、存货计价方法、成本核算方法等。

(4)定义自动转账凭证。

(5)用户设置,包括设置每个用户的登录名、登录密码、姓名、操作权限等。

会计核算软件必须提供必要的方法对初始数据进行正确性校验。由于初始化工作是对会计数据的直接输入和修改,因此初始化工作结束并经确认后有关功能应当随之关闭,以防止用户绕过正常账务处理程序直接对会计数据进行修改。

【名师点拨】

会计核算软件中采用的总分类会计科目名称、编号方法,必须符合国家统一的会计制度的规定。

精典例题

[例 3-3 · 多选] 会计软件必须具备的初始化功能有(　　)。

A. 输入会计核算所必需的期初数据及有关资料

B. 输入需要在本期进行对账的未达账项

C. 选择会计核算方法,包括记账方法、折旧方法、存货计价方法、成本核算方法

D. 定义自动转账凭证

[答案] ABCD

【解析】 会计核算软件应当具备以下初始化功能:①输入会计核算所必需的期初数据及有关资料,包括各级会计科目名称、编号、年初数、期初数、累计发生额及有关数量指标等。②输入需要在本期进行对账的未达账项。③选择会计核算方法,包括固定资产折旧方法、存货计

【考生反馈】

对初始数据输入的基本要求易以多项选择题考查,考生应注意。

价方法、成本核算方法等。④定义自动转账凭证。⑤用户设置，包括设置每个用户的登录名、登录密码、姓名、操作权限等。

2. 对记账凭证数据输入的基本要求

会计核算软件必须具备输入记账凭证的功能，输入内容包括记账凭证日期、记账凭证编号、业务摘要、会计科目名称或编号、金额、附件张数等。其中，记账凭证编号可以由手工输入，也可以由软件自动产生。软件应当对记账凭证编号的**连续性进行控制**。

会计核算软件应当提供以下控制功能，确保记账凭证的编制和处理符合国家统一的会计制度的**要求**：

(1)正在输入的记账凭证编号与已输入的记账凭证编号重复的，予以提示并拒绝保存。

(2)以编号方式输入会计科目的，自动显示该代码所对应的会计科目名称。

(3)借贷双方金额不平衡，或没有输入金额的，予以提示并拒绝保存。

(4)有借方会计科目而无贷方会计科目或者有贷方会计科目而无借方会计科目的，予以提示并拒绝保存。

(5)正在输入的收款凭证借方科目或付款凭证贷方科目不是“库存现金”或“银行存款”的，予以提示并拒绝保存。

(6)会计核算软件应提供对已经输入尚未记账的记账凭证进行修改和审核的功能，但对于审核通过后的记账凭证，应当不再允许修改；对于已经记账的记账凭证，应当不再允许撤销审核。发现已经审核通过或者记账的记账凭证有错误的，应当采用**红字凭证冲销法**或者**补充凭证法**进行更正，红字可用“－”号表示。

(7)对同一张记账凭证，应当具有权限控制功能，防止同一用户对同一张凭证同时具有输入、修改权和审核权。

3. 对原始凭证数据输入的基本要求

原始凭证的输入可采取以下两种方法：

(1)在输入记账凭证的同时，输入相应原始凭证。如果输入的有关原始凭证汇总金额与输入的记账凭证相应金额不等，软件应予以提示并拒绝通过。审核人员在对记账凭证进行审核的同时，会计软件应将输入的所附原始凭证同时提交审核。

(2)在记账凭证未输入前，直接输入原始凭证，由会计软件自动生成记账凭证。会计软件应当提供对已经输入但未审核的原始凭证进行修改和审核的功能，审核通过后，才能生成相应的记账凭证。

记账凭证通过审核或记账后，对相应原始凭证不能直接进行修改。

【名师点拨】

采用直接输入原始凭证由会计核算软件自动生成记账凭证的，在生成正式机内记账凭证前应当进行审核确认。

【名师点拨】

由账务处理模块以外的其他业务子系统生成会计凭证数据的，应当经审核确认后生成记账凭证。

精典例题

［例 3-4·判断］ 会计软件应当提供对已经输入机内但未经过审核的原始凭证的修改功能。 （ ）

［答案］ √

【解析】 会计核算软件应当提供对已经输入但未被审核的原始凭证进行修改和审核的功能，审核通过后，即可生成相应的记账凭证。

【名师点拨】

会计核算软件提供的原始凭证输入项目应当齐全，主要项目有填制凭证日期、填制凭证单位或填制人姓名、接受凭证单位名称、经济业务内容、数量、单价和金额等。

（三）会计数据输出功能的基本要求

会计**数据输出**包括**屏幕查询**、**打印**、**保存到存储介质**以及**通过数据接口传输到其他业务系统**等多种形式。

1. 屏幕查询的基本要求

在会计电算化条件下，无须每天将会计账务数据打印输出，平时的查账需求可以通过屏幕查询满足。屏幕查询一般应当实现对以下内容的查询：

（1）各级会计科目的名称、编号、年初余额、期初余额、累计发生额、本期发生额和当前余额等项目。

（2）本期输入的记账凭证、原始凭证。

（3）本期和以前各期的总账和明细账。

（4）往来项目的结算情况。

（5）本期和以前各期的会计报表。

对于查询内容，会计软件应当显示其是否已结账。如果需要，也可对屏幕查询内容打印输出。

2. 打印输出的基本要求 ★★★

对会计核算软件打印输出的要求主要包括以下内容：

（1）应当提供打印输出原始凭证、记账凭证、日记账、明细账、总账、会计报表的功能，有关凭证、账簿、报表的格式和内容**应当符合国家统一的会计制度**的规定。

（2）在总账和明细账的直接记账依据完全相同的情况下，总账可以用总分类账户本期发生额、余额对照表替代。

（3）在保证会计账簿清晰的条件下，打印输出的会计账簿中的表格线条可以适当减少。

（4）对于业务量较少的账户，提供会计账簿的满页打印输出功能。

【名师点拨】

软盘输出多用于数据的备份或上报数据（尤其是会计报表）的输出。网络传输一般多用于企业分支机构向总公司报账、报表输出。查询和打印则是会计数据最基本的输出形式。

精典例题

[例 3-5 · 多选] 在会计电算化条件下,会计数据输出包括( )等几种形式。

A. 屏幕查询输出　　B. 打印输出

C. 通过软盘输出　　D. 利用网络线路传输输出

[答案] ABCD

【解析】 会计数据输出包括屏幕查询、打印、保存到存储介质以及通过数据接口传输到其他业务系统等多种形式。

【名师点拨】

打印输出的会计账簿、会计报表,如果是根据已结账数据生成的,应当在打印输出的会计账簿、会计报表上打印一个特殊标志,以示区别。

(四)会计数据处理功能的基本要求 ★★★

(1)会计核算软件应当具有记账功能,记账前必须对记账凭证是否通过审核进行检查,只有通过审核的记账凭证才能记账。记账后对已记账的凭证做记账标志。

(2)会计核算软件应当提供自动进行银行对账的功能,根据银行存款日记账与输入的银行对账单,在适当的人工辅助下,生成银行存款余额调节表。

(3)会计核算软件应当提供按照规定的会计期间结账的功能。结账前,软件应当**自动检查**本期输入的会计凭证是否已全部记账,当期全部记账凭证均已记账后才能结账。

【名师点拨】

结账后,不允许再输入上一会计期间的会计凭证。一般下一个会计期间的会计凭证只有在上一个会计期间已结账的情况下才能输入,但年底可以例外。

(4)会计核算软件应当具有自动编制符合国家统一的会计制度所规定的会计报表的功能。商品化会计核算软件应当提供会计报表的自定义功能,包括定义会计报表的格式、项目、各项目的数据来源、表内和表间的数据运算以及钩稽关系等。

(5)会计软件应当采取加密存储、用户身份验证等多种手段确保会计数据安全保密,防止对数据的未授权访问、复制、篡改、删除。

精典例题

[例 3-6 · 判断] 结账前,会计核算软件应当自动检查本期输入的会计凭证是否全部登记入账,全部登记入账后才能结账。( )

[答案] √

【解析】 结账前,会计核算软件应当自动检查本期输入的会计凭证是否全部都登记入账,全部登记入账后才能结账。

三、会计电算化岗位及其权限设置的基本要求

实行会计电算化的单位要按照会计电算化的特点和要求,加强对会计电算化系统使用人员和维护人员的管理,按照权责对等的原则,明确系统各类操作人员的职责、权限,建立、健全岗位责任制。

(一)电算化会计岗位的划分及职责　★★★★★

建立会计电算化岗位责任制,定人员、定岗位、明确分工、各司其职,有利于会计工作程序化、规范化,有利于实现会计内部控制,有利于落实责任和会计人员钻研分管业务,有利于提高工作效率和工作质量。

各单位可以根据内部控制的要求和本单位的工作需要,对会计岗位的划分进行调整并设置必要的岗位。会计电算化的岗位可分为**基本会计岗位**和**电算化会计岗位**。

基本会计岗位可分为会计主管、出纳、会计核算各岗、稽核、会计档案管理等。各基本会计岗位与手工会计的各岗位相对应,基本会计岗位必须由持有会计证的人员担任,可以一人一岗、一人多岗或者一岗多人,但应当符合内部控制的要求。

电算化会计岗位是指直接管理、操作、维护计算机及会计核算软件系统的工作岗位,实行会计电算化的单位要根据计算机系统开发、操作、维护的特点,结合会计工作的要求,划分电算化会计岗位。大中型企业和使用大规模会计电算化系统的单位,电算化会计可设立如下岗位。

【名师点拨】

《会计电算化工作规范》中提出了建立会计电算化岗位责任制的原则:"实行会计电算化的单位,要建立会计电算化岗位责任制,要明确每个工作岗位的职责范围,切实做到事事有人管,人人有专责,办事有要求,工作有检查。"

【名师点拨】

基本会计岗位的会计工作人员还应当有计划地进行轮换,以促进会计人员全面熟悉业务,不断提高业务素质。会计人员还必须实行回避制度。

[例3-7·单选]　实行会计电算化后的工作岗位可分为(　　)会计岗位和电算化会计岗位。

A. 基本　　　　B. 基础

C. 一般　　　　D. 特殊

[答案]　A

【解析】　实行会计电算化后的工作岗位可分为基本会计岗位和电算化会计岗位。

[例3-8·多选]　会计电算化岗位一般可分为(　　)等几种基本岗位。

A. 财务总监　　　　B. 审核记账

C. 电算维护　　　　D. 电算审查

[答案]　BCD

【解析】　实行会计电算化后的工作岗位可分为基本会计岗位和电算化会计岗位。电算化会计岗位可分为电算主管、软件操作、审核记账、电算维护、电算审查、数据分析、会计档案保管等岗位。

1. 电算主管

电算主管负责协调计算机及会计软件系统的运行工作,要求具备会计和计算机知识以及相关的会计电算化组织管理的经验。电算化主管可由会计主管兼任，采用中小型计算机和网络化会计核算软件的单位，应设立此岗位。**具体职责**是：

【考生反馈】

在学习中，考生应掌握企业开展会计电算化后的工作岗位设置要求以及这些岗位的基本职责。多考查其中的细节点。

(1)负责电算化系统的日常管理工作，监督并保证电算化系统的正常运行，达到合法、安全、可靠、可审计的要求。在系统发生故障时，应及时组织有关人员尽快恢复系统的正常运行。

(2)协调电算化系统各类人员之间的工作关系，制定岗位责任制，负责对电算化系统各类人员的工作质量考评，提出任免意见。

(3)负责计算机输出账表、凭证的数据正确性和及时性检查工作。

(4)建立电算化系统各种资源(硬件资源和软件资源)的调用、修改和更新的审批制度，并监督执行。

(5)完善企业现有管理制度，充分发挥电算化的优势，提出单位会计工作的改进意见。

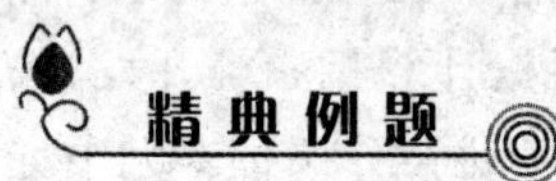

[例 3-9 · 多选] 电算主管的职责包括(　　)。

A. 负责计算机输出账表、凭证的数据正确性和及时性检查工作

B. 完善企业现有管理制度，充分发挥电算化的优势，提出单位会计工作的改进意见

C. 每天操作结束后，应及时做好数据备份并妥善保管

D. 定期检查电算化系统的软件、硬件的运行情况

[答案] AB

【解析】 AB选项所述内容属于电算主管的职责；“每天操作结束后，应及时做好数据备份并妥善保管”属于软件操作人员的职责；“定期检查电算化系统的软件、硬件的运行情况”属于电算维护人员的职责。

[例 3-10 · 判断] 电算主管负责保证计算机硬件、软件的正常运行，防止利用计算机进行舞弊。(　　)

[答案] ×

【解析】 电算审查人员负责保证计算机硬件、软件的正常运行，防止利用计算机进行舞弊；电算主管负责协调计算机及会计软件系统的运行工作。

【名师点拨】

电算化会计岗位设置应该注意内部牵制制度的要求，如出纳和记账审核不应是同一人，软件开发人员不能操作软件处理会计业务。

2. 软件操作

软件操作人员负责会计核算软件的具体使用操作，要求具备会计软件操作知识，达到会计电算化初级水平。一般可由基本会计岗位的会计人员兼任软件操作岗位工作。**具体职责**是：

(1)负责所分管业务的数据输入、处理、备份和输出(包括打印输出凭证、账簿、报表)。

(2)对审核记账人员提出的错误会计数据进行修改。

(3)对操作中发现的问题进行记录并向电算维护员报告。

(4)出纳人员应做到“日清月结”。

3. 审核记账

审核记账人员负责凭证的审核记账。此岗要求具备会计和计算机知识,达到会计电算化初级水平,可由主管会计兼任。**具体职责**是:

(1)审核原始凭证的真实性、正确性,对不合规定的原始单据不作为记账凭证依据。

(2)审核记账凭证,包括各类代码的合法性、摘要的规范性、会计科目和会计数据的正确性,以及附件的完整性。

(3)对通过审核的凭证及时记账。

(4)进行结账操作。

(5)打印有关的账表。

4. 电算维护

电算维护人员负责保证计算机硬件、软件的正常运行,管理机内会计数据。此岗要求具备计算机和会计知识,达到会计**电算化中级水平**。采用中小型计算机和网络化会计核算软件的单位,应设立此岗位。此岗位在大中型企业中应由专职人员担任。维护人员一般不对会计数据进行操作。**具体职责**是:

(1)定期检查电算化系统的软、硬件的运行情况。

(2)及时对电算化系统运行中的软、硬件故障进行排除。

(3)负责电算化系统升级换版的调试工作。

(4)会计电算化人员变动或会计科目调整时,负责电算化系统的维护。

(5)会计核算软件不能满足需要时,与软件开发人员或开发商联系,进行软件功能的改进。

5. 电算审查

电算审查人员对电算化系统运行进行监督,防范利用电算化系统的舞弊。要求具备会计和计算机知识,达到会计电算化中级水平,此岗可由会计稽核人员兼任。采用中小型计算机和网络化会计软件的单位,可设立此岗位。**具体职责**是:

(1)监督计算机及会计软件系统的运行,防止利用计算机进行舞弊。

(2)审查电算化系统各人员岗位设置是否合理、内部控制是否完善、各类人员是否越权使用软件。

(3)发现系统问题或隐患,及时向会计主管反映,提出处理意见。

6. 数据分析

数据分析人员负责对计算机内的会计数据进行分析,要求具备计

【名师点拨】

软件操作员的责任有:①每天操作结束后,应及时做好数据备份并妥善保管。②注意安全保密,各自的操作口令不得随意泄露,定期更换自己的密码。③离开机房前,应执行相应命令退出会计软件。④每次操作软件后,应按照有关规定填写上机记录。⑤在由原始凭证直接录入计算机并打印输出的情况下,记账凭证上应有录入员的签名或盖章;收付款记账凭证还应由出纳人员签名和盖章。

【名师点拨】

审核记账员的责任有:①对不真实、不合法、不完整、不规范的凭证退还给各有关人员更正修改后,再进行审核。②对不符合要求的凭证和输出的账表不予签章确认。③审核记账人员不得兼任出纳工作。

算机和会计知识，达到会计电算化中级水平。采用中小型计算机和网络化会计核算软件的单位，可设立此岗位。该岗位可由主管会计兼任。**具体职责**是：

（1）确定适合本单位实际情况的会计数据分析方法、分析模型和分析周期。

（2）对企业的各种报表、账簿进行分析，为单位提供必要的决策信息。

【名师点拨】

数据分析员的责任有：①企业的重大项目实施前，应通过历史会计数据的分析，为决策者提供翔实、准确、有根有据的事前预测分析报告；②企业的重大项目实施过程中，应通过对有关会计数据的分析，提供项目实施情况（如进度、成本、费用等）分析报告；③企业的重大项目实施后，应通过对会计数据的分析，提供项目总结的分析报告。

7. 会计档案保管

会计档案保管人员负责会计电算化数据和程序备份，打印的账表、凭证和各种会计档案资料的保管，确保会计档案安全保密。**具体职责**是：

（1）负责各类数据、软件存储介质及各类纸质账表、凭证、资料的存档保管工作。

（2）做好各类数据、资料、凭证的安全保密工作。对经批准借阅的会计资料进行借阅登记。

（3）按规定期限，向各类电算化岗位人员索要会计数据存档资料和账表凭证等会计档案资料。

电算化会计岗位中，软件操作岗位与审核记账、电算维护、电算审查岗位为不相容岗位。基本会计岗位和电算化会计岗位可在符合内部控制原则前提下交叉设置。各岗位人员要保持相对稳定。

会计电算化岗位及其权限设置一般在系统初始化时完成，平时根据人员的变动进行相应调整。电算主管负责设定各操作人员的权限。具体操作人员只有修改自己口令的权限，无权更改自己和他人的操作权限。

精典例题

[例 3-11・单选] 负责监督计算机及会计软件系统的运行，防止利用计算机进行舞弊的岗位是（　　）。

A. 财务总监　　B. 审核记账

C. 电算维护　　D. 电算审查

[答案] D

【解析】 电算审查人员负责监督计算机及会计软件系统的运行，防止利用计算机进行舞弊。

[例 3-12・判断] 操作人员无权将操作口令告知他人，但在特殊情况下，口令密码可向领导汇报。（　　）

[答案] ×

【解析】 为了保证会计电算化系统的安全使用，操作人员无权将操作口令告知他人，即使是领导。倘若确实出现特殊情况，可重新设置操作口令。

[例 3-13・判断] 具体操作人员能够修改自己的口令和权限，但

无权更改他人的操作权限。 ( )

[答案] ×

【解析】 电算主管负责定义各操作人员的权限。具体操作人员只有修改自己口令的权限,无权更改自己和他人的操作权限。

(二)中小企业实行会计电算化的岗位设置

对于中小企业来说,由于会计部门的人数比较少,会计业务比较简单,实行会计电算化后,应根据实际需要对电算化岗位进行适当合并,设置一些必要的岗位,一人可以兼任多个工作岗位。这样,不仅能够加强对会计电算化工作的管理,而且能够提高工作效率,节约人力。

中小企业实行会计电算化后的电算化会计岗位设置,应该注意满足不相容职务相分离的要求,如出纳和记账审核不应是同一人,软件开发人员不能进行软件操作、处理会计业务。较小单位电算化岗位的设置,可由会计主管兼任电算主管和审核记账岗位,由会计人员任操作员和电算维护员,还应单设出纳员岗位。

四、计算机替代手工记账的基本要求

(一)替代手工记账的任务和条件

1. 替代手工记账是会计电算化的目标之一

替代手工记账是指将各种基础会计数据输入计算机,利用会计核算软件对输入的会计数据进行处理(计算、分类、汇总、转存等),生成会计信息并存储在磁盘或光盘等介质上,根据需要输出各种会计凭证、账簿、报表,即采用电子计算机替代手工记账、算账、报账这一过程。

替代手工记账这一过程的实现不仅是记账、算账、报账处理方式的改变,更主要的是提高了会计信息的及时性、准确性和完整性,从而为会计信息的充分利用打下基础。因此,替代手工记账是会计电算化的目标之一。

从狭义上讲,替代手工记账是指从手工会计数据处理方式向计算机会计数据处理方式的过渡阶段,即脱离手工会计核算工作的过程。从这种意义上讲,替代手工记账仅仅是会计核算电算化工作的"初级阶段",是单位会计电算化工作的"起点"。其主要任务是完成数据整理、初始化、计算机与手工并行和甩账等。

2. 替代手工记账的条件 ★★★

《会计电算化工作规范》指出,替代手工记账的单位,应具备三个方面的条件:

【名师点拨】

替代手工记账是会计电算化的阶段性目标,是会计电算化的目标之一。计算机替代手工记账俗称甩账,即系统的正式运行,是指从手工会计数据处理方式正式转为计算机会计数据处理方式。

【名师点拨】

选择适用的会计软件后，计算机与手工进行会计核算双轨运行3个月以上，计算机与手工核算的数据相一致，且软件运行安全可靠。

【考生反馈】

替代手工记账的条件可总结为软件、硬件、人员和制度。

(1)配有适用的会计软件和相应的计算机硬件设备。会计软件取得方式有商品化通用会计软件、通用会计软件与定点开发会计软件相结合。各单位可根据实际情况选择，可逐步采用从商品化通用会计软件到通用会计软件与定点开发会计软件相结合的方式。选择会计核算软件时还应该注意：大型单位开展会计电算化应有总体规划，分步实施。

各单位可根据实际情况和工作状况选择不同的计算机系统，并配置相应的系统软件平台，可逐步建立起从单机核算到网络化的会计电算化系统。

(2)配备相应的会计电算化工作人员。建立起与会计电算化工作需要相适应的人员队伍，要求上机操作人员具备会计电算化初级以上专业知识和操作技能，并取得财政部门核发的电算化培训合格证书。

会计人员在正式上岗使用会计软件前都应该接受会计电算化岗位培训。目前，开展会计电算化岗位培训主要有三种形式：①财政部门组织开展的会计人员后续教育，其中包括对会计电算化的培训。培训的对象是在职会计人员，无论本单位是否使用会计软件都可以接受培训。初级培训主要学习电子计算机硬件和软件基础知识，掌握文字、报表处理的一般方法，以及通用会计核算软件的使用方法。②软件公司提供的针对购买的会计核算软件的培训。③单位根据开展会计电算化工作的需要自行组织会计电算化培训。

(3)建立严格的内部管理制度。在准备替代手工记账之前，要针对会计电算化工作的特点，对内部会计管理制度的内容进行相应的调整。会计电算化的内部管理制度主要包括岗位责任制、操作管理制度、计算机软件和硬件系统的维护管理制度、会计档案管理制度以及会计数据与软件管理制度等。

精典例题

[例3-14·多选] 替代手工记账的单位，应具备的条件有(　　)。

A. 配有适用的会计软件和相应的计算机硬件设备

B. 建立了严格的内部管理制度

C. 配备了相应的会计电算化工作人员

D. 并行1年以上并取得完全一致的结果

[答案] ABC

【解析】《会计电算化工作规范》指出，替代手工记账的单位，应具备三个方面的条件：①配有适用的会计软件和相应的计算机硬件设备。②配备相应的会计电算化工作人员。③建立严格的内部管理制度。

(二)替代手工记账的过程

替代手工记账的过程是会计工作从手工核算向电算化核算的过渡阶段,是会计电算化工作中非常重要的环节。在具体实施之前,单位要制订总体实施方案,包括整理手工会计业务数据,确定会计核算方法和数据处理过程,建立会计科目代码体系,设置各种会计凭证、账簿、报表的格式和项目,会计软件的初始化,以及在试运行阶段人工与计算机数据的对比分析等工作。要组织有关人员对实施方案进行充分论证。

【考生反馈】

考生应熟悉计算机替代手工记账的基本过程及要求。

1. 整理手工会计业务数据

做好会计数据输入前的准备,包括整理各项基础会计业务数据、清理往来账户和银行账户等。必要时,财会部门还应加强与其他部门的协调,在存货管理和销售、采购管理等方面取得配合。

(1)重新核对各类凭证和账簿,做到账证、账账、账实相符。手工会计记录经过多人重复转抄,可能存在一定差错,在将基础数据移至计算机之前,须对会计数据按会计电算化要求进行整理。凭证与各级明细账、总账之间,总账与下级明细账、相关辅助明细账之间,各类明细账、总账与实物库记录之间应完全相符,金额、数量应完全一致。但在许多单位,由于历史遗留问题,会计业务处理长期存在不规范行为,常出现账证、账账、账实不符现象,这会导致会计电算化系统数据处理的错误,因此在将初始会计数据录入计算机前,应对这些差错进行更正。

(2)整理各账户余额。在会计核算软件中建账,如果是在年初,只需整理各账户期初余额;如果在年中某月,则还需整理以前各月各账户发生额。

(3)清理往来账户和银行账户。如果往来账存在大量呆账、坏账,应在将其移至计算机之前,按会计制度要求及时处理和核销。同理,银行账一般均有未达账项,在采用计算机处理前,应及时核对银行账,对于未及时核销的未达账项,应及时清理,以保证采用计算机进行银行对账的初始金额的正确性。

2. 建立会计账户体系并确定编码 ★★★

会计账户体系是会计核算的基础,整个会计核算系统都是围绕会计账户体系建立的。建立会计账户体系从一级会计科目开始,逐级向下设置明细科目。设置会计科目时应遵循以下原则:

(1)符合财政部和有关管理部门的规定。

(2)满足本单位会计核算与管理的要求。

(3)满足会计报表的要求,凡是报表所用数据需要从账务处理系统中取数的,必须设立相应科目。

【名师点拨】

企业可以根据其行业特点以及企业管理的具体要求设置会计科目。

(4)保持体系完整,不能只有下级科目而没有上级科目。

(5)保持相对稳定。

(6)要考虑与核算模块的衔接,凡是与其他核算模块有关的科目,在整理时应将各核算大类在账务处理模块中设为一级科目。

一级科目编码按财政部规定设置,明细科目编码按照单位核算需要设置。通常,会计科目编码采用科目全编码方案,即:本级科目全编码=上一级科目全编码+本级科目编码。

[例3-15·判断] 会计核算软件中,对于拟采用的总分类会计科目的名称和编号方法,用户可以根据自己的需要进行设定。 ( )

[答案] ×

【解析】 会计核算软件中,对于拟采用的总分类会计科目的名称和编号方法,一级科目必须按照财政部门的要求命名和编码,其他级别的科目名称和编号,用户可以根据自己的需要进行设定。

3.规范各类账证表格式和会计核算方法与过程

在电算化方式下,账务处理流程基本不变,但部分会计资料格式要重新设计或部分修改,使其更适应电算化工作特点。

在电算化方式下,会计核算过程自动化程度很高,要求会计部门预先确定各项工作数据的传递次序,以充分发挥计算机的优势。

财会部门还要适应电算化特点,重新确定各种会计核算方法。

4.会计核算软件初始化

会计核算软件初始化是确定软件的核算规则与输入基础数据的过程,即根据使用单位的业务性质,对会计软件进行的具体限定及输入基础数据等一系列准备工作,用来完成将通用软件转化为适合本单位实际情况的专用软件,以及从手工处理方式转换成会计电算化方式。

5.计算机与手工并行

并行阶段是手工会计系统移至会计电算化系统的试验阶段,也是手工系统与计算机系统相互适应的阶段。它的顺利进行是以后会计电算化系统持续正常运行的前提。

试运行的时间应选在年初、年末、季初、季末等特殊会计时期,这样才能全面地比较人机数据,发现可能存在的问题,找出原因,纠正错误。人工与计算机数据对比时,要进行以下工作:

(1)检验各种核算方法。对电算化方式下采用的各种核算方法进行检验,发生偏差及时调整。

(2)检查会计科目体系的有效性。通过数据对比,检查初始化阶段

【名师点拨】

以下简介几种会计核算模块初始化的主要内容:①账务处理模块初始化的主要内容包括系统总体参数设置(设置核算单位、启用日期、编码规则等)、设置凭证类别、设置会计科目、输入期初余额、设置自动转账分录等。②工资核算模块初始化的主要内容包括设置部门编码、设置职工类型、设置工资项目、设置计算公式。③报表处理模块初始化的主要内容包括建立报表、设置报表格式、设置计算公式和审核公式等。

建立的会计科目体系的完整性、合理性,看其能否适应核算要求、报表要求、管理要求和会计制度要求。

(3)考查操作准确性。通过数据对比发现差错时,如属于人为原因,要确定责任人,及时纠正操作错误。

(4)纠正会计核算软件程序错误或业务处理错误。并行实施一个阶段后,应针对实际运行中出现的问题,改进完善电算化管理的各项制度,进一步明确电算化操作人员的职责划分和岗位责任。

五、会计电算化档案管理的基本要求 ★★★★

实行会计电算化后的档案包括存储在计算机中的会计数据(以磁盘、光盘等介质存储的会计数据)和计算机打印出来的书面形式的会计数据。会计数据包括:①会计凭证、会计账簿、会计报表(包括报表格式和计算公式),以及记载会计业务的原始凭证等数据。②会计电算化软件开发过程或会计电算化系统实施过程中的各种开发实施资料,如开发的需求分析书、系统设计书、实施过程中的参数设置情况表等。③其他会计资料。这些档案无论其是以纸质的形式还是以电子数据的形式存储在计算机内或是存放在磁盘等介质上,都属于会计电算化档案,会计电算化档案资料内容多于传统手工会计核算。

会计电算化档案管理的**主要任务**是:监督和保证按要求生成各种档案,确保各种会计档案存储的安全性和保密性,保证各种会计档案得到合理有效的利用。

会计电算化档案管理要求做到以下几点。

(一)保存打印出的纸质会计档案

要求已经实现会计电算化核算的单位,其会计档案必须打印输出,以纸质的形式按《会计档案管理办法》的规定进行保管。

实行会计电算化后,记账凭证的生成有两种途径:一种是手工填制记账凭证,然后输入计算机,其与传统会计核算时的记账凭证的保管没有差别;另一种是机制记账凭证,即根据原始凭证直接在计算机上编制记账凭证。对于机制记账凭证需要打印出来,将原始单据附在后面,按记账凭证的装订要求进行装订后保管。记账凭证上应有输入人员、审核人员和会计主管人员的签名或盖章。要做到当天发生的业务,当天登记入账,期末及时结账并打印输出账表。

(1)现金日记账和银行存款日记账要求每天打印输出,做到日清月结。日记账的打印由于受到打印条件的限制,可采用计算机打印输出的活页账页装订成册进行保管,如果每天业务较少,不能满页打印的,可按旬打印输出。

(2)明细账要求每年打印一次或在需要时进行打印。发生业务较

【名师点拨】

电算化会计档案管理是重要的会计基础工作,单位必须加强对会计档案管理工作的领导,建立健全会计档案的立卷、归档、保管、调阅和销毁管理制度,切实地把会计档案管理好。

【名师点拨】

对会计软件的全套文档资料以及会计软件程序,保管截止日期是该软件停止使用或有重大更改之后5年。

少的账簿，可满页打印，然后装订成册进行保管。

(3)实行会计电算化后，在所有记账凭证数据和明细账数据都存储在计算机内的情况下，总账一般用“总分类科目余额、发生额对照表”替代，“总分类科目余额、发生额对照表”一般要求每月打印一次。

(4)会计报表每月打印一次进行保管。在具备采用磁带、磁盘、光盘、微缩胶片等存储介质保存会计档案的条件下，由国务院业务主管部门统一规定，并报财政部、国家档案局备案后，可以采用磁带、磁盘、光盘、微缩胶片等存储介质保存会计档案，而无须打印。但采用磁带、磁盘、光盘、微缩胶片等存储介质保存会计档案的单位要定期对存放在磁带、磁盘、光盘、微缩胶片等存储介质上的数据进行复制，防止由于各种原因造成数据读取的困难。采用磁带、磁盘、光盘、微缩胶片等存储介质保存会计档案的保存期限与打印输出的书面形式的会计账簿、报表相同。

【名师点拨】 采用电子计算机打印输出书面会计凭证、账簿、报表的，必须符合国家统一的会计制度的要求；如果采用中文或中外文对照，字迹一定要清晰。这些作为会计档案保存的资料，其保存期限按《会计档案管理办法》的规定执行。

(二)系统开发资料和会计软件系统也应视同会计档案保管

会计电算化系统开发过程中的资料一般有系统分析书、系统设计书、软件测试报告、各种编码说明、代码清单、各种解决方案等，这些都应视同会计档案保管，保管期截至该系统停止使用或有重大更改后**5年**。

【名师点拨】 各单位对会计档案必须进行科学管理，做到妥善保管、存放有序、查找方便。

精典例题

[例3-16·多选] (　　)也应视同会计档案保管。

A. 网络软件系统　　B. 数据库管理系统

C. 系统开发资料　　D. 会计软件系统

[答案] CD

【解析】 系统开发资料和会计软件系统也应视同会计档案保管。

[例3-17·判断] 对会计软件的全套文档资料以及会计软件程序，保管截止日期是该软件停止使用或有重大更改之后3年。(　　)

[答案] ×

【解析】 已采用计算机代替手工记账的单位，其会计档案保管期限应按照《会计档案管理方法》的规定执行。具体来说，会计电算化系统开发的全套文档资料，其保存期限截至该系统停止使用或有重大更改后5年。

【名师点拨】 存有会计信息的磁性介质及其他介质，在未打印成书面形式输出之前，应妥善保管并留有副

(三)制定与实施档案管理制度

档案管理制度一般包括以下内容：

(1)存档的手续，主要是指各种审批手续，比如打印输出的账表，必须有会计主管、系统管理员的签章才能存档保管。

(2)各种安全和保密措施。

(3)档案管理员的岗位责任制度。

(4)档案分类管理办法。

(5)档案使用的各种审批手续。

(6)各类文档的保管期限及销毁手续。

会计凭证、会计账簿、会计报表等会计档案保管期限应按照《会计档案管理办法》规定执行。

(四)安全和保密措施 ★★★

对电算化会计档案管理要做好防磁、防火、防潮、防尘、防盗、防虫蛀、防霉烂和防鼠咬等工作。重要会计档案应有双备份,存放在两个不同的地点,最好在两个不同建筑物内。

采用磁盘、光盘等存储介质保存会计档案,要定期进行检查和复制,防止由于介质损坏而使会计档案丢失。

各种会计资料包括打印出的会计资料以及存储会计资料的软盘、硬盘、计算机设备、光盘、微缩胶片等,未经相应审批手续,不得外借和拿出单位。经批准同意借阅的会计资料,应该履行相应的借阅手续,经手人必须签字记录。存放在可擦写介质上的会计资料借阅归还时,还应该认真检查,防止感染计算机病毒。

本。一般来说,为了便于利用计算机进行查询及在电算化系统出现故障时进行恢复,这些介质都应视同会计资料或档案进行保存,直至其中会计信息完全过时为止。

【名师点拨】

对违反会计档案管理制度的,应该进行检查纠正,情节严重的,应当报告本单位领导或财政、审计机关严肃处理。

同步强化训练

一、单项选择题

1. 会计核算软件中的文字输入、屏幕提示和打印输出必须采用(　　)。

A. 英文　　B. 中英文对照

C. 中文　　D. 少数民族文字对照

2. 会计核算软件设计应当符合我国(　　)的规定,保证会计数据合法、真实、准确、完整,有利于提高会计核算工作效率。

A. 法律、法规、规章　　B. 设计、应用、维护

C. 数据处理与应用　　D. 系统开发与应用

3. 下列职责中,(　　)岗位是不相容职务。

A. 电算化主管与审核　　B. 凭证录入与修改

C. 凭证录入与审核　　D. 电算化主管与凭证录入

4. 下列人员中,负责规定会计软件系统各类使用人员的操作权限的是(　　)。

A. 系统维护员　　B. 系统操作员

C. 软件编程人员　　D. 电算主管

5. 会计核算软件应当按照国家统一的会计制度的规定(　　),分期结算账目和编制会计报表。

A. 划分会计科目　B. 划分会计期间　C. 划分会计报表　D. 划分会计账簿

6. 会计软件应当具备输入(　　)的功能。输入项目包括填制凭证日期、凭证编号、经济业务内容摘要、会计科目或编号、金额等。

A. 收款凭证　　B. 付款凭证　　C. 转账凭证　　D. 记账凭证

7. (　　)余额在计算机内用负数表示。

A. 红字　　B. 贷方　　C. 蓝字　　D. 借方

8. 总分类账可以用总分类账户本期(　　)对照表替代。

A. 借方与贷方发生额　　B. 借方与贷方余额

C. 发生额、余额　　D. 期初与期末余额

9. 会计核算软件应当按照国家统一的会计制度所规定的(　　),打印输出机内原始凭证、记账凭证、日记账、明细账、总账、会计报表。

A. 内容和表格　　B. 内容和格式　　C. 纸张和颜色　　D. 账套和格式

10. 会计核算软件应当具有结账功能,结账前会计核算软件应当自动检查本期输入的会计凭证是否(　　)。

A. 全部通过审核　B. 全部登记入账　　C. 全部打印输出　　D. 全部借贷平衡

11. 基本会计岗位可分为(　　)、出纳、会计核算各岗、稽核、会计档案管理等工作岗位。

A. 法人代表　　B. 会计主管　　C. 核算主管　　D. 业务主管

12. 在计算机环境下,账务处理分为输入、处理、输出三个环节,从输入凭证到输出账表,机内所有处理工作基本都由计算机自动完成,其中最关键的环节是(　　)。

A. 数据输入　　B. 数据管理　　C. 数据传递　　D. 数据输出

13. 操作人员岗位的分工中最重要的是(　　)的设置。

A. 操作员代码　　B. 操作员姓名　　C. 操作员密码　　D. 操作权限

14. 可由会计稽核人员兼任的电算会计岗位是(　　)。

A. 数据分析　　B. 软件操作　　C. 审核记账　　D. 电算审查

15. 下列关于数据分析员责任的说法中,错误的是(　　)。

A. 负责对计算机内的会计数据进行分析

B. 制定适合本单位实际情况的会计数据分析方法、分析模型和分析时间

C. 结账前,检查已审核签字的记账凭证是否全部记账

D. 每日、旬、月、年,都要对企业的各种报表、账簿进行分析

16. 下列关于电算主管责任的说法中,错误的是(　　)。

A. 负责电算化系统的日常管理工作

B. 协调电算化系统各类人员之间的工作关系

C. 严格按照操作程序操作计算机和输入会计凭证

D. 负责计算机输出账表、凭证的数据正确性和及时性检查工作

17. 下列关于审核记账员责任的说法中,错误的是(　　)。

A. 审核原始凭证的真实性、正确性,对不合规定的原始单据不作为记账凭证依据

B. 对不真实、不合法、不完整、不规范的凭证退还给各有关人员更正修改

C. 负责所分管业务的数据输入、数据处理、数据备份和输出会计数据的工作

D. 对操作员输入的凭证进行审核并及时记账，并打印出有关的账表

18. 中小企业的会计岗位设置也应该注意满足内部牵制制度的要求，下列设置中，符合要求的是（　　）。

A. 软件操作员兼任审核记账员　　B. 软件开发员兼任软件操作员

C. 会计主管兼任电算主管　　D. 软件操作员兼任会计出纳

19. 电算审查岗位主要负责（　　）。

A. 监督计算机及会计软件系统的运行

B. 保护计算机硬件、软件的正常运行，管理机内数据

C. 对计算机内的会计数据进行分析

D. 对输入计算机内的会计数据进行审核

20. 下列电算化会计岗位中，（　　）不能由主管会计兼任。

A. 电算主管　　B. 电算系统管理员　　C. 审核记账人员　　D. 数据分析人员

21. 计算机替代手工记账应当满足三项基本要求，其中要求建立健全内部管理制度。但下列制度中，不在要求范围之内的是（　　）。

A. 岗位责任制度　　B. 操作管理制度

C. 会计方法管理制度　　D. 会计档案管理制度

22.（　　）负责数据的输入、处理、输出等工作。

A. 电算主管　　B. 软件操作员

C. 审核记账员　　D. 电算维护员

23. 负责保证计算机硬件、软件的正常运行，管理机内会计数据的岗位是（　　）。

A. 财务总监　　B. 审核记账　　C. 电算维护　　D. 电算审查

24. 采用直接输入原始凭证由会计核算软件自动生成记账凭证的，在生成正式机内记账凭证前，应当进行（　　）。

A. 签章　　B. 记账　　C. 打印　　D. 审核确认

25. 对会计软件的全套文档资料以及会计软件程序，保管截止日期是该软件停止使用或有重大更改之后（　　）年。

A. 2　　B. 5　　C. 6　　D. 10

二、多项选择题

1. 会计档案保管人员的具体工作包括（　　）。

A. 负责各类数据、软件存储介质及各类纸质账表、凭证、资料的存档保管工作

B. 做好各类数据资料、账表、凭证的安全保密工作，对经批准借阅的会计资料进行借阅登记

C. 按照规定期限，向各类电算化岗位人员索要备份数据及存档数据资料

D. 凭证、账页、报表打印工作

2. 下列关于软件操作员责任的说法中，正确的有（　　）。

A. 负责所分管业务的数据输入、处理、备份和输出

B. 审核原始凭证的真实性、正确性，对不合规定的原始单据不作为记账凭证依据

C. 对审核记账人员提出的错误会计数据进行修改

D. 对操作中发现的问题进行记录并向电算维护员报告

3. 下列关于电算审查员责任的说法中，正确的有（　　）。

A. 负责监督计算机及会计软件系统的运行，防止利用计算机进行舞弊

B. 及时对电算化系统运行中软件、硬件的故障进行排除

C. 审查电算化系统各类人员的工作岗位的设置是否合理

D. 发现系统问题或隐患，应及时向会计主管反映，提出处理意见

4. 电算维护员的责任有（　　）。

A. 定期检查电算化系统的软件、硬件的运行情况

B. 应及时对电算化系统运行中软件、硬件的故障进行排除

C. 负责电算化系统升级换版的调试工作

D. 负责监督计算机及会计软件系统的运行，防止利用计算机进行舞弊

5. 采用计算机替代手工记账的企业必须建立、健全相应的内部管理制度，包括（　　）。

A. 岗位责任制度

B. 操作管理制度

C. 计算机软件和硬件系统的维护管理制度

D. 会计档案管理制度

6. 下列人员中，（　　）属于会计电算化系统操作人员。

A. 软件编程人员　　　　B. 数据录入员

C. 数据审核员　　　　D. 记账、结账操作员

7. 下列情况中，可以反映会计电算化系统进行数据备份和恢复重要性的有（　　）。

A. 备件软盘存储不当引起数据丢失

B. 软件故障造成财务数据丢失

C. 计算机病毒造成财务数据丢失

D. 人为的误操作造成财务数据丢失

8. 建立会计电算化操作制度的主要内容包括（　　）。

A. 规定操作人员对会计软件的操作内容和权限，严格管理密码

B. 杜绝未经授权人员操作会计软件

C. 操作人员离开机房前，应执行相应命令退出会计软件

D. 上机操作的记录应由专人保存

9. 对会计电算化档案管理要做好（　　）工作，重要会计档案应有双备份。

A. 防磁　　　　B. 防火

C. 防潮　　　　D. 防尘

10. 电算化会计信息系统的档案包括（　　）。

A. 由计算机打印出的凭证、账簿、报表等

B. 以软盘或其他存储介质存放的会计资料

C. 计算机系统软件的文件资料

D. 会计软件的开发及使用文件资料

11. 下列资料中，会计核算软件能打印的有（ ）。

A. 日常会计报表　　B. 科目余额表和明细账

C. 现金、银行存款日记账　　D. 各期机内记账凭证

12. 下列选项中，必须进行数据备份的情况有（ ）。

A. 每月结账前和结账后　　B. 更新软件版本或需进行硬盘格式化等

C. 清除计算机病毒之前　　D. 会计年度终了进行结账时

13. 系统的操作规程包括操作人员（ ）。

A. 上机完结及时做好各项备份工作

B. 密码应注意保密

C. 上机时进行登记

D. 必须严格按照操作权限、步骤和方法进行操作

14. 会计核算软件的数据输入可采用（ ）。

A. 键盘输入　　B. 软盘转入　　C. 网络传输　　D. 光盘转入

15. 会计核算软件必须提供（ ）的打印输出功能。

A. 原始凭证　　B. 会计账簿　　C. 记账凭证　　D. 会计报表

16. 会计核算软件应当提供对机内（ ）的查询功能。

A. 往来账款项目结算情况　　B. 记账凭证

C. 各明细分类账　　D. 到期票据的结算情况

17. 按照《会计法》规定，财政部制定并发布了（ ）等一系列相关国家统一的会计制度。

A.《会计电算化管理办法》　　B.《会计核算软件基本功能规范》

C.《会计电算化工作规范》　　D.《会计档案管理办法》

18. 发现已经输入并审核通过或者登账的记账凭证有错误的，应当采用（ ）进行更正。

A. 红字凭证冲销法　　B. 划线更正法

C. 补充登记法　　D. 直接修改法

19. 下列岗位中，与软件操作岗位为不相容岗位的有（ ）。

A. 审核记账　　B. 电算维护

C. 电算审查　　D. 数据分析

20. 输入操作人员岗位分工情况，包括（ ）。

A. 操作人员姓名　　B. 操作人员职位

C. 操作权限　　D. 操作密码

21. 输入会计核算所必需的期初数字及有关资料，包括总分类会计科目和明细分类会计科目的（ ）。

A. 年初数　　B. 累计发生额　　C. 属性　　D. 编号

22. 下列数据输入时，应有的必要控制功能有（ ）。

A. 正在输入的记账凭证编号是否与已输入的机内记账凭证编号重复

B. 正在输入的记账凭证中的会计科目借贷双方金额不平衡，或没有输入金额

C. 正在输入的记账凭证有借方会计科目而无贷方会计科目，或者有贷方会计科目而无借方会计科目

D. 以编号形式输入会计科目的，自动显示该代码所对应的会计科目名称

23. 下列选项中，属于会计数据输出功能基本要求的有(　　)。

A. 应当具有对机内会计数据进行查询的功能

B. 应当具有对机内会计数据按照规定的会计期间进行结账的功能

C. 计算机打印输出的会计账簿中的表格线条可以适当减少

D. 对于业务量较少的账户，会计软件可以提供会计账簿的满页打印输出功能

24. 下列情况下，要进行数据恢复的有(　　)。

A. 硬盘数据被破坏时　　B. 更换计算机时

C. 硬盘数据被删除时　　D. 需要查询往年数据时

25. 会计数据处理的一般流程包括(　　)。

A. 会计数据收集或录入　　B. 会计数据存储

C. 会计数据处理　　D. 会计信息报告或输出

三、判断题

1. 自行编制的会计软件，程序编制人员可以进行凭证录入工作。(　　)

2. 建立良好的电算化信息系统的重要基础之一是会计业务的规范化。(　　)

3. 如果每天业务较少，库存现金日记账和银行存款日记账不能满页打印的，可按旬打印输出。(　　)

4. 会计核算软件在进行系统初始化时，必须输入操作人员岗位分工情况，但为了保密，可以不输入操作密码。(　　)

5. 会计电算化档案包括机内会计数据、软盘等备份的会计数据，以及打印输出的会计凭证、账簿、报表等数据。(　　)

6. 使用微型计算机和计算机网络会计软件的单位，都必须设立电算化主管岗位。(　　)

7. 基本会计岗位可分为出纳、会计核算各岗、稽核、会计档案管理等工作岗位。(　　)

8. 实行会计电算化的工作岗位可分为基础会计岗位和电算化会计岗位。(　　)

9. 为保证会计核算资料的安全，应每天做日备份，月底做月备份，月备份资料应作为会计档案保存。(　　)

10. 每个操作员必须有自己的密码，并在操作权限内进行操作。(　　)

11. 对会计核算软件自动产生的机内记账凭证经审核登账后，不得进行修改。(　　)

12. 单位实行会计电算化后，凭证编号只能由计算机自动编号。(　　)

13. 实现会计核算电算化后，可以用总分类账户本期发生额、余额对照表替代当期总分类账。(　　)

14. 会计电算化数据输入可采用键盘手工输入、软盘输入和网络传输等形式。(　　)

15. 会计核算软件不能提供会计账簿的满页打印输出功能。(　　)

16. 会计电算化中对记账凭证的编号连续性进行控制，应由人工进行控制。(　　)

17. 软件操作人员可以兼任审核记账员。 （ ）

18. 会计核算软件必须具备提供必要的方法对输入的初始数据进行正确性校验的功能。 （ ）

19. 单位打印输出机内原始凭证、记账凭证、日记账、明细账、总账、会计报表时，其内容和格式可自定义。 （ ）

20. 电算审查岗位可由会计稽核人员兼任。 （ ）

21. 对采用存储介质保存的会计档案，要定期进行检查，定期进行复制，目的是防止会计档案被盗。 （ ）

22. 软件操作人员通常由会计人员结合本人所负责的核算业务承担其录入工作，并对录入数据的正确性负责。 （ ）

23. 对同一张记账凭证，应当对审核功能与输入、修改功能的使用权限进行控制。 （ ）

24. 对已经输入但未登记会计账簿的机内记账凭证不能进行修改。 （ ）

25. 对于根据机内会计账簿生成的会计报表数据，会计软件不能提供直接修改功能。 （ ）

26. 会计电算化岗位及其权限设置一般在系统初始化时完成，设置完后不能调整。 （ ）

27. 王宏是某公司财务主管，她具有凭证的审核权，因此她可以审核自己录入的凭证。 （ ）

28. 实行会计电算化后，一人可以兼任多个工作岗位。 （ ）

29. 企业实现会计电算化，必须使用一个比较规范的核算软件，这个软件通过主管部门的批准才可使用。 （ ）

30. 具备采用磁带、磁盘、光盘、微缩胶片等介质保存会计档案条件的，由国务院业务主管部门统一规定，并报财政部、国家档案局备案。 （ ）

参考答案及精析

一、单项选择题

1.【精析】C　会计核算软件中的文字输入、屏幕提示和打印输出必须采用中文，可以同时提供少数民族文字或者外国文字对照。

2.【精析】A　会计核算软件设计应当符合我国法律、法规、规章的规定，保证会计数据合法、真实、准确、完整，有利于提高会计核算工作效率。

3.【精析】C　凭证录入与审核岗位是不相容职务。

4.【精析】D　根据电算主管的岗位职责，其中之一是负责规定会计软件系统中各类使用人员的操作权限。

5.【精析】B　会计核算软件应当按照国家统一的会计制度的规定划分会计期间，分期结算账目和编制会计报表。

6.【精析】D　会计核算软件必须具备输入记账凭证的功能，输入内容包括记账凭证日期、记账凭证编号、业务摘要、会计科目名称或编号、金额、附件张数等。

7.【精析】A 红字余额在计算机内用负数表示。

8.【精析】C 总分类账可以用总分类账户本期发生额、余额对照表替代。

9.【精析】B 会计核算软件应当提供打印输出原始凭证、记账凭证、日记账、明细账、总账、会计报表的功能，有关凭证、账簿、报表的格式和内容应当符合国家统一的会计制度的规定。

10.【精析】B 会计核算软件应当提供按照规定的会计期间结账的功能。结账前，软件应当自动检查本期输入的会计凭证是否已全部记账，当期全部记账凭证均已记账后才能结账。

11.【精析】B 基本会计岗位可分为会计主管、出纳、会计核算各岗、稽核、会计档案管理等工作岗位。

12.【精析】A 在计算机环境下，账务处理最关键的环节是数据输入。

13.【精析】D 操作人员岗位的分工中最重要的是设置操作人员的操作权限。

14.【精析】D 电算审查岗位可由会计稽核人员兼任。

15.【精析】C 数据分析员的具体职责是：①确定适合本单位实际情况的会计数据分析方法、分析模型和分析周期。②对企业的各种报表、账簿进行分析，为单位提供必要的决策信息。

16.【精析】C 电算主管的具体职责是：①负责电算化系统的日常管理工作，监督并保证电算化系统的正常运行，达到合法、安全、可靠、可审计的要求。在系统发生故障时，应及时组织有关人员尽快恢复系统的正常运行。②协调电算化系统各类人员之间的工作关系，制定岗位责任制，负责对电算化系统各类人员的工作质量考评，提出任免意见。③负责计算机输出账表、凭证的数据正确性和及时性检查工作。④建立电算化系统各种资源（硬件资源和软件资源）的调用、修改和更新的审批制度，并监督执行。⑤完善企业现有管理制度，充分发挥电算化的优势，提出单位会计工作的改进意见。

17.【精析】C 审核记账人员的具体职责是：①审核原始凭证的真实性、正确性，对不合规定的原始单据不作为记账凭证依据。②审核记账凭证，包括各类代码的合法性、摘要的规范性、会计科目和会计数据的正确性，以及附件的完整性。③对通过审核的凭证及时记账。④进行结账操作。⑤打印有关的账表。

18.【精析】C 会计主管可以兼任电算主管。

19.【精析】A 电算审查岗位负责监督计算机及会计软件系统的运行，防止利用计算机进行舞弊。

20.【精析】B 电算主管、审核记账人员、数据分析人员可由会计主管兼任。

21.【精析】C 会计电算化的内部管理制度主要包括岗位责任制度、操作管理制度、计算机软件和硬件系统的维护管理制度、会计档案管理制度以及会计数据与软件管理制度等。

22.【精析】B 软件操作员负责所分管业务的数据输入、数据处理、数据备份和输出会计数据的工作。

23.【精析】C　电算维护人员负责保证计算机硬件、软件的正常运行，管理机内会计数据。

24.【精析】D　采用直接输入原始凭证由会计核算软件自动生成记账凭证的，在生成正式机内记账凭证前，应当进行审核确认。

25.【精析】B　对会计软件的全套文档资料以及会计软件程序，保管期截至该软件停止使用或有重大更改之后5年。

二、多项选择题

1.【精析】ABC　会计档案保管人员负责会计电算化数据和程序的备份，打印的账表、凭证和各种会计档案资料的保管，确保会计档案安全保密。具体职责是：①负责各类数据、软件存储介质及各类纸质账表、凭证、资料的存档保管工作。②做好各类数据、资料、凭证的安全保密工作。对经批准借阅的会计资料进行借阅登记。③按规定期限，向各类电算化岗位人员索要会计数据存档资料和账表凭证等会计档案资料。

2.【精析】ACD　软件操作员的具体职责是：①负责所分管业务的数据输入、处理、备份和输出(包括打印输出凭证、账簿、报表)。②对审核记账人员提出的错误会计数据进行修改。③对操作中发现的问题，进行记录并向电算维护员报告。④出纳人员应做到“日清月结”。

3.【精析】ACD　电算审查员的具体职责是：①监督计算机及会计软件系统的运行，防止利用计算机进行舞弊。②审查电算化系统各人员岗位设置是否合理、内部控制是否完善、各类人员是否越权使用软件。③发现系统问题或隐患，及时向会计主管反映，提出处理意见。

4.【精析】ABC　电算维护员的具体职责是：①定期检查电算化系统的软、硬件的运行情况。②及时对电算化系统运行中的软、硬件故障进行排除。③负责电算化系统升级换版的调试工作。④会计电算化人员变动或会计科目调整时，负责电算化系统的维护。⑤会计核算软件不能满足需要时，与软件开发人员或开发商联系，进行软件功能的改进。

5.【精析】ABCD　采用计算机替代手工记账，企业必须建立、健全相应的内部管理制度。会计电算化的内部管理制度主要包括岗位责任制度、操作管理制度、计算机软件和硬件系统的维护管理制度、会计档案管理制度以及会计数据与软件管理制度等。

6.【精析】BCD　软件编程人员不属于会计电算化系统操作人员。

7.【精析】BCD　会计电算化系统进行数据备份和恢复对防止由于软件故障、计算机病毒、人为的误操作等造成的账务数据丢失具有重要作用。

8.【精析】ABCD　建立会计电算化操作制度的主要内容包括规定操作人员对会计软件的操作内容和权限，严格管理密码；杜绝未经授权人员操作会计软件；操作人员离开机房前，应执行相应命令退出会计软件；上机操作的记录应由专人保存。

9.【精析】ABCD　对会计电算化档案管理要做到防磁、防火、防潮、防尘、防盗、防虫蛀、防霉烂和防鼠咬等工作，重要会计档案应有双备份，存放在两个不同的地点，最好在两个不同的建筑物内。

10.【精析】ABCD　实行会计电算化后的档案包括存储在计算机中的会计数据(以磁盘、光盘等介质存储的会计数据)和计算机打印出来的书面形式的会计数据。会计数据是指:①会计凭证、会计账簿、会计报表(包括报表格式和计算公式)，以及记载会计业务的原始凭证等数据。②会计电算化软件开发过程或会计电算化系统实施过程中的各种开发实施资料，如开发的需求分析书、系统设计书、实施过程中的参数设置情况表等。③其他会计资料。

11.【精析】ABCD　会计核算软件能打印各期机内记账凭证、科目余额表、明细账、日常会计报表以及现金日记账、银行存款日记账等。

12.【精析】ABCD　在每月结账前和结账后，会计年度终了进行结账时，清除计算机病毒之前，更新软件版本或需进行硬盘格式化等必须进行数据备份。

13.【精析】ABCD　本题考查系统的操作规程对操作人员的要求，考生应了解。

14.【精析】ABCD　会计核算软件的会计数据输入可以采用键盘手工输入、存储介质导入以及由其他业务系统传入等几种形式。

15.【精析】ABCD　会计核算软件必须提供原始凭证、记账凭证、会计报表、会计账簿的打印输出功能。

16.【精析】ABCD　会计软件必须提供以下查询功能:①查询机内总分类会计科目和明细分类会计科目的名称、编号、年初余额、期初余额、累计发生额、本期发生额和余额等项目。②查询本期已经输入并登账和未登账的机内记账凭证、原始凭证。③查询机内本期和以前各期的总分类账和明细分类账簿。④查询往来账款项目的结算情况。⑤查询到期票据的结算情况。⑥查询出来的机内数据如果已经结账，屏幕显示应给予提示。

17.【精析】ABCD　财政部按照《会计法》规定，制定并发布了《会计电算化管理办法》、《会计电算化工作规范》、《会计核算软件基本功能规范》、《会计档案管理办法》等一系列相关国家统一的会计制度。

18.【精析】AC　发现已经输入并审核通过或者登账的记账凭证有错误的，应当采用红字凭证冲销法或者补充登记法进行更正，红字可用“－”号表示。

19.【精析】ABC　在电算化会计岗位中，软件操作岗位与审核记账、电算维护、电算审查岗位为不相容岗位。

20.【精析】ACD　输入操作人员岗位分工情况，包括操作人员姓名、操作权限和操作密码。

21.【精析】ABD　输入会计核算所必需的期初数据及有关资料，包括总分类会计科目和明细分类会计科目名称、编号、年初数、累计发生额及有关数量指标等。

22.【精析】ABCD　会计核算软件应当提供以下控制功能，确保记账凭证的编制和处理符合国家统一的会计制度的要求:①正在输入的记账凭证编号与已输入的记账凭证编号重复的，予以提示并拒绝保存。②以编号方式输入会计科目的，自动显示该代码所对应的会计科目名称。③借贷双方金额不平衡，或没有输入金额的，予以提示并拒绝保存。④有借方会计科目而无贷方会计科目或者有贷方会计科目而无借方会计科目的，予以提示并拒绝保存。⑤正在输入的收款凭证借方科目或付款凭证贷方科目不是“库存现金”或“银行存款”的，予以提示并拒绝保存。⑥会计核算软件应提供对已经输入尚未记账的记账凭证进行修改和审核的功能，但对于审核通过后的记账凭证，应当不再允许修改；对于已经记账的记账凭证，应当不再允许撤销审核。发现已经审核通过或者记账的记账凭证有错误的，应当采用红字凭证冲销法或者补充凭证法进行更正，红字可用“－”号表示。⑦对同一张记账凭证，应当具有权限控制功能，防止同一用户对同一张凭证同时具有输入、修改权和审核权。

23.【精析】CD 对会计核算软件打印输出的要求主要包括以下内容：①应当提供打印输出原始凭证、记账凭证、日记账、明细账、总账、会计报表的功能，有关凭证、账簿、报表的格式和内容应当符合国家统一的会计制度的规定。②在总账和明细账的直接记账依据完全相同的情况下，总账可以用总分类账户本期发生额、余额对照表替代。③在保证会计账簿清晰的条件下，打印输出的会计账簿中的表格线条可以适当减少。④对于业务量较少的账户，提供会计账簿的满页打印输出功能。

24.【精析】ABCD 在硬盘数据被破坏、删除，更换计算机以及需要查询往年数据时要进行数据恢复。

25.【精析】ABCD 会计数据处理的一般流程包括会计数据收集或录入、会计数据处理、会计信息报告或输出和会计数据存储。

三、判断题

1.【精析】× 自行编制的会计软件，程序编制人员不可以进行凭证录入工作。

2.【精析】√ 会计业务的规范化是建立良好的电算化信息系统的重要基础之一。

3.【精析】√ 如果每天业务较少，库存现金日记账和银行存款日记账不能满页打印的，可按旬打印输出。

4.【精析】× 会计核算软件在进行系统初始化时，必须输入操作人员岗位分工情况和相应的初始密码，从而达到保密的目的。

5.【精析】√ 会计电算化档案包括机内会计数据、软盘等备份的会计数据，以及打印输出的会计凭证、账簿、报表等数据。

6.【精析】√ 使用微型计算机和计算机网络会计软件的单位，应设立电算化主管岗位。

7.【精析】√ 基本会计岗位可分为会计主管、出纳、会计核算各岗、稽核、会计档案管理等工作岗位。

8.【精析】√ 实行会计电算化的工作岗位可分为基础会计岗位和电算化会计岗位。

9.【精析】√ 为保证会计核算资料的安全，应每天做日备份，月底做月备份，月备份资料应作为会计档案保存。

10.【精析】√ 每个操作员必须有自己的密码，并在操作权限内进行操作。

11.【精析】√ 对会计核算软件自动产生的机内记账凭证经审核登账后，不得进行修改。

12.【精析】× 记账凭证的编号可以由手工输入,也可以由会计核算软件自动产生。

13.【精析】√ 在机内总分类账和明细分类账的直接记账依据完全相同的情况下,总分类账可以用总分类账户本期发生额、余额对照表替代。

14.【精析】√ 会计电算化数据输入可采用键盘手工输入、存储介质导入以及其他业务系统传入等形式。

15.【精析】× 对于业务量较少的账户,提供会计账簿的满页打印输出功能。

16.【精析】× 会计核算软件应当对记账凭证编号的连续性进行控制。

17.【精析】× 软件操作人员不得兼任审核记账岗位。

18.【精析】√ 会计核算软件必须提供必要的方法对输入的初始数据进行正确性校验。

19.【精析】× 单位打印输出机内记账凭证、原始凭证、会计账簿、会计报表的格式和内容应当符合国家统一的会计制度的规定。

20.【精析】√ 电算审查岗位可由会计稽核人员兼任。

21.【精析】× 采用磁性介质保存会计档案的,要定期进行检查,定期复制,防止由于磁性介质损坏而导致会计资料丢失。

22.【精析】√ 软件操作人员的岗位职责规定,由会计人员结合本人所负责的核算业务承担其录入工作,并对录入数据的正确性负责。

23.【精析】√ 对同一张记账凭证,应当具有权限控制功能,防止同一用户对同一张凭证同时具有输入、修改权和审核权。

24.【精析】× 对已经输入但未登记会计账簿的机内记账凭证,应提供修改和审核的功能,审核通过后,不能再对机内凭证进行修改。

25.【精析】√ 对于根据机内会计账簿生成的会计报表数据,会计软件不能提供直接修改功能。

26.【精析】× 会计电算化岗位及其权限设置一般在系统初始化时完成,平时根据人员的变动可进行相应调整。

27.【精析】× 凭证的审核人和制单人不能为同一人。

28.【精析】√ 实行会计电算化后,一人可以兼任多个工作岗位。

29.【精析】√ 企业实现会计电算化,必须使用一个比较规范的核算软件,这个软件通过主管部门的批准才可使用。

30.【精析】√ 在具备采用磁带、磁盘、光盘、微缩胶片等存储介质保存会计档案的条件下,由国务院业务主管部门统一规定,并报财政部、国家档案局备案后,可以采用磁带、磁盘、光盘、微缩胶片等存储介质保存会计档案,而无须打印。

第四章 会计核算软件的操作要求

1. 电算化会计核算的基本流程。
2. 账务处理模块的基本操作。
3. 应收/应付账款核算模块、工资核算模块、固定资产核算模块的初始设置操作和日常使用操作。
4. 计算机的基本操作要求。

知识梳理

一、电算化会计核算基本流程 ★★★

电算化会计核算在一定程度上是用计算机代替手工操作，因此其核算流程与手工会计核算流程基本相同，但各环节的具体工作内容和方式有很大差别。实际工作中，电算化会计核算流程因单位规模、类型和使用软件的不同而在具体细节上有所不同，但基本流程是一致的。电算化会计核算基本流程为：编制记账凭证，凭证审核，记账，结账和编制会计报表。

（一）编制记账凭证

在电算化环境下，编制记账凭证可以采用下列几种方式：

(1)手工编制完成记账凭证后录入计算机。

(2)根据原始凭证直接在计算机上编制记账凭证。采用这种方式应当在记账前打印出会计凭证并由经办人签章。

(3)由账务处理模块以外的其他核算模块**自动生成**会计凭证数据。

【名师点拨】

编制记账凭证方式中采用第3种方式的，也应当在记账前打印出会计凭证并由经办人签章。

（二）凭证审核

在电算化环境下，凭证审核是由负责审核的会计人员在计算机中对生成的记账凭证进行审查，对审查通过的记账凭证作审核确认。会计核算软件可根据审核情况进行自动控制，已通过审核的凭证，不能再由凭证录入人员进行修改；未通过审核的凭证，不能进行记账。

【名师点拨】

电算化会计核算与手工会计核算流程有很多不同之处，主要表现在以下几点：①数据处理的起点和终点不同；②数据处理方式不同；③存储方式不同；④不需对账；⑤会计资料的查询统计方式发生了改变。

（三）记账

在电算化环境下，记账是由有记账权限的人员，通过记账功能发出指令，由计算机按照记账程序自动进行的。

电算化会计中的记账有以下特点：

(1)记账是一个**功能按键**，由计算机自动完成相关账簿登记。

(2)**同时**登记总账、明细账和日记账。

(3)各种会计账簿的数据都来源于记账凭证数据，记账只是对记账凭证做记账标记，不产生新的会计核算数据。

（四）结账和编制会计报表

手工会计核算流程中，结账和编制会计报表是两个工作环节，工作量大且复杂；电算化会计核算中，通过一次性预先定义账户结转关系以及账户与报表的数据对应关系，将结账和编制报表作为一个步骤由计算机在短时间内同时自动完成。

二、账务处理模块基本操作

账务处理模块是会计软件的**核心模块**，通过此模块可进行系统初始化、日常业务处理、结账和编制会计报表等工作。

（一）系统初始化

1. 系统管理　★★★★★

【名师点拨】

账套管理和年度账管理又分别包含有自己的内容。其中，账套管理包括账套的建立、修改、引入和输出等；年度账管理包括年度账的建立、引入、输出和结转上年数据及清空年度数据等。

系统管理是会计信息系统运行的基础，它为其他子系统提供了公共的账套、年度账及其他相关的基础数据，各子系统的操作员也需要在系统管理中统一设置并分配功能权限。系统管理具体包括以下几个方面：账套管理、年度账管理、系统操作员及操作权限的集中管理等。

(1)启动与注册系统管理

系统只允许以**两种身份**注册进入系统管理：一是以系统管理员(admin)的身份；二是以账套主管的身份。

①以系统管理员的身份注册系统管理

系统管理员负责整个应用系统的总体控制和维护工作，可以管理该系统中所有的账套。以系统管理员身份注册进入，可以进行账套的建立、引入和输出，设置操作员及其权限，监控系统运行过程，清除异常任务等。

②以账套主管的身份注册系统管理

账套主管负责所选账套的维护工作。主要包括对所管理的账套进行修改、对年度账的管理（包括创建、清空、引入、输出以及各子系统的年末结转），以及该账套操作员权限的设置。

精典例题

[例 4-1 · 实务操作]

以系统管理员的身份启动并注册系统管理。

【操作步骤】

①执行“开始→程序→会计从业资格无纸化考试→系统管理”命令，进入“会计从业资格无纸化考试[系统管理]”窗口。

②执行“系统→注册”命令，打开“注册[控制台]”对话框。

③输入用户名：admin；初始密码为空。

④单击“确定”按钮，以系统管理员身份注册进入系统管理。

(2)建立企业核算账套

建立账套是企业应用会计信息系统的**首要环节**，其中涉及很多与日后核算相关的内容。为了方便操作，会计信息系统中大多设置了建账向导，用来引导用户的建账过程。建立企业账套时，需要向系统提供以下表现企业特征的信息：

①账套基本信息：包括账套号、账套名称、账套启用日期及账套路径。

②核算单位基本信息：包括企业名称、简称、地址、邮政编码、法人、通信方式等。

③账套核算信息：包括记账本位币、行业性质、企业类型、账套主管、编码规则、数据精度等。

精典例题

[例 4-2 · 实务操作]

建立账套。

①账套信息

账套号：800；账套名称：北方宏远科技有限公司；采用默认账套路径；启用会计期：2011 年 1 月；会计期间设置：1 月 1 日至 12 月 31 日。

②单位信息

单位名称：北方宏远科技有限公司；单位简称：宏远科技公司。

③核算类型

该企业的记账本位币为人民币(RMB)；企业类型为工业；行业性质为 2007 年新会计准则；账套主管为 demo；按行业性质预置科目。

④基础信息

该企业有外币核算，进行经济业务处理时，不需要对存货、客户、供应商进行分类。

⑤分类编码方案

科目编码级次：4-2-2-2

【名师点拨】

对账套的基本信息，应注意以下几点内容：①由于在一个会计信息系统中可以建立多个企业账套，因此必须设置账套号作为区分不同账套数据的唯一标识。②账套号与账套名称是一一对应的关系，共同代表特定的核算账套。③账套启用日期在第一次初始设置时设定，一旦启用，不得更改。

其他:默认

⑥数据精度

该企业对存货数量、单价小数位定为 2。

⑦系统启用

“总账”模块的启用日期为“2011 年 1 月 1 日”。

【名师点拨】

输入单位信息时,“单位名称”是用户单位的全称,必须输入;“单位简称”是用户单位的简称,最好输入。

输入核算类型时,“企业类型”需要用户从下拉列表框中选择输入,系统提供了工业、商业两种企业类型,选择不同的企业类型将会影响存货系统的相关单据。

【操作步骤】

①执行“账套→建立”命令,打开“创建账套”对话框。

②输入账套信息。

③单击“下一步”按钮,输入单位信息。

④单击“下一步”按钮,输入核算类型。如图 4-1 所示。

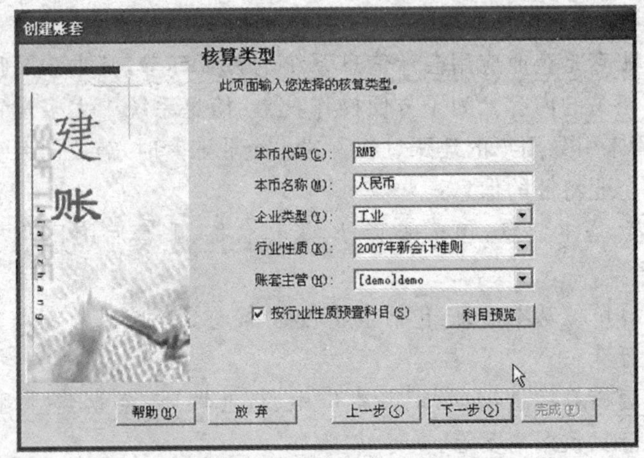

图 4-1 创建账套——核算类型

⑤单击“下一步”按钮,确定基础信息。

⑥单击“下一步”按钮,确定业务流程,全部采用默认的标准流程,单击“完成”按钮,弹出系统提示“可以创建账套了吗?”。

⑦单击“是”按钮,确定分类编码方案。

⑧单击“确认”按钮,定义数据精度。如图 4-2 所示。

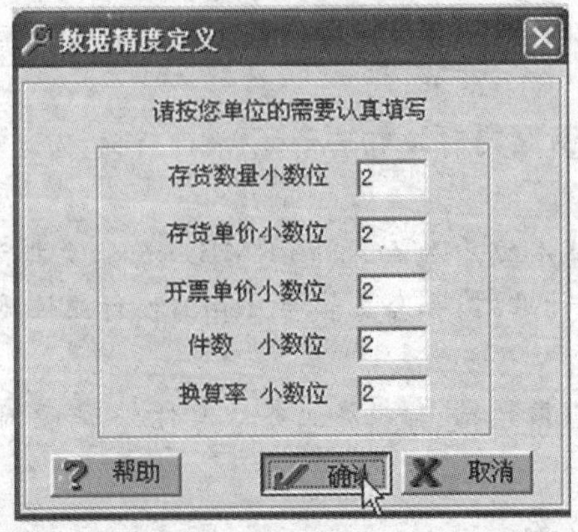

图 4-2 创建账套——数据精度定义

⑨单击“确认”按钮，系统弹出“创建账套{北京宏远科技有限公司：[800]}成功。”信息提示框，单击“确定”按钮，系统提示“是否立即启用账套?”。单击“是”按钮，打开“系统启用”对话框。

⑩选中“GL—总账”复选框，弹出“日历”对话框，选择日期“2011年1月1日”。

⑪单击“确定”按钮，单击“是”按钮，单击“退出”按钮。

(3)增加操作员

操作员是指有权登录系统并对系统进行操作的人员。每次注册或登录系统，都要进行操作员身份的合法性检查。操作员及权限管理提供了按照预先设定的岗位分工进行授权、分权功能，只有进行严格的操作分工和权限控制，才可能一方面避免业务无关人员对系统的操作，另一方面对系统所含的各个子产品的操作进行协调，以保证系统的安全与保密。

【名师点拨】

关于增加操作员的操作应注意以下事项：①只有系统管理员才有权限设置操作员；②操作员编号在系统中必须唯一，即使是不同的账套，操作员编号也不能重复；③所设置的操作员用户一旦被引用，便不能被修改和删除。

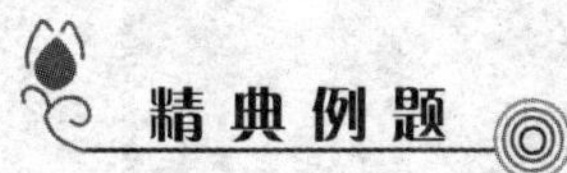

[例 4-3 · 实务操作]

增加操作员。

编号	姓名	口令	所属部门
101	陈力	1	财务部
102	王娟	2	财务部

【操作步骤】

①执行“权限→操作员”命令，进入“操作员管理”窗口。窗口中显示系统预设的几位操作员：demo、SYSTEM 和 UFSOFT。

②单击工具栏中的“增加”按钮，打开“增加操作员”对话框。

③输入数据。编号：101；姓名：陈力；口令：1；确认口令：1。

④单击“增加”按钮，输入其他操作员资料。最后单击“退出”按钮。

(4)分配权限

系统管理员和账套主管，两者都有权设置操作员的权限。所不同的是，系统管理员可以指定或取消某一操作员为一个账套的主管，也可以对系统内所有账套的操作员进行授权；而账套主管的权限局限于他所管辖的账套，在该账套内，账套主管默认拥有全部操作权限，可以针对本账套的操作员进行权限设置。

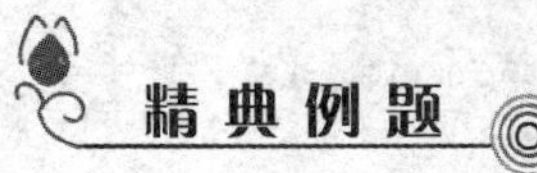

[例 4-4 · 实务操作]

①陈力——账套主管。具有系统所有模块的全部权限。

【考生反馈】

在进行分配权限操作时，应当注意：①一个账套可以设定多个账套主管；②账套主管自动拥有该账套的所有权限；③正在使用的操作员权限不能进行修改、删除的操作。

②王娟——会计。具有“总账”、“财务报表”的全部权限。

【操作步骤】

①执行“权限→权限”命令，进入“操作员权限”窗口。

②选择800账套；2011年度。

③从操作员列表中选择陈力，选中“账套主管”复选框，系统弹出“设置操作员：[101]账套主管权限吗?”，单击“是”按钮。

④选择王娟，单击工具栏中的“增加”按钮，打开“增加权限”对话框，双击“总账、财务报表”权限。如图4-3所示。

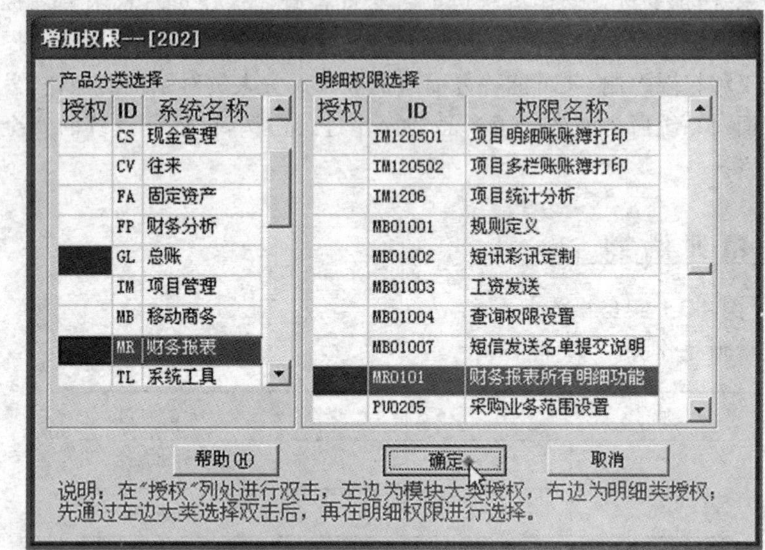

图4-3 分配权限

【名师点拨】

设置基础档案之前首先确定基础档案的分类编码方案，基础档案的设置必须遵循分类编码方案中的级次和各级编码的长度设定。

⑤单击“确定”按钮。

2. 基础设置

基础档案是系统运行必需的。基础档案的设置包括部门档案、职员档案、客户档案、供应商档案、外币及汇率、会计科目、凭证类别、期初余额等。

(1)启动并注册信息门户

精典例题

[例4-5·实务操作]

以账套主管的身份注册信息门户。

用户名“101”；密码为空；账套“800电算化考试练习账套”；会计年度“2011”；日期“2011-01-01”。

【操作步骤】

①执行“开始→程序→会计从业资格无纸化考试→信息门户”命

令，打开“注册[控制台]”对话框。

②输入或选择数据。用户名“101”；密码为空；账套“800 电算化考试练习账套”；会计年度“2011”；日期“2011-01-01”。

③单击“确定”按钮。进入会计从业资格无纸化考试软件。

(2)设置部门档案

部门是指与企业财务核算或业务管理相关的职能单位。设置部门档案的目的在于按部门进行数据汇总和分析。部门档案须按照已定义好的部门编码级次原则输入部门相关信息。部门档案中包含部门编码、名称、负责人、属性等信息。

【名师点拨】

在录入部门档案前，应首先根据企业组织结构确定编码方案，然后根据编码方案给各个部门编码。

精典例题

[例 4-6・实务操作]

部门编码	部门名称	部门属性
6	人事部	人事管理

【操作步骤】

①执行“基础设置→机构设置→部门档案”命令，打开“部门档案”窗口。

②在“部门档案”窗口中，单击“增加”按钮。

③输入数据。

④单击“保存”按钮。

【考生反馈】

如果部门档案分为多级，则在录入部门档案时，首先要录入上级部门，然后才能录入下级部门。

(3)设置职员档案

职员档案主要用于记录本单位职员个人的信息资料，设置职员档案可以方便地进行个人往来核算与管理等操作。职员档案包括职员编号、名称、所属部门及职员属性等。

精典例题

[例 4-7・实务操作]

职员编码	职员名称	所属部门
102	辛红	管理部

【操作步骤】

①执行“基础档案→机构设置→职员档案”命令，打开“职员档案”窗口。

②单击“增加”按钮。

【考生反馈】

“职员编码”必须录入，且必须唯一。“职员名称”必须录入，且可以重复。

③输入职员信息。

④单击“保存”按钮。

(4)设置客户档案

企业如果需要进行往来管理，就必须建立客户档案。建立客户档案直接关系到企业对客户数据的统计、汇总和查询等分类处理。客户档案中包含了客户的基本信息、联系信息、信用信息和其他信息。如果用户设置了客户分类，客户档案必须在末级客户分类中设置；如果未进行客户分类，客户档案则应在客户分类的“无分类”项下设置。

客户档案信息分为基本、联系、信用、其他 4 个页签。

【名师点拨】

企业可以从自身管理要求出发对供应商、客户进行相应的分类，以便于对业务数据的统计和分析。

精典例题

[例 4-8 · 实务操作]

客户编码	客户名称	客户简称	地址
003	红星有限责任公司	红星公司	北京市西城区幸福路 1 号

【考生反馈】

新增客户的分类，其分类编码必须与“编码原则”中设定的编码级次结构相等；客户分类必须逐级增加。

【操作步骤】

①执行“基础档案→往来单位→客户档案”命令，打开“客户档案”窗口。

②在“客户档案”窗口中，单击“增加”按钮，打开“增加客户档案”对话框。

③输入客户档案信息。如图 4-4 所示。

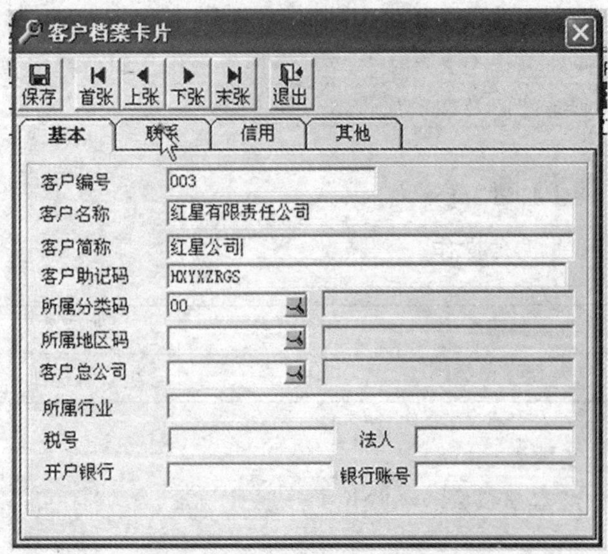

图 4-4　设置客户档案

④单击“保存”按钮，单击“退出”按钮。

(5)设置供应商档案

企业如果需要进行往来管理,那么必须将企业供应商的详细信息录入供应商档案中。建立供应商档案直接关系到对供应商数据的统计、汇总和查询等分类处理。如果用户设置了供应商分类,供应商档案必须在末级供应商分类中设置;如果未进行供应商分类,供应商档案则应在供应商分类的“无分类”项下设置。

供应商档案信息分为基本、联系、信用、其他 4 个页签。

设置供应商档案的操作步骤与设置客户档案的操作步骤基本相同,可参照比对。

【名师点拨】

如果在建立账套时选择了供应商分类,则必须在设置完成供应商分类档案的情况下才能编辑供应商档案。

(6)设置外币及汇率

如果企业业务结算涉及外币,那么在“填制凭证”中所用的外币及汇率应先进行定义,以便制单时调用,减少录入汇率的次数和差错。

精典例题

[例 4-9·实务操作]

币符:USD;币名:美元;1 月份记账汇率为 7.6。

【操作步骤】

①执行“基础档案→财务→外币设置”命令,打开“外币设置”窗口。

②在“外币设置”窗口中,输入数据。币符:USD;币名:美元。

③单击“确认”按钮。

④在“2011 年 1 月的记账汇率”栏中输入 7.6,按回车键确认。

【考生反馈】

在设置外币及汇率时,可能需要选择是固定汇率还是浮动汇率。选择“固定汇率”选项,即可录入各月的月初汇率;选择“浮动汇率”选项,即可录入所选月份的各日汇率。

(7)设置会计科目

会计科目设置的功能是将单位会计核算中使用的科目**逐一地**按要求描述给系统,并将科目设置的结果保存在科目文件中,实现对会计科目的管理。财会人员可以根据会计核算和管理的需要,设置适合**自身业务特点**的会计科目体系。

会计科目设置的内容如下:

科目编码。科目编码应是科目全编码,即从一级科目至本级科目的各级科目编码组合。各级科目编码必须唯一,且必须按其级次的先后次序建立。

科目名称。科目名称是指本级科目名称,通常分为科目中文名称和科目英文名称。科目中文名称和英文名称不能同时为空。

【名师点拨】

关于科目名称,在中文版中,必须录入中文名称;若是英文版,则必须录入英文名称。

科目类型。科目类型是指会计制度中规定的科目类型,分为资产类、负债类、所有者权益类、成本类、共同类和损益类。

账页格式。定义该科目在账簿打印时的默认打印格式。通常系统会提供金额式、外币金额式、数量金额式和外币数量式四种账页格式供选择。

助记码。用于帮助记忆科目,提高录入和查询速度。通常科目助记码不必唯一，可以重复。

【名师点拨】

对于科目性质，一般情况下，只能在一级科目设置科目性质，下级科目的科目性质与其一级科目相同。已有数据的科目不能再修改科目性质。

科目性质（余额方向）。增加记借方的科目，科目性质为借方；增加记贷方的科目，科目性质为贷方。

辅助核算。也叫做辅助账类，用于说明本科目是否有其他核算要求。

银行账、日记账核算。一般情况下，现金科目要设为日记账，银行存款科目要设为银行账和日记账。

外币核算。用于设定该科目是否有外币核算，以及核算的外币名称。一个科目只能核算一种外币，只有有外币核算要求的科目才允许也必须设定外币币名。

数量核算。用于设定该科目是否有数量核算，以及数量计量单位。计量单位可以是任何汉字或字符，如千克、件、吨等。

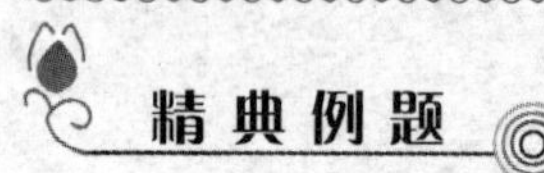

【名师点拨】

在进行设置会计科目的相关操作时，应注意：①增加会计科目时，要遵循先建上级再建下级的原则。②会计科目编码的长度及每级位数要符合编码规则。③编码不能重复。④科目已经使用后再增加明细，系统自动将上级科目的数据结转到新增加的第一个明细科目上，以保证账账平衡。

［例 4-10・实务操作］

科目代码	科目名称	辅助核算
100203	中行存款	银行账、日记账、外币美元核算

【操作步骤】

①执行“基础设置→财务→会计科目”命令，进入“会计科目”窗口，显示所有“按新会计制度”预置的科目。

②单击“增加”按钮，进入“会计科目_新增”窗口。

③输入明细科目相关内容。

④输入编码“100203”、科目名称“中行存款”；选择“日记账”、“银行账”，选择“外币核算”选项，选择币种“美元”。如图 4-5 所示。

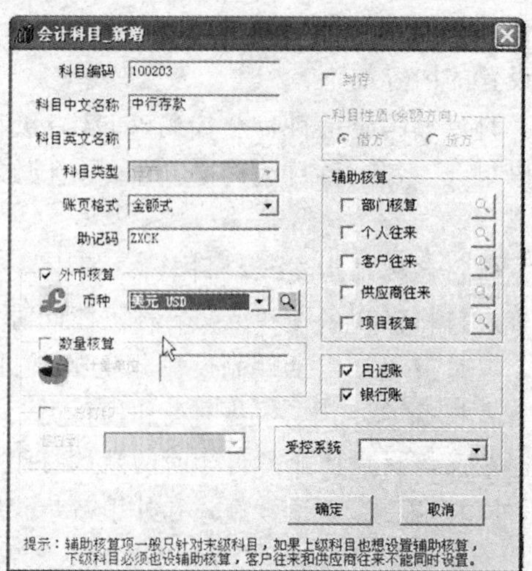

图 4-5　设置会计科目

⑤单击“确定”按钮。

(8)设置凭证类别

许多企业为了便于管理或登账方便，一般对记账凭证进行分类编制，但各企业的分类方法不尽相同，可以按照本单位的需要对凭证进行分类。

通常，系统提供**五种**常用分类方式供选择：

①记账凭证；

②收款、付款、转账凭证；

③现金、银行、转账凭证；

④现金收款、现金付款、银行收款、银行付款、转账凭证；

⑤自定义凭证类别。

某些类别的凭证在制单时对科目有一定限制，通常系统有**五种限制类型**供选择：

①借方必有：制单时，此类凭证借方至少有一个限制科目有发生额；

②贷方必有：制单时，此类凭证贷方至少有一个限制科目有发生额；

③凭证必有：制单时，此类凭证无论是借方还是贷方至少有一个限制科目有发生额；

④凭证必无：制单时，此类凭证无论是借方还是贷方不可有一个限制科目有发生额；

⑤无限制：制单时，此类凭证可使用所有合法的科目。

【考生反馈】

作为理论考试部分，系统提供的凭证类别的五种分类方式和五种限制类型是多项选择题的重要出题点。

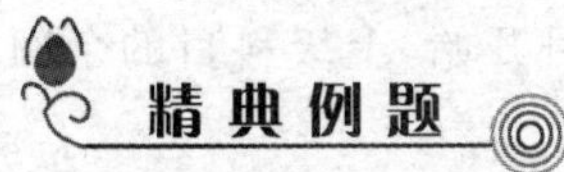

[例 4-11 · 实务操作]

设置凭证类别。

凭证类别	限制类型	限制科目
收款凭证	借方必有	1001,1002
付款凭证	贷方必有	1001,1002
转账凭证	凭证必无	1001,1002

【操作步骤】

①执行“基础档案→财务→凭证类别”命令，打开“凭证类别预置”对话框。

②单击“收款凭证、付款凭证、转账凭证”单选按钮。

③单击“确定”按钮，进入“凭证类别”窗口。

④单击收款凭证“限制类型”的下三角按钮，选择“借方必有”；在“限制科目”栏输入“1001,1002”。

【名师点拨】

在进行设置凭证类别的相关操作时，应注意：①若限制科目为非末级科目，则至少要输入一个限制科目；若限制类型选择为“无限制”，则不能输入限制科目。②已使用的凭证类别不能删除，也不能修改类别字。③输入多个限制科目时，科目之间必须用英文半角逗号分隔，否则会出现错误信息。

⑤同理，设置付款凭证的限制类型"贷方必有"、限制科目"1001，1002"；转账凭证的限制类型"凭证必无"、限制科目"1001，1002"。如图4-6所示。

⑥设置完后，单击"退出"按钮。

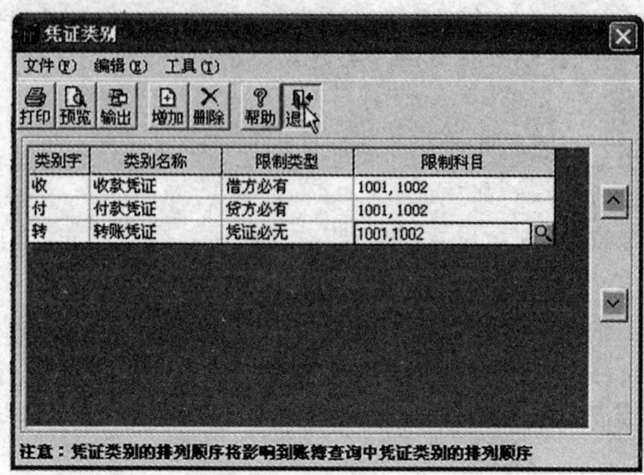

图4-6　设置凭证类别——设置限制类型及科目

【名师点拨】

若企业是在年初建账，或不反映启用日期以前的发生额，则期初余额就是年初数；若企业是年中建账，而又希望查询结果全面反映全年的业务情况，则应先将各账户此时的余额和年初到此时的借贷方累计发生额计算清楚，作为启用系统的期初数据录入账务处理子系统中，系统将自动计算年初余额。若科目有辅助核算，还应整理各辅助项目的期初余额，以便在期初余额中录入。

(9)输入期初余额

在初次使用账务处理子系统时，应将经过整理的手工账目的期初余额录入计算机。

期初余额的录入分两部分：无辅助核算科目期初余额录入、有辅助核算科目期初余额录入。

①无辅助核算科目期初余额录入

余额和累计发生额的录入要从最末级科目开始，上级科目的余额和累计发生数据由系统自动计算。

②有辅助核算科目期初余额录入

在录入期初余额时，对于设置为辅助核算的科目，系统会自动为其开设辅助账页。在输入期初余额时，这类科目总账的期初余额由辅助账的期初明细汇总而来，即不能直接输入总账期初数。

期初余额录入完毕后，应当**试算平衡**。期初余额试算不平衡，将不能记账，但可以填制凭证；已经记过账，则不能再录入、修改期初余额，也不能执行"结转上年余额"的功能。

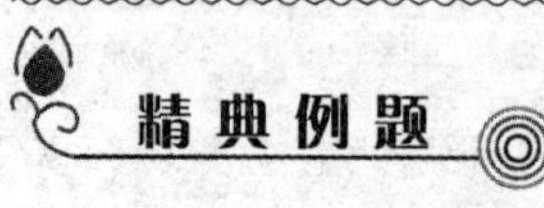

[例4-12·实务操作]

1221　其他应收款　借4 000

日期	部门	个人	摘要方向	期初余额	
2011-01-31	销售中心	刘会	出差借款	借	4 000

2241　其他应付款　贷4 000

【操作步骤】

①执行"总账→设置→期初余额"命令，进入"期初余额录入"窗口。

②双击"其他应收款"的期初余额栏，输入其他应收款的明细余额信息。单击"保存"按钮。

③双击"其他应付款"的期初余额栏，输入贷方期初余额 4 000。

④单击"试算"按钮，进行试算平衡。

（二）日常账务处理操作 ★★★★★

在总账系统中，当初始设置完成后，便能够进行日常及期末业务处理。日常业务处理的任务主要包括填制凭证，审核凭证，记账，查询和打印输出各种凭证、日记账、明细账和总分类账等。期末业务处理主要包括期末自动转账、期末结账等内容。

1. 重新注册信息门户

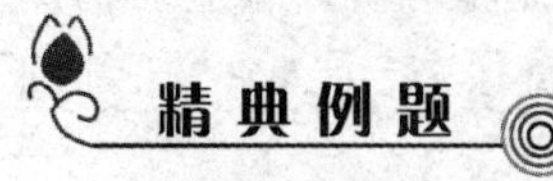

[例 4-13 · 实务操作]

以会计王娟的身份重新注册信息门户。

用户名"102"；密码为空；账套"800 电算化考试练习账套"；会计年度"2011"；日期"2011-01-31"。

【操作步骤】

①执行"文件→重新注册"命令。

②输入相关信息。

用户名"102"；密码为空；账套"800 电算化考试练习账套"；会计年度"2011"；

日期"2011-01-31"。

③单击"确定"按钮。

2. 填制凭证

在实际工作中，用户可直接在计算机上根据审核无误准予报销的原始凭证填制记账凭证，也可以先由人工制单而后集中输入。一般来说，业务量不多或基础较好或使用网络版的用户可采用前者，而在第一年使用或人机并行阶段，则比较适合采用后一种处理方式。

通常，一张凭证中可填写的行数是没有限制的，可以是简单分录，也可以是复合分录，但每一张凭证应该只记录一笔经济业务，不可把记录不同经济业务的分录填入一张凭证。

凭证填制的内容包括凭证头和凭证体两部分。

(1)凭证头：反映凭证编号和制单日期等内容。

凭证类别：输入凭证类别字。凭证类别是在初始化时设置的。如

【名师点拨】

记账凭证是登记账簿的依据，在使用计算机处理账务后，电子账簿的准确与完整完全依赖于记账凭证，因而使用者要确保记账凭证输入的准确完整。

果没有设置凭证类别，则此处为空。此后，系统将自动生成凭证编号。

凭证编号：在凭证编号方式为“系统自动编号”模式下，由系统分类按月自动编制，即每类凭证每月都从 0001 号开始；在凭证编号方式为“手工编号”模式下，则可以手工录入凭证编号。

制单日期：系统自动取进入账务处理系统前输入的业务日期为记账凭证填制的日期，如果日期不对，可进行修改或参照输入。

附单据数：本张记账凭证应附的原始凭证的张数。

(2)凭证体：输入本张凭证的分录信息，包括摘要、科目、借贷方向、发生金额等内容。

摘要：输入本笔分录的业务说明，摘要要求**简洁明了**。

科目：科目必须输入**末级科目**。科目可以输入科目编码、中文科目名称、英文科目名称或助记码，也可以参照输入。如果输入的科目名称有重名现象时，系统会自动提示重名科目供选择。

辅助信息：对于要进行辅助核算的科目，系统提示输入相应的辅助核算信息。辅助核算信息包括客户往来、供应商往来、个人往来、部门核算、项目核算。

如果该科目要进行数量核算，则屏幕提示用户输入“数量”、“单价”。系统根据“数量×单价”自动计算出金额。

若科目为银行科目，那么，还应输入“结算方式”、“票号”及“发生日期”。输入这些数据的目的主要是便于进行**银行对账**，同时也可以方便对支票的管理。

金额：即该笔分录的借方或贷方本币发生额，金额不能为零，但可以是**红字**，红字金额以**负数**形式输入。

【名师点拨】

在进行填制凭证的相关操作时，应注意以下几点：①凭证一旦保存，其凭证类别、凭证编号不能修改。②正文中不同行的摘要可以相同也可以不同，但不能为空。每行摘要将随相应的会计科目在明细账、日记账中出现。③科目编码必须是末级的科目编码。既可以手工直接输入，也可以利用右边的放大镜按钮选择输入。④金额不能为零；红字以“－”号表示。⑤可按“＝”键取当前凭证借贷方金额的差额到当前光标位置。

精典例题

[例 4-14·实务操作]

填制如下凭证。

1 月 10 日，管理部门招待客户，消费 3 000 元，以转账支票支付，票号 ZP101。

摘要：招待客户

付款凭证：

借：管理费用——招待费　　3 000

　贷：银行存款——工行存款　　3 000

【操作步骤】

①执行“总账→凭证→填制凭证”命令，进入“填制凭证”窗口。

②单击“增加”按钮，增加一张空白凭证。

③选择凭证类型“转账凭证”；输入制单日期“2011-01-10”。

④输入摘要“招待客户”；输入借方科目“660203”，选择辅助核算部

门"管理部门",输入借方金额"3 000",按回车,摘要自动带到下一行。

⑤输入贷方科目"100201",选择结算方式"转账支票"并输入票号"ZP101",输入贷方金额"3 000"或按"="键。

⑥单击"保存"按钮,弹出"凭证已成功保存!"信息提示框。

3. 修改凭证

虽然在凭证录入环节系统提供了多种确保凭证输入正确的控制措施,但仍然避免不了发生错误。为此,系统提供了凭证修改功能,但仅限于对**已输入未审核**状态的凭证。

修改凭证时需要在填制凭证状态下找到需要修改的凭证,直接修改即可。可修改的内容包括摘要、科目、辅助项、金额及方向、增删分录等,凭证类别不能修改。

未经审核的错误凭证可直接修改;已审核的凭证应先取消审核后,再修改。

【名师点拨】

为保证输入数据的正确性,会计软件一般都对输入数据进行自动检测。发生错误时,可以对错误凭证进行修改。系统对凭证的金额数据进行检测时,应进行平衡校验,不仅要拒绝借贷双方金额不平衡的凭证,而且要拒绝没有输入金额(即金额"0")的凭证。

精典例题

[例 4-15 · 实务操作]

修改记账凭证。

将上张凭证中"管理费用——招待费"科目的辅助核算部门改为"采购部",借贷方金额修改为 4 000。

【操作步骤】

①执行"总账→凭证→填制凭证"命令,进入"填制凭证"窗口。

②单击"首张 上张 下张 末张"按钮,找到要修改的凭证。

③修改凭证的基本信息(如金额等),将光标放在要修改的位置就可以直接修改,这里将借贷方金额修改为 4 000。

④修改凭证的辅助项信息,首先选中有辅助核算的"管理费用——招待费"科目行,然后将光标置于备注栏辅助项,待鼠标变形为"✎"时双击,弹出"辅助项"对话框,在对话框中修改部门为"采购部",单击"确认"按钮。

⑤单击"保存"按钮,保存相关信息。

4. 查询凭证

总账系统的填制凭证功能不仅是各账簿数据的**输入口**,同时也提供了强大的信息查询功能。具体体现在:

(1)丰富灵活的查询条件

既可设置凭证类别、制单日期等一般查询条件,也可设置摘要、科目等辅助查询条件。各查询条件也可组合设置。

(2)联查明细账、辅助明细及原始单据

当光标位于凭证某分录科目时,选择"**联查明细账**"命令,系统将显示该科目的明细账。如该科目有辅助核算，选择“查看辅助明细”命令，系统将显示该科目的辅助明细账。若当前凭证是由外部系统制单生成，选择“联查原始单据”命令，系统将显示生成这张凭证的原始单据。

精典例题

［例 4-16 · 实务操作］

查询记账凭证。

查询 2011 年 1 月“收 0001 号”记账凭证并显示。

【操作步骤】

①执行“总账→凭证→查询凭证”命令，打开“凭证查询”查询条件对话框。

②选择“收款凭证”凭证类别，输入凭证号“0001”。

③单击“辅助条件”按钮，可输入更多辅助查询条件。如图 4-7 所示。

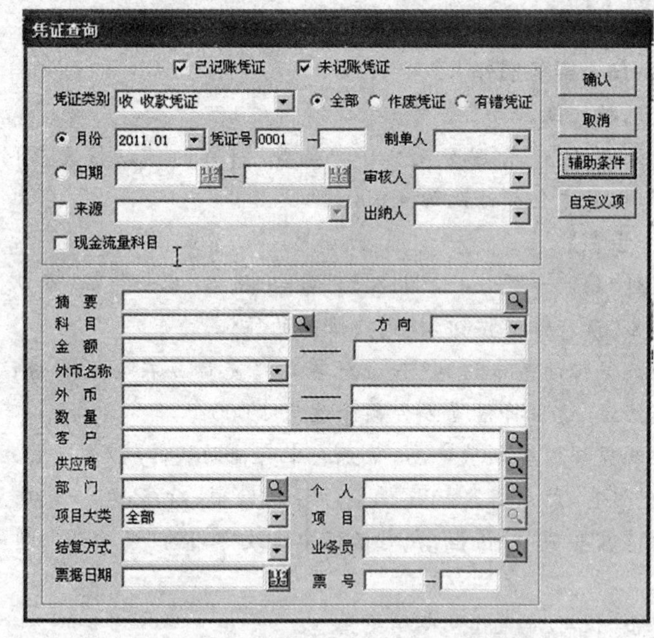

图 4-7　查询凭证——输入查询条件

④单击“确认”按钮，进入“凭证查询”的凭证列表窗口。

⑤双击要查询的凭证或单击“确定”按钮，进入“查询凭证”的凭证窗口。

【名师点拨】

关于凭证查询，应注意以下几点：①如果要专门查询某一段时间的凭证，单击“日期”按钮，此时“凭证号”范围不可选。②单击“全部”按钮，显示所有符合条件的凭证列表，单击“作废凭证”或“有错凭证”按钮，显示所有符合条件的作废或有错的凭证，三者任选其一。③选择凭证来源于哪个外部系统，为空表示查询所有系统的凭证。④如要按科目、摘要、金额等辅助信息进行查询，可单击“辅助条件”按钮，输入辅助查询条件。

5. 审核凭证

为确保登记到账簿的每一笔经济业务的**准确性**和**可靠性**，制单员填制的每一张凭证都必须经过审核员的审核。审查认为错误或有异议的凭证，应交予填制人员修改后，再审核。

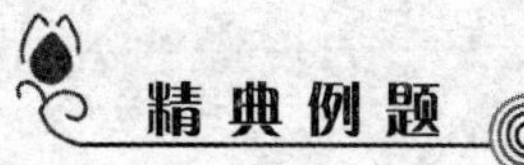

精典例题

[例 4-17·实务操作]

审核已填制的记账凭证。

【操作步骤】

以账套主管陈力的身份重新注册信息门户。

用户名“101”；密码为空；账套“800”；会计年度“2011”；日期“2011-01-31”。

①执行“总账→凭证→审核凭证”命令，打开“凭证审核”查询条件对话框。

②输入查询条件，可采用默认值。

③单击“确认”按钮，进入“凭证审核”的凭证列表窗口。

④双击要审核的凭证或单击“确定”按钮，进入“凭证审核”的审核凭证窗口。

⑤检查要审核的凭证，无误后，单击“审核”按钮，凭证底部的“审核”处自动签上审核人姓名。

⑥执行“审核→成批审核签字”命令，将其他凭证成批审核。

6. 记账

计算机账务处理中的记账过程首先是一个数据传递的过程，把经过审核签章的、要求记账的记账凭证从录入凭证数据库文件中，传递到记账凭证数据库文件中，这一工作由计算机自动完成。经过记账的凭证是不能修改的，也就是记账凭证数据库文件中的数据是不能修改的，由此形成了会计核算系统稳定的数据。

系统记账过程：

(1)选择记账凭证。即确定本次需要记账的凭证范围，包括期间、类别、记账范围。确定记账范围时可以单击“全选”按钮选择所有未记账凭证，可以输入**连续**编号范围如“1～9”表示对该类别第 1～9 号凭证进行记账，也可以输入**不连续**的编号如“3，7”表示仅对第 3 张和第 7 张凭证记账。

(2)记账报告。系统自动记账前，需要进行相应的检查，检查完成后，系统显示记账报告，呈现检验的结果，如期初余额不平或哪些凭证未审核或出纳未签字等。

(3)记账。记账之前，系统将**自动进行**硬盘备份，保存记账前的数据，一旦记账过程异常中断，可以利用这个备份将系统恢复到记账前状态。

【名师点拨】

关于凭证审核，应注意以下几点：①所有填制的凭证必须经过审核。②审核人必须具有审核权。③审核人和制单人不能是同一个人。④凭证一经审核，不能被修改、删除，只有取消审核签字后才可修改或删除，已标记作废的凭证不能被审核，需先取消作废标记后才能审核。⑤凭证可以单张审核，也可以成批审核。

精典例题

[例 4-18 · 实务操作]

将已审核凭证全部记账。

【操作步骤】

①执行“总账→凭证→记账”命令，进入“记账”窗口。

②第一步，单击“全选”按钮，选择所有要记账的凭证。如图 4-8 所示。

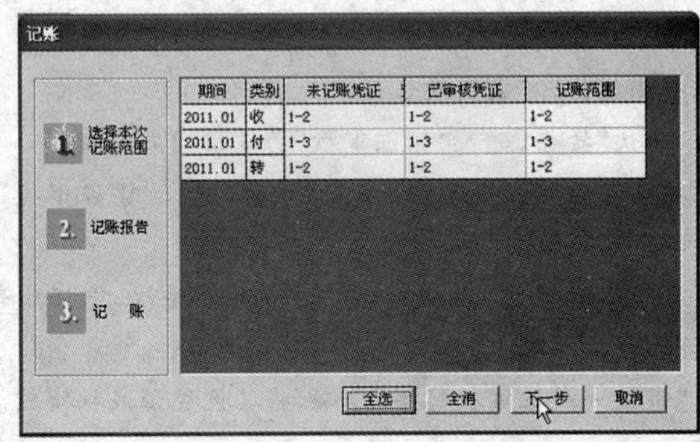

图 4-8 记账——选择凭证

③单击“下一步”按钮。

④第二步，显示记账报告，如果需要打印记账报告，可单击“打印”按钮；如果不打印记账报告，单击“下一步”按钮。

⑤第三步，记账，单击“记账”按钮，打开“期初试算平衡表”对话框。如图 4-9所示。

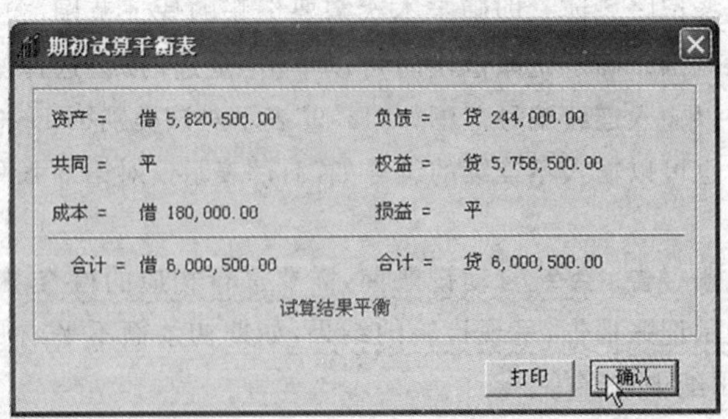

图 4-9 记账——期初试算平衡表

⑥单击“确认”按钮，系统开始登录有关的总账和明细账、辅助账。登记完后，弹出“记账完毕”信息提示框。

【名师点拨】

对凭证进行记账操作时，应注意以下几点：①第一次记账时，若期初余额试算不平衡，不能记账。②上月未结账，本月不能记账。③未审核凭证不能记账，记账范围应小于等于已审核范围。④每月可多次记账。

⑦单击"确定",记账完毕。

7. 查询账簿

查询账簿包括基本账簿查询和辅助账簿查询。

(1)基本账簿查询

基本账簿查询包括总账、余额表、明细账、日记账的账簿查询。

打开"总账→账簿查询"菜单,可查询总账、余额表、明细账等账簿。

打开"现金→现金管理→日记账"菜单,可查询现金日记账和银行存款日记账。

(2)辅助账簿查询

辅助核算账簿查询包括个人往来、部门核算、客户往来和供应商往来的总账、明细账的查询。

打开"总账→辅助查询"菜单,可查询个人往来、部门核算辅助账。

打开"往来→辅助"菜单,可查询客户往来、供应商往来辅助账。

【名师点拨】

以明细账的查询为例,明细账用于平时查询各账户的明细发生情况,及按相应条件组合查询明细账。在查询过程中可以包含未记账凭证。

普通明细账是按科目查询、按发生日期排序的明细账。

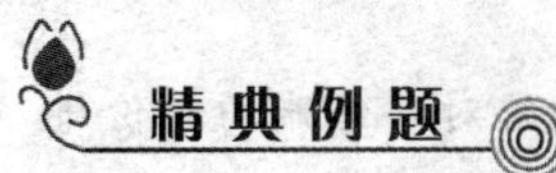

精典例题

[例 4-19·实务操作]

查询"1403 原材料"总账,然后联查明细账。

【操作步骤】

①执行"总账→账簿查询→总账"命令,打开"总账查询条件"对话框。

②输入查询科目"1403"。

③单击"确认"按钮,进入"总账"窗口。

④单击本月合计行,单击"明细"按钮,查看明细账信息。

(三)结账 ★★★★

通用账务处理子系统都设有结账功能。根据有关会计制度的规定,结账主要是计算和结转各个会计科目的本期发生额和期末余额,同时结束本期的账务处理工作。计算机的结账工作也应按此办理,稍有不同的是:计算机每次记账时均已结出各科目的发生额和余额,因此结账工作主要是计算机控制系统改变某些状态,确定本月的数据已处理完毕,不再增加新的凭证。

结账工作应由具有结账权限的人员进行。由于结账工作比较重要,应该确定专人进行结账工作。

通用账务系统结账工作的一般处理步骤:

①停止本月的记账工作。

②进行数据保护:数据保护的过程与记账基本相同。

③进行试算平衡。

④将本月各账户的期末余额结转下月,成为下月的期初余额。

【名师点拨】

在进行结账的相关操作时,应注意:①结账前,要进行数据备份。②已结账月份不能再填制凭证。③结账只能由具备结账权限的人进行。

【名师点拨】

在启用多个系统的基础上，必须先对应收应付系统、工资系统、固定资产系统结账，总账系统最后结账。

期末结账时应注意的问题：

①各科目的摊、提、结转工作必须在结账以前完成。

②当月输入的记账凭证必须全部记账，如有未记账的当月凭证，系统将不能结账。结账后就不能再输入该月凭证。

③上月未结账，本月无法结账。

④每月只能结账一次，因此一般结账前应做数据备份。

精典例题

[例 4-20 · 实务操作]

对本账套进行结账。

【操作步骤】

①执行"总账→期末→结账"命令，进入"结账"窗口。

②单击要结账月份"2011-01"。

③单击"下一步"按钮。单击"对账"按钮，系统对要结账的月份进行账账核对。

④单击"下一步"按钮，系统显示"01 月工作报告"。

⑤查看工作报告后，单击"下一步"按钮。

⑥单击"结账"按钮，若符合结账要求，系统将进行结账，否则不予结账。

【名师点拨】

编制会计报表是每个会计期末最重要的工作之一，从某种意义上说，编制会计报表是一个会计期间工作完成的标志。在报表管理系统中，会计报表的数据来源一般有总账系统的账簿和会计凭证、其他报表和人工直接输入等，还可以从工资、固定资产、销售、采购、库存和存货核算等系统中提取数据，生成财务报表。UFO 报表系统与其他系统之间的数据传递具有关系。

(四)编制会计报表 ★★★★

会计报表是综合反映企业一定时期财务状况、经营成果和现金流量信息的书面文件，是企业经营活动的总结。作为企业财务会计报告核心内容的会计报表，它为企业内部各管理部门及外部相关部门提供了最为重要的会计信息，有利于报表使用者进行管理和决策。

报表系统的主要任务是设计报表的格式和编制公式，从总账系统或其他业务系统中取得有关会计信息自动编制各种会计报表，对报表进行审核、汇总，生成各种分析图，并按预定格式输出各种会计报表。

1. 会计报表编制概述

(1)格式状态和数据状态

报表编制分为两大部分来处理，即报表定义及报表数据处理工作。这两部分工作是在不同状态下进行的。

①格式状态。在报表格式状态下进行有关格式和公式设计的操作，可进行报表格式的定义，如表尺寸、行高列宽、单元属性、单元风格、组合单元、关键字，也可进行报表公式的设计，如单元公式(计算公式)、审核公式及舍位平衡公式等。

②数据状态。在报表的数据状态下管理报表的数据，如输入数据、增加或删除表页、审核、舍位平衡、制作图形、汇总、合并报表等。在数据状态下不能修改报表的格式，用户看到的是报表的**全部内容**，包括格式和数据。

报表工作区的左下角有一个“格式/数据”按钮。单击这个按钮可以在“格式状态”和“数据状态”之间切换。

(2)单元

单元是组成报表的**最小单位**。单元名称有所在行、列标识。例如，C8 表示第 3 列第 8 行交汇的那个单元。UFO 的单元类型有数值单元、字符单元、表样单元 3 种。

①数值单元。用于存放报表的数值型数据。数值单元的内容可以直接输入或由单元中存放的单元公式运算生成。建立一个新表时，所有单元的缺省类型为**数值型**。

②字符单元。用于存放报表的字符型数据。字符单元的内容可以直接输入，也可由单元公式生成。

③表样单元。表样单元是报表的格式，是定义一个没有数据的空表所需的所有文字、符号或数字。一旦单元被定义为表样，那么在其中输入的内容对所有表页都有效。表样单元只能在格式状态下输入和修改。

(3)表页

一个报表中的所有表页具有相同的格式，但其中的数据不同。

(4)关键字

关键字是可以引起报表数据发生变化的项目。共有**六种关键字**，它们是“单位名称”、“单位编号”、“年”、“季”、“月”、“日”，除此之外，还可自定义关键字，当定义名称为“周”和“旬”时有特殊意义，可在业务函数中代表取数日期。

关键字的显示位置在格式状态下设置，关键字的值则在数据状态下录入，每张报表可以定义**多个**关键字。

(5)函数

企业常用的财务报表数据一般来源于总账系统或报表系统本身，取自报表的数据又可以分为从本表取数和从其他报表的表页取数。报表系统中，取数是通过函数实现的。

①自账簿取数的公式可以称为账务函数。账务函数的基本格式为：

函数名(“科目编码”，会计期间，[“方向”]，[账套号]，[会计年度]，[编码 1]，[编码 2])

a. 科目编码也可以是科目名称，且**必须用双引号括起来**。

【名师点拨】

表中由表行和表列确定的方格称为单元，专门用于填制各种数据。单元是组成报表的最小单位，每个单元都可用一个名字来标识，称为单元名。单元名用所在行和列的坐标表示，行号用数字 1～9 999 表示，列标用字母 A～IU 表示。

【名师点拨】

关键字是游离于单元之外的特殊数据单元，可以唯一标识一个表页，用于在大量表页中快速选择表页。

b. 会计期间可以是“年”、“季”、“月”等变量，也可以是具体表示年、季、月的数字。

c. 方向即“借”或“贷”，可以省略。

d. 账套号为数字。

e. 会计年度即数据取数的年度，可以省略。

f. 编码 1 与编码 2 与科目编码的核算账类有关，可以取科目的辅助账，如职员编码、项目编码等，如无辅助核算则省略。

账务取数函数主要有：

总账函数	金额式	数量式	外币式
期初额函数：	QC( )	sQC( )	wQC( )
期末额函数：	QM( )	sQM( )	wQM( )
发生额函数：	FS( )	sFS( )	wFS( )
累计发生额函数：	LFS( )	sLFS( )	wLFS( )
条件发生额函数：	TFS( )	sTFS( )	wTFS( )
对方科目发生额函数：	DFS( )	sDFS( )	wDFS( )
净额函数：	JE( )	sJE( )	wJE( )
汇率函数：	HL( )		

②自本表页取数的函数。

主要有以下几个：

数据合计：PTOTAL( )　　平均值：PAVG( )

最大值：PMAX( )　　最小值：PMIN( )

③自本表其他表页取数的函数。对于取自本表其他表页的数据可以利用某个关键字，作为表页定位的依据或者直接以页标号作为定位依据，指定取某张表页的数据。可以使用 SELECT()函数从本表其他表页取数。

④自其他报表取数的函数。对于取自其他报表的数据可以用“报表[.REP]”－>单元的格式指定要取数的某张报表的单元。

2. 启动财务报表

精典例题

[例 4-21 · 实务操作]

启动财务报表，并新建一张空白表。

【操作步骤】

①执行“财务报表”命令，单击“确定”按钮，再单击“关闭”按钮，进入财务报表系统。

②执行“文件→新建”命令，单击“确定”按钮，建立一张空白报表，报表名默认为“report1”。

【名师点拨】

为了方便而又准确地设置单元公式，系统提供了手工设置和引导设置两种方式。在引导设置状态下，根据对各目标单元填列数据的要求，通过逐项设置函数及运算符，即可自动生成所需的单元公式。

【考生反馈】

单元公式在输入时，凡是涉及数学符号的，均须输入英文半角字符。如果对 UFO 函数不太了解，也可以利用函数向导引导输入，利用引导输入简单直观。

3. 新建财务报表

精典例题

[例 4-22·实务操作]

调用报表模板,行业"一般企业(2007 年新会计准则)",报表类型"资产负债表",将报表以表名"资产负债表—2007 新准则. rep",保存在指定文件夹下。

【操作步骤】

①执行"格式→报表模板"命令,打开"报表模板"对话框。

②选择您所在的行业"一般企业(2007 新会计准则)",财务报表"资产负债表"。

③单击"确认"按钮,弹出"模板格式将覆盖本表格式！是否继续?"提示框。

④单击"确定"按钮,即可打开"资产负债表"模板。

⑤单击"保存"按钮,在指定的文件夹输入报表文件名"资产负债表—2007 新准则. rep",再单击"保存"按钮。

4. 定义报表格式

报表格式设置的具体内容一般包括:设置报表尺寸;定义报表行高列宽;画表格线;定义组合单元;输入表头、表体、表尾内容;定义显示风格;定义单元属性;设置关键字等。

报表定义需要在"格式"状态下进行。

(1)设置报表尺寸

设置报表尺寸是指设置报表的**行数**和**列数**。

(2)定义组合单元

有些内容如标题、编制单位、日期及货币单位等信息可能一个单元容纳不下,为了实现这些内容的输入和显示,需要定义组合单元。

(3)画表格线

报表的尺寸设置完成后,在数据状态下,该报表是没有任何表格线的,为了满足查询和打印的需要,还需要画上表格线。

(4)输入报表项目

报表的表间项目是指报表的文字内容,主要包括表头内容、表体项目和表尾项目等。

(5)定义报表行高和列宽

如果报表中某些单元的行或列要求比较特殊,则需要调整该行的高度或列的宽度。

提示:行高、列宽的单位为**毫米**。

【名师点拨】

新表创建完成后,应进行报表的格式设计,报表格式设计是制作报表的基本步骤,它决定了整张报表的外观和结构。

【名师点拨】

在定义组合单元时,所有针对单元的操作对组合单元均有效。基本操作步骤为:①选择需合并的区域,例如"A1:D1"。②选择"格式"→"组合单元"命令,打开"组合单元"对话框。③单击"整体组合"或"按行组合"按钮,该单元即合并成一个整体。

(6)设置单元风格

单元风格主要指的是单元内容的字体、字号、字形、对齐方式、颜色图案等。设置单元风格会使报表更符合阅读习惯,更加美观清晰。

(7)设置关键字

关键字主要有六种:单位名称、单位编号、年、季、月、日,另外还可以自定义关键字。用户可以根据自己的需要设置相应的关键字。

【名师点拨】

一个关键字在该表中只能定义一次,即同表中不能有重复的关键字。关键字在格式状态下设置,关键字的值则在数据状态下录入。

(8)调整关键字位置

如果关键字的位置不合适,可通过调整偏移量的方式来调整关键字的位置。

关键字的位置可以用偏移量来表示,负数表示向左移,正数表示向右移。在调整时,可以通过输入正或负的数值进行调整。关键字偏移量单位为**像素**。

精典例题

[例 4-23·实务操作]

定义如下报表格式:

固定资产状况表

××××年××月××日　　　　单位:元

项　　目	期初数	期末数
固定资产		
累计折旧		
净值		

说明:年、月、日设置为关键字。

【操作步骤】

①在"格式"状态下,执行"格式→表尺寸"命令,设置报表为 6 行 3 列。

②执行"格式→组合单元"命令,单击"按行组合",将报表第一行单元格合并。

③执行"格式→区域画线"命令,将 A3:C6 区域画线。

④执行"格式→行高、列宽"命令,将第一行行高设置为 7 毫米,A～C列列宽为 30 毫米。

⑤输入报表项目。

⑥执行"格式→单元属性"命令,将标题行文字居中并设置为黑体 14 号字。

⑦执行"数据→关键字→设置"命令,在 B2 单元格分别设置年、月、日关键字。

⑧执行"数据→关键字→偏移"命令,设置年、月关键字的偏移量分别为－60,－30。

【考生反馈】

在定义报表行高、列宽时应注意,设置列宽应以能够放下本栏最宽数据为原则,否则在生成报表时会产生数据溢出的错误。

⑨单击“保存”按钮，将报表保存到指定文件夹下。

5. 定义报表公式

报表公式包括计算公式、审核公式和舍位平衡公式三种。

计算公式可以直接定义在报表单元中，这样的公式称为“**单元公式**”。定义计算公式就是指明报表中的数据来源。因此，定义报表的计算公式是自动生成报表数据的基础。

计算公式输入既可直接输入，也可引导输入。

精典例题

[**例 4-24 · 实务操作**]

定义如下报表公式：

固定资产期初数＝QC(“1601”，月)

固定资产期末数＝QM(“1601”，月)

累计折旧期初数＝QC(“1602”，月)

累计折旧期末数＝QM(“1602”，月)

净值期初数＝固定资产期初数－累计折旧期初数

净值期末数＝固定资产期末数－累计折旧期末数

【操作步骤】

①在“格式”状态下，选定被定义单元“B4”，即“固定资产”期初数。

②单击“fx”按钮，打开“定义公式”对话框。

③单击“函数向导”按钮，打开“函数向导”对话框。

④在函数分类列表框中选择“用友账务函数”，在右边的函数名列表中选中“期初(QC)”。如图 4-10 所示。

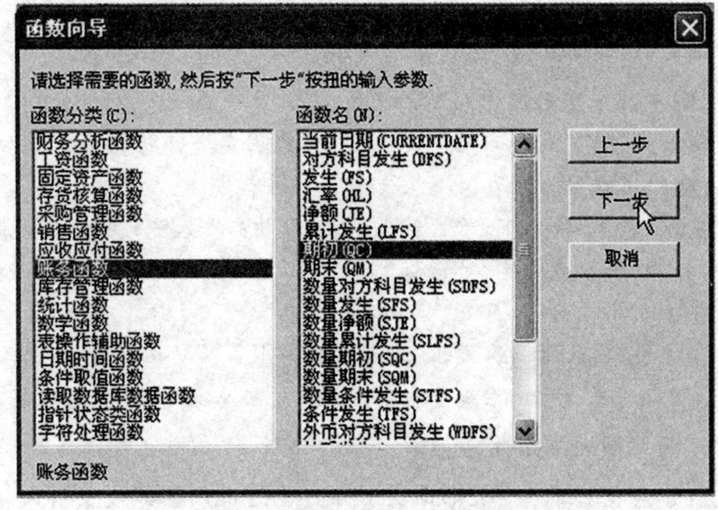

图 4-10 引导输入计算公式——选择函数

⑤单击“下一步”按钮，打开“用友账务函数”对话框。

【名师点拨】

在进行定义报表公式的相关操作时，应注意以下几点事项：①单元公式即计算公式，决定着报表中数据的来源。因此，单元公式必须设置，审核公式和舍位平衡公式不是必须设置的，用户可根据需要设置。②单元公式中涉及的符号均为英文半角字符。③单击“fx”按钮或双击某公式单元或按“＝”键，都可打开“定义公式”对话框。④如果用户对公式使用不熟练，可以采用引导输入。

【名师点拨】

例 4-24 未涉及审核公式和舍位平衡公式的相关操作，考生应自行了解并掌握相关操作步骤。

⑥单击“参照”按钮，打开“账务函数”对话框。

⑦修改科目编码“1601”，单击“确定”按钮，返回“用友账务函数”对话框。如图 4-11 所示。

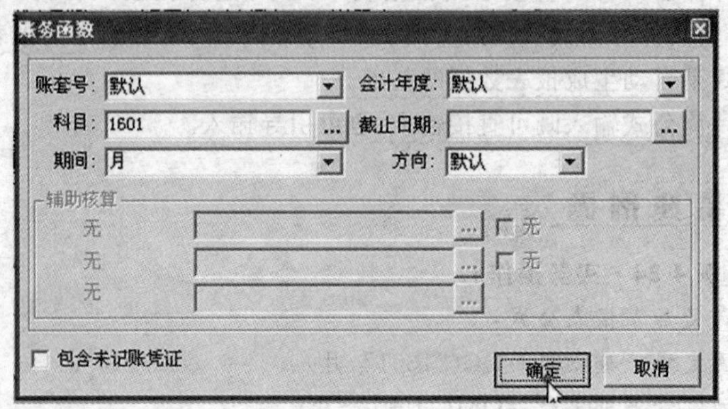

图 4-11 引导输入计算公式——确定科目

⑧单击“确定”按钮，返回“定义公式”对话框，单击“确认”按钮。

⑨根据资料，直接或引导输入其他单元公式。

6. 编制报表

报表数据处理包括生成报表数据、报表审核、报表舍位平衡、表页管理等内容。报表数据处理需要在**数据状态**下进行。

生成报表数据主要是通过报表系统的计算功能，利用前面设置的报表计算公式对报表数据进行自动的运算。

生成报表数据分成两步：一是输入关键字；二是表页重算。

精典例题

【名师点拨】

每一张表页均对应不同的关键字，输出时表页的关键字会随同单元一起显示。

[例 4-25 · 实务操作]

输入关键字“2011 年 1 月 31 日”，生成固定资产状况表数据。

【操作步骤】

①在“数据”状态下，单击第 1 张表页，执行“数据→关键字→录入”命令，打开“录入关键字”对话框。

②输入年“2011”，月“01”，日“31”。

③单击“确认”按钮，弹出“是否重算第 1 页?”对话框。

④单击“是”按钮，系统会自动根据单元公式计算 01 月份数据。

7. 调用报表模板生成报表

财务报表系统中一般都预置了分行业的常用会计报表格式，称为**报表模板**，企业可以以系统提供的报表模板为基础，实现财务报告的快速编制。

财务报表系统提供的报表模板包含了19个行业的70多张标准财务报表(包括“现金流量表”),还包含用户自定义模板。用户可以根据企业所在行业挑选相应的报表,套用其格式及计算公式。

精典例题

[例4-26·实务操作]

调用资产负债表模板,输入关键字“2011年1月31日”,生成资产负债表数据。

【操作步骤】

调用资产负债表模板:

①执行“格式→报表模板”命令,打开“报表模板”对话框。

②选择您所在的行业“一般企业(2007新会计准则)”,财务报表“资产负债表”。

③单击“确认”按钮,弹出“模板格式将覆盖本表格式!是否继续?”提示框。

④单击“确定”按钮,即可打开“资产负债表”模板。

生成资产负债表数据:

①单击左下角“格式”按钮,在数据状态下,执行“数据→关键字→录入”命令。

②输入关键字:年“2011”,月“01”,日“31”。单击“确认”按钮,弹出“是否重算第1页?”提示框。

③单击“是”按钮,系统会自动根据单元公式计算01月份数据。如图4-12所示。

report3

资产负债表

单位名称: 2011 年 1 月 31 日

资　　产	期末余额	年初余额	负债及所有者权益(或股东权益)	期末余额
流动资产:			流动负债:	
货币资金	2,919,840.00	2,805,000.00	短期借款	240,000.
交易性金融资产			交易性金融负债	
应收票据			应付票据	
应收账款		58,500.00	应付账款	
预付款项			预收款项	
应收利息			应付职工薪酬	
应收股利			应交税费	8,840.
其他应收款	4,000.00	7,000.00	应付利息	
存货	708,000.00	730,000.00	应付股利	
一年内到期的非流动资产			其他应付款	4,000.
其他流动资产			一年内到期的非流动负债	
流动资产合计	3,631,840.00	3,600,500.00	其他流动负债	

演示数据

数据 第1页

图4-12 生成资产负债表

【名师点拨】

在进行调用报表模板生成报表的相关操作时,应注意:①当前报表套用报表模板后,原有内容将丢失。②用户可以根据本单位的实际需要定制报表模板,并可将自定义的报表模板加入系统提供的模板库中,也可对其进行修改、删除操作。

三、应收/应付核算

应收/应付账款核算模块主要实现对往来款项进行核算与管理，其日常业务的基本处理流程是：输入赊购、赊销业务的有关单据，记录收付的往来款项，核销往来款项，进行账龄分析，生成与往来账款核算和管理有关的账表。

【名师点拨】

应收/应付账款核算模块并不是完全独立于其他核算模块之外的，它往往与其他模块相互结合进行综合会计核算。如对固定资产进行核算时，购入或售出固定资产会涉及相关应收应付账款的核算。考生在复习时，一定要做到联系、综合、举一反三。

(一)初始设置操作 ★★★★★

1. 设置往来单位档案

应收/应付款核算模块主要用于核算客户/供应商往来款项，因此，首先必须把往来单位基本信息输入系统，主要是客户/供应商代码和名称，此外，银行账号、联系电话、地址等资料也可以根据需要输入。往来单位档案已经在基础档案中设置完毕。

2. 设置付款条件

为处理有现金折扣条件的采购与销售业务，需要进行付款条件的定义。付款条件一般用“2/10，1/20，n/30”的形式表示，其含义是：10天内付款给予2%的折扣、20天内付款给予1%的折扣、30天内付款不给折扣。付款条件定义的内容有折扣有效期限、对应的折扣率、应收账款的到期天数。

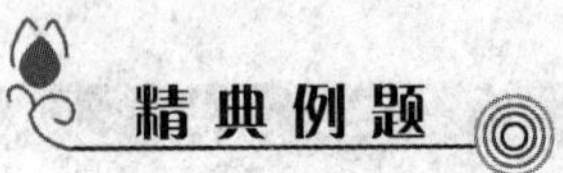

[例4-27·实务操作]

设置付款条件。

编码：02

付款条件：4/5，2/15，n/30

【操作步骤】

①执行“基础设置→收付结算→付款条件”命令，打开“付款条件”对话框。

②单击“增加”按钮，输入付款条件编码“01”，信用天数“30”，按资料输入优惠天数及优惠率。如图4-13所示。

③单击“保存”按钮。

付款条件

付款条件编码	02	信用天数	30
付款条件表示			
优惠天数1	5	优惠率1	4
优惠天数2	15	优惠率2	2
优惠天数3	30	优惠率3	
优惠天数3		优惠率4	

保存　退出

图 4-13　设置付款条件

3. 输入应收/应付期初数据

使用应收账款核算模块前，要将启用时未结算完的所有往来单位的应收/应付/预收/预付款等数据录入计算机，以便于以后使用中进行核销处理。

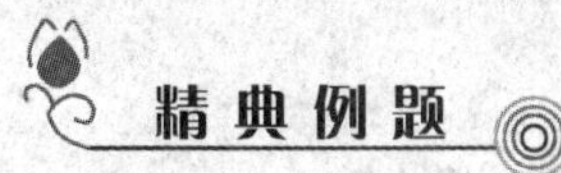

精典例题

[例 4-28 · 实务操作]

输入期初采购专用发票。

2010 年 12 月 15 日，采购部收到浩天公司开具的专用发票一张，发票号为 1111，商品为甲材料，数量 500 千克，单价 80 元，增值税税率 17%，货物在途，发票到期日为 2011 年 1 月 31 日。

【操作步骤】

①执行"采购→采购发票"命令，打开"销售发票"对话框。

②单击"增加"按钮右侧的下箭头，选择"专用发票"，按资料输入发票信息。

③单击"保存"按钮。

(二)日常使用操作　★★★★

应付系统的日常业务主要包括输入采购发票、输入付款单、采购核销和应付账表查询；应收系统的日常业务主要包括输入销售发票、输入收款单、销售核销和应收账表查询。由于应收和应付系统日常业务非常相似，此处只介绍应收系统的日常业务处理。

【名师点拨】

在赊购业务中，采购发票是应付账款日常核算的原始单据，因此，需要将采购发票数据录入计算机。录入采购发票，应当选择"采购管理"主功能、"采购发票"子功能，出现"采购发票录入"界面后进行录入。

【名师点拨】

录入发票时，可以选择普通发票或增值税专用发票，填写销售业务数据后保存即完成销售发票录入。

1. 输入销售发票

销售开票是销售业务的**重要环节**，它是销售收入确认、销售成本计算、应交销售税金确认和应收账款确认的依据。销售发票是指给客户开具的增值税专用发票、普通发票及其所附清单等原始销售票据，一般包括产品或服务的说明、客户名称地址，以及货物的名称、单价、数量、总价、税额等资料。

应付系统需填制**采购发票**。

2. 输入收款单

应收系统的收款单用来记录企业所收到的客户款项，款项性质包括应收款、预收款、其他费用等。其中，应收款、预收款性质的收款单将与发票、应收单、付款单进行核销勾对。

应付系统需填制**付款单**。

【名师点拨】

支付供应商货款后，需要录入付款单，付款单是确认支付了货款的凭证。录入付款单，应当选择“应收应付”主功能、“付款单”子功能，出现“付款单录入”界面后进行录入。

精典例题

[例 4-29 · 实务操作]

输入收款单。

2011 年 1 月 11 日，销售部收到元祥公司的转账支票一张，票号为 ZP106，为支付购买 B 产品的款项，金额合计为 35 100 元。

【操作步骤】

①执行“销售→客户往来→收款结算”命令，进入“收款单”窗口。

②选择客户“元祥公司”。

③单击“增加”按钮。输入结算日期“2011-01-11”；结算方式“转账支票”；金额“35 100”。

④单击“保存”按钮。如图 4-14 所示。

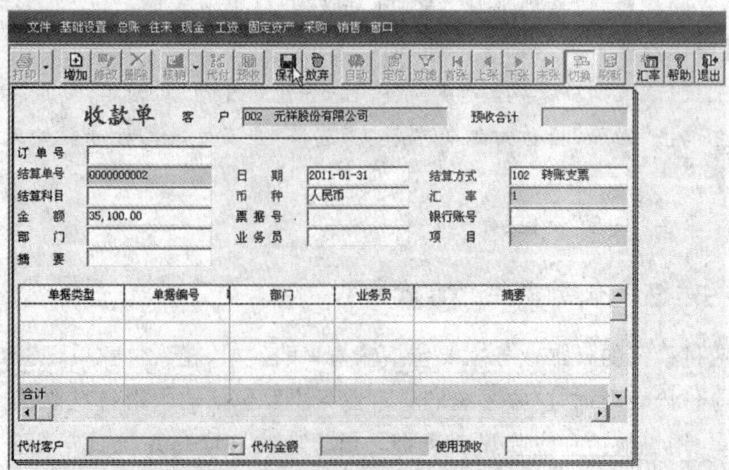

图 4-14 输入收款单

3. 往来核销

销售核销就是确定收款单与销售发票之间对应关系的操作，即指明每一次收款收的是哪几笔销售业务款项。核销时，一般可以一张发票对应一张收款单分次核销，也可以一张发票一次对应多张收款单核销、一张收款单一次对应多张发票核销，或多张发票对应多张收款单核销。核销分**自动核销**和**手工核销**两种方式。自动核销是用户指定核销条件后，系统根据核销条件（主要是往来单位、金额）自动选择匹配的单据进行核销。手工核销是指由用户确定收款单和应收单匹配关系进行核销。

采购核销就是确定付款单与采购发票之间对应关系的操作，即指明每一次付款付的是哪几笔采购业务款项。

【名师点拨】

核销界面分上、下两部分，上半部分列表显示可以核销的销售/采购业务，下半部分列表显示可以核销的收款/付款单。在此界面可由用户选择相应的记录后点击"核销"按钮进行手工核销，或者点击"自动"按钮，由软件按照往来单位、金额数量、业务编号等字段自动匹配核销，用户也可设定自动核销的条件。

[例 4-30 · 实务操作]

将客户为"元祥公司"、金额为 35 100 元的收款单与相同金额的销售发票进行核销。

【操作步骤】

①执行"销售→客户往来→收款结算"命令，进入"收款单"窗口。

②选择客户"元祥公司"。单击"上张"或"下张"按钮找到要核销的收款单。

③单击"核销"按钮。

④在表体中找到与收款单对应的发票，在本次结算栏中输入"35 100"。

⑤单击"保存"按钮。

4. 应收应付账表查询

应收系统查询的账表主要包括客户往来余额表、客户往来明细账、客户对账单、应收账龄分析表、应收账款预警表等。

应付系统查询的账表主要包括供应商往来余额表、供应商往来明细账、供应商对账单、应付账龄分析表、应付账款预警表等。

四、工资核算

工资是企业职工薪酬的重要组成部分，也是产品成本的计算内容，是企业进行各种费用计提的基础。工资核算的任务是以职工个人的工资原始数据为基础，计算应发工资、扣款和实发工资等，编制工资结算单；按部门和人员类别进行汇总，进行个人所得税计算；提供对工资相关数据的多种方式的查询和分析；进行工资费用分配与计提，并实现自动转账处理。

【名师点拨】

在对工资类别进行设置时应注意：①工资系统初始的时候，如果选择“单个”工资类别，则系统默认建立“001工资类别”，工资下的“工资类别”菜单不可打开，也不能新建工资类别，而是默认进入“001 工资类别”。如果系统初始的时候选择“多个”工资类别，工资下的“工资类别”菜单可以打开，并有“新建工资类别”、“打开工资类别”、“删除工资类别”的对话框可以进行选择。②单个工资类别可以修改为多个工资类别（工资→设置→选项→参数设置），多个工资类别不可以修改成单个。

（一）初始设置操作

1. 设置部门档案

部门资料是会计核算软件各核算模块都可能使用到的基础信息，并不仅限用于工资核算模块。建立部门档案就是输入企业各部门的部门编码和部门名称等信息，以便分部门进行工资汇总计算，产生工资发放表和部门工资汇总表。部门档案的设置在基础设置中完成。

2. 设置工资类别

在工资管理中，如果单位存在按周或每月多次发放工资，或者存在多种不同类别的人员，每一类人员的工资发放项目不同，计算公式也不同，但又需要进行统一工资核算管理的情况，则可以通过建立不同的工资类别，实现多个类别的核算。例如，某企业“正式职工”和“临时职工”工资组成项目不同，需要进行不同的工资核算，则可以设置“正式职工”和“临时职工”两个工资类别。

设置工资类别、人员类别、部门档案、工资项目等内容时，需关闭工资类别。

设置工资项目计算公式、设置人员档案、输入工资数据、定义工资转账关系、工资计算、设置所得税基数、工资费用分配等操作，需要在打开某一工资类别下进行。

精典例题

［例 4-31·实务操作］

设置工资类别。

类别名称：临时人员，部门只包括生产部。

【操作步骤】

①执行“工资→工资类别→新建工资类别”命令，打开“新建工资类别”对话框。

②在文本框中输入工资类别“临时人员”，单击“下一步”按钮。

③单击“选择生产部门”按钮。

④单击“完成”按钮，弹出系统提示“是否以 2011-01-31 为当前工资类别的启用日期?”，单击“是”按钮返回。

⑤执行“工资→工资类别→关闭工资类别”命令，关闭“临时人员”工资类别。

3. 设置工资项目

工资项目设置即定义工资项目的名称、类型、宽度、小数和增减项等。系统中有一些固定项目是工资账中**必不可少**的，包括“应发合计”、“扣款合计”、“实发合计”等，这些项目不能删除和重命名；其他项目可根据实际情况定义或参照增加，如基本工资、奖励工资、请假天数等。在此设置的工资项目是针对所有工资类别的全部工资项目。

[例 4-32 · 实务操作]

设置工资项目。

项目名称	类型	长度	小数位数	增减项
事假扣款	数字	8	2	减项
事假天数	数字	8	2	其他

【操作步骤】

①执行"工资管理→设置→工资项目设置"命令，打开"工资项目设置"对话框。

②单击"增加"按钮，工资项目列表中增加一空行。

③单击"名称参照"下拉列表框，从下拉列表中选择"事假扣款"工资项目或直接输入"事假扣款"。

④双击"类型"栏，单击下拉列表框，从下拉列表中选择"数字"选项。

⑤"长度"采用系统默认值"8"。双击"小数"栏，单击增减器的上三角按钮，将小数设为"2"。

⑥双击"增减项"栏，单击下拉列表框，从下拉列表中选择"减项"选项。

⑦同理，单击"增加"按钮，增加"事假天数"项目。

⑧输入完毕，单击"确认"按钮。

4. 设置工资项目的计算公式

设置计算公式就是定义某些工资项目的计算公式及工资项目之间的运算关系。例如，缺勤扣款＝基本工资/月工作日×缺勤天数。运用公式可直观表达工资项目的实际运算过程，灵活地进行工资计算处理。

定义公式可通过选择工资项目、运算符、关系符、函数等组合完成。

系统固定的工资项目，如"应发合计"、"扣款合计"、"实发合计"等的计算公式，系统根据工资项目设置的"增减项"自动给出，用户在此只能增加、修改、删除其他工资项目的计算公式。

定义工资项目计算公式要**符合逻辑**。系统将对公式进行合法性检查，对不符合逻辑的公式，系统将给出错误提示。定义公式时要注意先后顺序，先得到的数据应先设置公式。

【名师点拨】

在进行工资项目设置时，应注意：①应发合计、扣款合计、实发合计(如果需要代扣税，还有"代扣税"项目)等工资项目，是系统默认项目，不能删除、修改。其公式也不能修改。②在多类别设置下，只有关闭所有工资类别时，才能增加工资项目。然后把已经增加的工资项目分别添加到不同的工资类别中。③工资项目必须唯一，一经使用，项目类型不允许修改。

精典例题

[例 4-33・实务操作]

打开"正式人员"工资类别，选择"事假扣款"、"事假天数"工资项目，并设置"事假扣款"工资项目的计算公式：事假扣款＝事假天数＊50。

【操作步骤】

①执行"工资类别→打开工资类别"命令，打开"正式人员"工资类别。

②执行"工资管理→设置→工资项目设置"命令，打开"工资项目设置"对话框。

③单击"工资项目设置"选项卡，单击"增加"按钮，在工资项目列表中增加一空行。

④单击"名称参照"下拉列表框，从下拉列表中选择"事假扣款"工资项目，同理选择"事假天数"工资项目，单击"移动"按钮，将选择的工资项目调整到适当位置。

⑤单击"公式设置"选项卡，单击"增加"按钮，在工资项目列表中增加一空行。

⑥单击下拉列表框选择"事假扣款"选项。

⑦在"公式定义"文本框中直接输入公式"事假天数＊50"。

⑧单击"公式确认"按钮。

【名师点拨】

在设置工资项目的计算公式时，应注意：①如果没有录入"人员档案"时，工资项目设置中的"公式设置"是灰色的。②如果是多工资类别，在关闭所有工资类别的情况下，工资项目设置中的"公式设置"也是灰色的。③公式设置完成后，一定要点击"公式确认"按钮。

5. 设置人员档案

人员档案的设置用于登记职工姓名、职工编号、所在部门、人员类别等信息。此外，员工的增减变动也必须在本功能中处理。人员档案的操作是针对某个工资类别的，即应先打开相应的工资类别。

精典例题

[例 4-34・实务操作]

在"正式人员"工资类别下，建立人员档案。

人员编码：102

人员姓名：辛宏

部门名称：管理部

人员类别：管理人员

银行名称：工商上地分理处

银行账号：1111111119

【操作步骤】

①执行"工资→设置→人员档案"命令，进入"人员档案"窗口。

②单击“增加”按钮，打开“人员档案”对话框。

③在“基本信息”选项卡中，输入或选择如下人员档案数据。如图 4-15所示。

【名师点拨】

在设置人员档案的同时，还可以进行“人员附加信息设置”。如对人员的性别进行设置时，可选择“工资→设置→人员附加信息设置”，点击“增加”，双击“性别”即可。

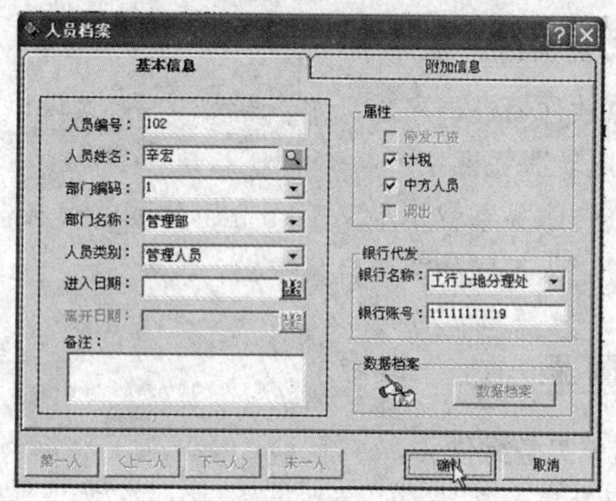

图 4-15 设置人员档案

④单击“确认”按钮。

6. 输入工资原始数据

在工资系统日常业务处理开始前，将所有人员的每月相对不发生变化的工资项目数据或变化较小工资项目数据录入计算机，作为工资计算的基础数据。

[例 4-35 · 实务操作]

输入员工“辛宏”的工资数据。

基本工资：4 500，岗位工资：4 500。

【操作步骤】

①执行“工资→业务处理→工资变动”命令，进入“工资变动”窗口。

②根据资料输入基本原始数据。如图 4-16 所示。

【名师点拨】

“工资变动”是工资模块的灵魂，与工资有关的所有数据都是在“工资变动”中体现的。

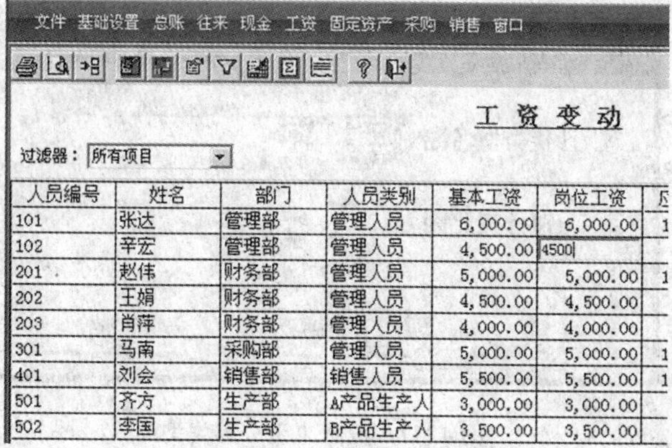

人员编号	姓名	部门	人员类别	基本工资	岗位工资
101	张达	管理部	管理人员	6,000.00	6,000.00
102	辛宏	管理部	管理人员	4,500.00	4500
201	赵伟	财务部	管理人员	5,000.00	5,000.00
202	王娟	财务部	管理人员	4,500.00	4,500.00
203	肖萍	财务部	管理人员	4,000.00	4,000.00
301	马南	采购部	管理人员	5,000.00	5,000.00
401	刘会	销售部	销售人员	5,500.00	5,500.00
501	齐方	生产部	A产品生产人	3,000.00	3,000.00
502	李国	生产部	B产品生产人	3,500.00	3,500.00

图 4-16 输入工资原始数据

③单击“退出”按钮。弹出信息提示框“是否进行工资计算和汇总?”。

④单击“是”按钮。

7. 定义工资转账关系

会计核算软件通过事先定义工资转账关系,就可以每月自动分配工资费用,生成转账凭证。

定义工资转账关系就是定义工资费用分配的模板,即确定不同类别人员的工资记入不同的费用科目中去。

精典例题

[例 4-36 · 实务操作]

定义工资转账关系。

计提类型名称:应付工资 2

计提比例:100%

部门名称	人员类别	项目	借方科目	贷方科目
综合部	管理人员	应发合计	660201	2211

【名师点拨】

工资分摊设置一次即可,不用每一个月进行设置,并可以进行修改或删除。

【操作步骤】

①执行“工资→业务处理→工资分摊”命令,打开“工资分摊”对话框。

②单击“工资分摊设置”按钮,打开“分摊类型设置”对话框。

③单击“增加”按钮,打开“分摊计提比例设置”对话框。

④输入计提类型名称“应付工资 2”,分摊计提比例“100%”。如图 4-17所示。

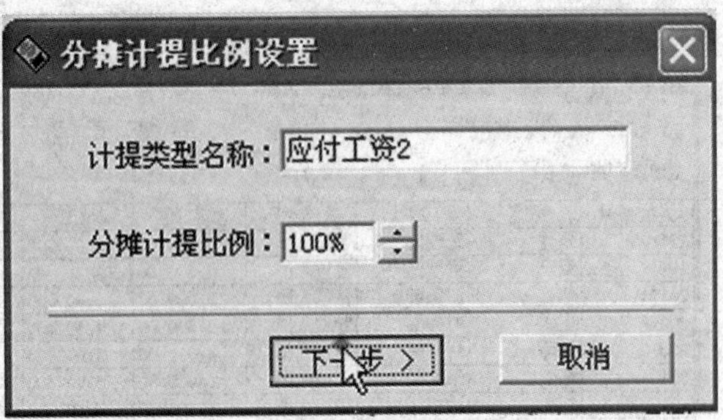

图 4-17 设置工资分摊类型

⑤单击“下一步”按钮，打开“分摊构成设置”对话框。

⑥根据资料，输入“部门名称”、“人员类别”、“项目”、“借贷方科目”等数据。

⑦输完后单击“完成”按钮。

(二)日常使用操作

1. 输入变动工资数据并进行工资计算

变动工资数据是指考勤数据、产量工时、水电费、房租、病事假扣款等每月发生变化的工资数据。

工资计算是根据用户输入的职工工资数据和定义的计算公式，使用工资计算功能，会计核算软件能自动完成工资计算，包括应发工资、扣款合计、实发工资等数据。

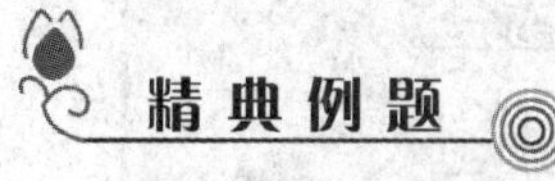

[例 4-37 · 实务操作]

员工辛宏请假 3 天，输入辛宏的考勤数据并进行工资计算与汇总。

【操作步骤】

①执行“工资→业务处理→工资变动”命令，进入“工资变动”窗口。

②输入考勤情况：辛宏请假 3 天。

③单击“重新计算”按钮，计算工资数据。

④单击“汇总”按钮，汇总工资数据。

⑤单击“退出”按钮，退出“工资变动”窗口。

2. 计算个人所得税

鉴于许多企事业单位计算职工工资薪金所得税时的工作量较大，本系统特提供个人所得税的自动计算功能。用户只需自定义所得税的税率，系统就能自动计算个人所得税。

(1)设置个人所得税税率表

系统内置的计算所得税的算法是以 3 500 元为**起征点**，按照国家规定的九级超额累进税率计算表进行计算。如果国家的税收政策发生变化，可以修改“**基数**”、“**附加费用**”和税率计算公式。

(2)计算与申报个人所得税

“个人所得税扣缴申报表”是个人纳税情况的记录，企业每月需要向税务机关上报。工资系统预置了该表中的栏目，并且提供了一些可选栏目供企业选择。系统默认以“实发工资”作为**扣税基数**，但企业可以自行选择其他工资项目作为扣税标准。

【名师点拨】

工资项目不是固定不变的，某些可变项目在不同时间段会有变化，如考勤、产量、工时、水电房租、病事假扣款、加班费、津补贴等，这时，就需要进行调整设置，可双击单元格，输入相关变动数据。

【考生反馈】

用友 T3 软件具有核算个人所得税的功能。点击“工资”，选择“业务处理”，再选择“扣缴所得税”，系统会自动生成“个人所得税扣缴申报表”。

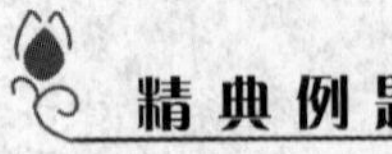

[例 4-38 · 实务操作]

设置个人所得税的计税基数为 3 000 元并重算个人所得税。

【操作步骤】

①执行“工资→业务处理→扣缴所得税”命令，进入“所得税申报”窗口。

②单击“确定”按钮，单击“税率”按钮，输入基数“3 000”。如图 4-18所示。

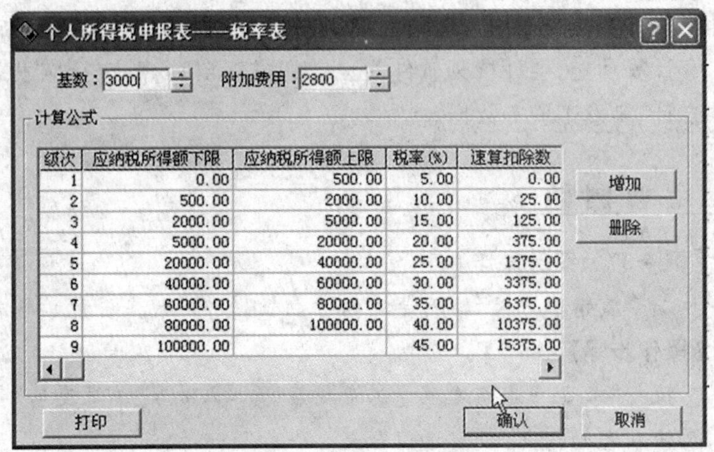

级次	应纳税所得额下限	应纳税所得额上限	税率(%)	速算扣除数
1	0.00	500.00	5.00	0.00
2	500.00	2000.00	10.00	25.00
3	2000.00	5000.00	15.00	125.00
4	5000.00	20000.00	20.00	375.00
5	20000.00	40000.00	25.00	1375.00
6	40000.00	60000.00	30.00	3375.00
7	60000.00	80000.00	35.00	6375.00
8	80000.00	100000.00	40.00	10375.00
9	100000.00		45.00	15375.00

图 4-18　设置个人所得税基数

③单击“确认”按钮，弹出“是否重算个人所得税”提示框。

④单击“是”按钮，单击“退出”按钮。

3. 工资费用分配

工资费用是生产成本中人工费**最主要**的部分。工资费用分配是指对工资费用进行工资总额的计提计算、分配及各种经费的计提，并编制转账会计凭证，传递到总账系统中。

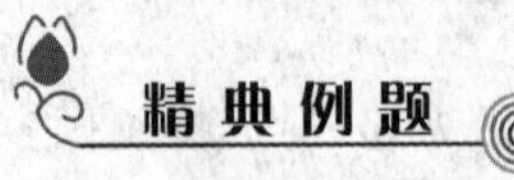

[例 4-39 · 实务操作]

工资费用分配，并生成记账凭证。

计提类型：应付工资 2；核算部门：管理部；明细到工资项目。

【操作步骤】

①在“工资分摊”对话框中，选择计提费用类型“应付工资 2”。

②单击选择“管理部”。

③单击选择“明细到工资项目”。

【考生反馈】

在操作中，一定要把“明细到工资项目”选项选中，否则制单界面带不出科目。

④单击“确定”按钮。

⑤在“应付工资一览表”中,单击选择“合并科目相同、辅助项相同的分录”。

⑥单击“制单”按钮,进入“填制凭证”窗口。

⑦选择凭证类型“转账凭证”。单击“保存”按钮。

4. 工资账表查询

工资数据处理结果最终通过工资报表的形式反映,工资系统提供了各种工资报表。

(1)工资表

工资表包括工资发放签名表、工资发放条、工资卡、部门工资汇总表、人员类别工资汇总表、条件汇总表、条件统计表、条件明细表、工资变动明细表、工资变动汇总表等由系统提供的原始表,主要用于本月工资发放和统计,工资表可以进行修改和重建。

(2)工资分析表

工资分析表是以工资数据为基础,对不同部门、人员类别的工资数据进行**分析**和**比较**,产生各种分析表供决策人员使用。

【名师点拨】

选择“工资→统计分析→账表→工资表(工资分析表)”,可以查看所需要的工资报表。选择“人员类别汇总表”,点击“查看”,可以显示“人员类别汇总表”。

五、固定资产核算

固定资产是企业正常生产经营的必要条件,正确管理和核算企业的固定资产,对于保护企业资产完整、保证企业再生产资金来源具有重要意义。固定资产核算模块可以帮助企业进行固定资产日常业务的核算和管理,生成固定资产卡片,按月反映固定资产的增加、减少、原值变化及其他变动并输出相应的增减变动明细账,按月自动计提折旧,生成折旧分配凭证,同时输出相关的报表和账簿。

(一)初始设置操作 ★★★★

1. 设置固定资产类别

固定资产的种类繁多,规格不一。要强化固定资产管理、及时准确做好固定资产核算,必须科学地建立固定资产的分类,为固定资产核算和统计管理提供依据。企业可根据自身的特点和管理要求,确定一个较为合理的资产分类方法。

精典例题

[例 4-40 · 实务操作]

设置固定资产类别。

编码:04;名称:房屋类;净残值率:5%;折旧方法:平均年限法(二)。

【操作步骤】

①执行“固定资产→设置→资产类别”命令，进入“类别编码表”窗口。

②单击“单张视图”选项卡，单击“增加”按钮。

③输入类别名称“房屋类”，净残值率“5%”；选择计提属性“正常计提”，折旧方法“平均年限法(二)”，卡片样式“通用样式”。

④单击“保存”按钮。

2. 设置部门档案

建立部门档案就是输入企业各部门的部门编码和部门名称等信息，以便可以按部门进行折旧费用分配。部门档案的设置在基础设置中完成。

3. 输入固定资产原始卡片

固定资产卡片是固定资产核算和管理的**基础依据**。为保持历史资料的连续性，必须将建账日期以前的数据录入系统中。原始卡片的录入不限制必须在第一个期间结账前，任何时候都可以录入原始卡片。原始卡片上所记录的资产的开始使用日期一定小于固定资产系统的启用日期。

【考生反馈】

在输入固定资产原始卡片时，应注意：①手工录入内容有增加方式、使用状况、开始使用日期、原值、累计折旧、资产名称、部门名称。②根据原值和累计折旧，系统自动算出“净值”。③根据资产类别带出使用年限、残值率、折旧方法。④根据开始使用日期，自动带出“已计提月份”。⑤根据原值和折旧方法、残值率，系统自动计算净残值、月折旧率、月折旧额。⑥根据部门名称带出对应折旧科目。

精典例题

[例 4-41 · 实务操作]

输入固定资产原始卡片。

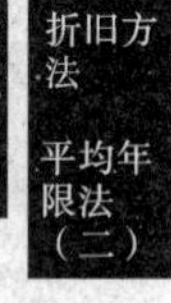

资产类别	资产名称	部门	增加方式	使用状况	开始使用日期	原值	累计折旧	使用年限	折旧方法
机械类	生产设备B	生产部	直接购入	在用	2011-01-01	1200000	600000	20年	平均年限法（二）

【操作步骤】

①执行“固定资产→卡片→录入原始卡片”命令，进入“资产类别参照”窗口。

②选择固定资产类别“03 机械类”。

③单击“确认”按钮，进入“固定资产卡片录入”窗口。

④输入固定资产名称“机械类”；双击部门名称选择“生产部”，双击增加方式选择“直接购入”，双击使用状况选择“在用”；输入开始使用日期“2011-01-01”；输入原值“1 200 000”，累计折旧“600 000”；输入使用

年限“20 年”。如图 4-19 所示。

固定资产卡片 [录入原始卡片:00006号卡片]

打开 退出 打印 预览 刷新 保存 取消 增加 操作 删除 编辑 查看

固定资产卡片 | 附属设备 | 大修理记录 | 资产转移记录 | 停启用记录 | 原值变动 | 标签 2011-01-31

固定资产卡片

卡片编号	00006			日期	2011-01-31
固定资产编号	503002	固定资产名称			生产设备B
类别编号	03	类别名称			机械类
规格型号		部门名称			生产部
增加方式	直接购入	存放地点			
使用状况	在用	使用年限	20年0月	折旧方法	平均年限法(二)
开始使用日期	2000-12-01	已计提月份	120	币种	人民币
原值	1200000.00	净残值率	0%	净残值	0.00
累计折旧	600000.00	月折旧率	0.0042	月折旧额	5000.00
净值	600000.00	对应折旧科目	5101,制造费用	项目	
可抵扣税额	0.00				
录入人	赵伟			录入日期	2011-01-31

图 4-19　输入固定资产原始卡片

⑤单击“保存”按钮,弹出“数据成功保存”信息提示框。

⑥单击“确定”按钮。

(二)日常使用操作　★★★

1. 资产增减

资产增加是指以购进或通过其他方式增加企业资产。资产增加需要输入一张新的固定资产卡片,与固定资产期初输入相对应。

资产减少是指资产在使用过程中,由于各种原因(如毁损、出售、盘亏等)退出企业,此时要做资产减少处理,资产减少需输入资产减少卡片并说明减少原因。

[例 4-42·实务操作]

企业购入打印机一台。

资产类别	资产名称	部门	增加方式	使用状况	开始使用日期	原值	使用年限	折旧方法
电子类	打印机	生产部	直接购入	在用	2011-01-01	5000	5年	平均年限法(二)

【操作步骤】

①执行“固定资产→卡片→资产增加”命令,进入“资产类别参照”窗口。

【名师点拨】

对资产增减进行操作时,应注意:①新增卡片的开始使用日期必须是当前会计期。②新增卡片的月折旧率和月折旧额都显示为 0,因为新增固定资产当月不计提折旧。③只有当月已经计提过折旧后的资产才能减少。④资产减少与变动单中的“原值减少”不同,资产减少后不再参与原值、累计折旧的统计。⑤资产减少后,在卡片管理中放在“已减少资产”中统计。

②选择资产类别："02 电子类"。

③单击"确认"按钮，进入"固定资产卡片新增"窗口。

④输入固定资产名称"打印机"；双击使用部门选择"生产部"，双击增加方式选择"直接购入"，双击使用状况选择"在用"；输入开始使用日期"2011-01-01"；输入原值"5 000"，可使用年限"5 年"。

⑤单击"保存"按钮。

2. 计提折旧

【考生反馈】

"计提折旧"是固定资产核算的重要内容，计提固定资产折旧并生成记账凭证是固定资产账务处理模块的重要操作部分。关于这一小节，无论是理论知识部分还是实务操作部分，考生均应当熟练掌握。

自动计提折旧是固定资产系统的主要功能之一。用户可以根据录入系统的资料，利用系统提供的"折旧计提"功能对各项资产每期计提一次折旧，并自动生成折旧分配表，然后制作记账凭证，将本期的折旧费用自动登账。

当开始计提折旧时，系统将自动计提所有资产当期折旧额，并将当期的折旧额自动累加到累计折旧项目中。计提工作完成后，需要进行折旧分配，形成折旧费用。系统除了自动生成折旧清单外，同时还生成折旧分配表，从而完成本期折旧费用登账工作。

系统提供的折旧清单显示了所有应计提折旧资产所计提的折旧数据额。

折旧分配表是制作记账凭证，把计提折旧额分配到有关成本和费用的依据。折旧分配表有两种类型：类别折旧分配表和部门折旧分配表。生成折旧分配表由"折旧汇总分配周期"决定，因此，制作记账凭证要在生成折旧分配表后进行。

计提折旧遵循以下原则：

(1)在一个期间内可以多次计提折旧，每次计提折旧后，只将计提的折旧累加到月初的累计折旧上，不会重复累计。

(2)若上次计提折旧已制单并传递到总账系统，则必须删除该凭证才能重新计提折旧。

(3)计提折旧后又对账套进行了影响折旧计算功能分配的操作，必须重新计提折旧，否则系统不允许结账。

(4)若自定义的折旧方法月折旧率或月折旧额出现负数，系统自动中止计提。

(5)资产的使用部门与资产折旧要汇总的部门可能不同。

精典例题

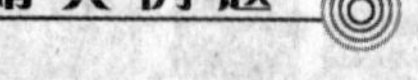

[例 4-43 · 实务操作]

计提本月固定资产折旧，生成记账凭证。

【操作步骤】

①执行"固定资产→处理→计提本月折旧"命令，弹出"本操作将计提本月折旧，并花费一定时间，是否要继续?"提示框。

②单击“是”按钮，弹出“是否要查看折旧清单？”提示框。

③单击“是”按钮，进入“折旧清单”窗口。

④单击“退出”按钮，进入“折旧分配表”窗口。

⑤单击“凭证”按钮，进入“凭证填制”窗口。

⑥选择凭证类型“转账凭证”。

⑦单击“保存”按钮。

3. 资产变动

资产的变动包括原值变动、部门转移、使用状况变动、使用年限调整、折旧方法调整、净残值(率)调整、工作总量调整、累计折旧调整、资产类别调整和变动单管理等。

资产变动要求输入相应的“**变动单**”来记录资产调整结果。

【名师点拨】

在资产使用过程中，会发生资产变动，如折旧方法调整、原值增加或者减少、使用年限调整、部门转移等。这些业务都可以通过“资产变动”来实现。

精典例题

［**例 4-44 · 实务操作**］

2011 年 1 月 31 日，管理部的轿车 A 转入财务部使用，变动原因：调拨。

【操作步骤】

①执行“固定资产→卡片→变动单→部门转移”命令，进入“固定资产变动单”窗口。

②选择卡片编号“00001”；双击变动后部门选择“财务部”；输入变动原因“调拨”。

③单击“保存”按钮。

4. 固定资产账表查询

用户可以通过系统提供的账表管理功能，及时掌握资产的统计、汇总和其他各方面的信息。账表包括账簿、折旧表、统计表和分析表**四类**。

(1)账簿

系统自动生成的账簿包括(单个)固定资产明细账、(部门、类别)明细账、固定资产登记簿和固定资产总账。这些账簿以不同方式**序时地**反映了资产变化情况。

(2)折旧表

系统提供了**四种**折旧表，即(部门)折旧计提汇总表、固定资产表、累计折旧表和固定资产折旧计算明细表。通过该类表可以了解并掌握本企业所有资产本期、本年乃至某部门计提折旧及其明细情况。

(3)统计表

统计表是由于管理资产的需要，按管理目的统计的数据。系统提供了**七种**统计表，即固定资产原值一览表、固定资产统计表、评估汇总

【名师点拨】

对于常用的固定资产账表，可以增加到“我的工作台”，放在固定资产模块界面下方的显示区内，查询时，直接点击即可。

表、评估变动表、盘盈盘亏报告表、逾龄资产统计表和役龄资产统计表。

(4)分析表

分析表主要通过对固定资产的综合分析,为管理者提供管理和决策依据。系统提供了**四种**分析表,即价值结构分析表、固定资产使用状况分析表、部门构成分析表和类别构成分析表。

精典例题

[例 4-45 · 实务操作]

查询固定资产使用状况分析表。

【操作步骤】

①执行"固定资产→报表→账表管理"命令,进入"固定资产报表"窗口。

②单击"分析表",选择"固定资产使用状况分析表"。

③单击"打开"按钮,打开"条件"对话框。

④选择期间"2011.01",单击"确定"按钮。

六、Windows XP 的基本操作

【名师点拨】

Windows XP 是一种计算机操作系统。作为一种基于图形界面的多任务操作系统,其操作十分便捷,通过鼠标对图标、菜单、按钮等对象进行操作即可完成,是目前会计软件普遍采用的操作平台。

(一)Windows XP 的启动与桌面 ★★★

当计算机安装 Windows XP 以后,只要接通计算机电源,打开显示器,按下主机上的电源开关,显示器屏幕上将显示提示信息,表示系统开始自检。稍后将出现引导界面,然后将出现 Windows XP 欢迎界面,稍等片刻即可进入 Windows XP 操作系统。

精典例题

[例 4-46 · 单选] 在正常情况下用户只要(　　),Windows 就会自动启动。

A. 打开显示器　　　　B. 打开计算机电源

C. 打开机箱　　　　D. 打开操作系统

[答案] B

【解析】 计算机安装 Windows XP 以后,只要接通计算机电源,打开显示器,按下主机上的电源开关,Windows 就会自动启用。

Windows XP 系统成功启动后,呈现在用户面前的整个屏幕称为 Windows XP 桌面。

桌面上的常见内容如下。

1."开始"菜单

"开始"菜单位于屏幕的左下角,单击"开始"按钮即可打开,并由此

开始 Windows XP 的操作与使用。

2. 任务栏

任务栏通常位于桌面底部。它是桌面的重要对象。任务栏主要由“开始”按钮、快速启动栏、任务按钮、通知栏等项目组成。

3. 图标

图标代表一个常用的程序、文档、文件夹或打印机等，通过它可以实现快捷操作。在第一次打开 Windows XP 时，Windows XP 默认的桌面上只有“回收站”一个图标。

用户桌面上的图标往往会因为 Windows 的安装方式或计算机不同而不同。常见图标有：①我的电脑；②网上邻居；③回收站；④我的文档。

【考生反馈】

关于图标，考生应注意以下几点：①Windows 不允许用户删除桌面上“我的电脑”图标；②当删除的文件确实没用时，可选择“清空回收站”，彻底删除这些文件；③如果创建 Word 文档后，在保存时不指定其他位置，则 Word 默认将该文档保存在“我的文档”中。

（二）Windows XP 的退出 ★★★

退出 Windows XP 的程序如下：

①单击 开始 按钮，在弹出的“开始”菜单中单击 关闭计算机(U) 按钮。

②在打开的“关闭计算机”对话框中单击 按钮，即可退出 Windows XP。

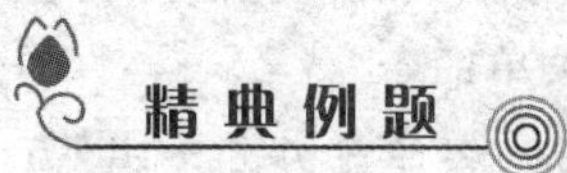

[例 4-47 · 单选] “关闭计算机”对话框中的“待机”状态是指(　　)。

A. 等待计算机启动　　B. 等待计算机关闭

C. 等待计算机释放系统资源　　D. 让计算机进入一种休息状态

[答案] D

【解析】“关闭计算机”对话框中的“待机”状态是指让计算机进入一种休息状态。

（三）Windows XP 的窗口

1. Windows XP 的窗口的基本框架

Windows XP 支持多任务操作，用户可同时打开多个任务窗口。窗口操作是系统的最基本特征之一，是人机对话的重要手段，用户应掌握操作窗口的一些基本方法。

单击菜单或按钮，系统弹出的界面就是窗口。

Windows XP 的窗口的基本框架主要由以下几部分组成：①标题栏；②菜单栏；③工具栏；④地址栏；⑤任务窗口；⑥窗口内容；⑦状态栏。

2. Windows XP 的窗口的基本操作

窗口的基本操作包括移动窗口、最大化/最小化窗口、改变窗口大小、切换窗口、选择命令、操作窗口中的对象和关闭窗口等。

(1)选择命令

选择窗口菜单栏中的菜单项，即可弹出相应的下拉菜单。下面介绍菜单中的各种符号标记的名称及作用：

①勾标记。该标记又被称为**复选标记**。若选择命令后出现该标记，则表示该项已被选中，该命令对应的功能已执行，再次选择可取消选中状态。

②圆点标记。该标记又被称为单选标记，表示该组命令中只能选择其中一个，当用户选择了该组菜单中的另一命令后，系统将自动在其前面显示“•”标记。

【名师点拨】

窗口的基本操作除了选择命令和关闭窗口外，还包括移动窗口、最大化/最小化窗口、改变窗口大小、切换窗口、操作窗口中的对象等。

③向右箭头标记。表示在该菜单命令下还有一个子菜单，将鼠标光标移至该菜单命令上或单击该菜单命令就会将其打开。

④省略号标记。表示在执行这类命令时，系统将打开一个对话框，需要用户进行设置才能完成此命令。

⑤字母标记。通常在菜单项或菜单命令后面都有一个用括号括起来的带下划线的字母，该字母为该菜单项或菜单命令的快捷键。在弹出下拉菜单后按对应的字母键，将执行相应的菜单命令。

⑥分隔线标记。其作用是将整个菜单中的同类命令分为一组，方便用户操作。

若菜单中的某一命令呈**灰色**，则表示此命令当前不可用。只有在菜单命令呈黑色时，该命令才可用。

(2)关闭窗口

当不需要对窗口进行操作时，可将其关闭。关闭窗口的方法主要有以下几种：

①单击窗口右上角的☒按钮。

②双击窗口标题栏左侧的程序或文件夹图标。

③将该窗口切换至当前窗口，然后按 Alt+F4 键。

④在任务栏中窗口对应的按钮上单击鼠标右键，在弹出的快捷菜单中选择“关闭”命令。

精典例题

[例 4-48 · 单选] 单击(　　)按钮，可以将窗口缩小成图标并位于任务栏内。

A. 窗口最大化　　B. 窗口最小化

C. 窗口还原　　D. 关闭窗口

[答案] B

【解析】 单击窗口最小化按钮，可以将窗口缩小成图标并位于任务栏内。

(四)Windows XP 的资源管理

1. 文件和文件夹

文件和文件夹是 Windows XP 资源管理的基本形式之一，计算机中的信息都是以文件的形式存在的，几乎所有的任务都要涉及文件和文件夹的操作。

(1)文件基本知识

①文件。Windows 操作系统中的文件是指被赋予名字并存储在磁盘上的信息的集合，它包括应用程序和文档两种类型。

②文件格式。文件格式是指电脑为了存储信息而使用的对信息的特殊编码方式，用于识别内部存储的资源。

③文件名。存储在磁盘上的每个文件都有一个名字作为标识，也就是文件名。一个文件名由两部分构成，即文件主名和扩展名。

(2)文件夹基本知识

①文件夹。文件夹也叫做目录，是计算机中存储信息的重要载体，协助人们管理计算机文件。

②常见文件夹包括 Windows 文件夹、My Documents 文件夹、Program Files 文件夹和自建文件夹。

【名师点拨】

在对文件命名时，应注意以下规则：①文件名中不允许使用下列字符（英文输入法状态）：< > /\ | ：" * ?，键盘上的其他英文、数字、空格、句点及特殊符号与汉字皆可使用。如“会计电算化的工作环境_2. doc”、“会计基础工作规范(1996) file. doc”等。② Windows 系统对文件名中字母的大小写在显示时有所不同，但在使用时不区分大小写。如“File. doc”和“FILE. DOC”被认为是同一个文件。

2. 访问文件和文件夹

计算机的文件或文件夹一般通过“我的电脑”或“资源管理器”进行访问。

(1)通过“我的电脑”访问

使用“我的电脑”访问文件的操作步骤如下：

①在 Windows XP 桌面上双击“我的电脑”图标，将弹出“我的电脑”窗口，在这里可以查看和管理所有的计算机资源，包括硬盘、映射驱动器、文件或文件夹。

②“我的电脑”窗口的工具栏还包括一些功能按钮。

单击“后退”按钮，将返回上一个窗口；单击“前进”按钮，将前进到下一个窗口；单击“向上”按钮，将逐级向上移动，直到在窗口中显示所有计算机资源。

③在“我的电脑”中可以方便地访问计算机的内容，打开文件或文件夹。

【名师点拨】

在“我的电脑”窗口中，用户可以看到计算机中的所有的磁盘列表。其中，左侧窗口的“其他位置”中有 4 个超级链接：“网上邻居”、“我的文档”、“共享文档”和“控制面板”，单击超级链接，用户可以方便地转换到相应的窗口。

(2)通过"Windows资源管理器"访问

在Windows XP中，对文件的操作与管理大多是通过"Windows资源管理器"进行的，它是一个功能强大的文件管理工具。它的功能类似于"我的电脑"。

启动"Windows资源管理器"的具体操作步骤如下：

①单击"开始"菜单，然后依次单击"所有程序"、"附件"、"Windows资源管理器"；或右键单击"开始"菜单或者"我的电脑"图标，在打开的快捷菜单中单击"资源管理器"命令。

②打开资源管理器之后，左边的窗口以树状结构显示系统的所有文件。图中驱动器或文件夹前有"＋"的，表示该对象还可以单击展开它所包含的子文件夹。

③文件夹完成展开到最底层后，"＋"变成"－"。单击"－"可以把展开的文件夹折叠起来，此时"－"又变为"＋"。

精典例题

[**例4-49·单选**] 在资源管理器中，折叠标记是(　　)。

A. ＋　　　　B. －

C. ×　　　　D. …

[**答案**] A

【**解析**】 在资源管理器中，折叠标记是"＋"。

3. 管理文件和文件夹

文件与文件夹的管理主要包括复制、移动、删除和重命名文件夹及文件，下面介绍在Windows XP中文版中常见的文件和文件夹操作与管理。

(1)查看Windows XP文件。当打开一个文件夹时，为了能更清楚快捷地了解其中包含的文件内容，在文件夹内的空白区域单击鼠标右键，在弹出的快捷菜单中选择"查看"选项，在"查看"的子选单中可以按照自己的需要查看文件。

(2)新建文件夹和文件。用户可以创建文件夹来存放相同类型或具有相近形式的文件。在桌面、驱动器(C盘、D盘等)、文件夹空白处单击右键，可以新建文件或文件夹。

(3)选择文件夹和文件。文件夹和文件的选择主要有选择单个文件夹和文件、选择多个连续文件夹或文件、选择非连续的文件夹或文件。

(4)复制和移动文件或文件夹。

(5)重命名和删除文件夹或文件。

【**考生反馈**】

在浏览文件的时候，将文件以某种条件进行排列就能进行更快的查找浏览。

【**考生反馈**】

对文件夹或文件进行删除时，应注意：从网络位置删除的项目、从可移动磁盘

[例 4-50 · 判断] 按住 Ctrl 键逐个单击文件或文件夹，可以选择多个不连续的文件或文件夹。 ( )

[答案] √

【解析】 按住 Ctrl 键逐个单击文件或文件，可以选择多个不连续的文件或文件夹。

4. Windows XP 的控制面板和任务管理器

(1)控制面板

控制面板是 Windows 系统的一个重要组成部分，通过控制面板可以进行相关的系统设置。在这部分主要介绍普通用户经常涉及的内容。

①声音和音频设备。主要管理系统的声音和音频，用户可以根据具体情况来设定。有时在桌面的右下角找不到控制音量的喇叭图标，就需要在此修改和设定。双击“声音和音频设备”，然后单击“音量”，将“将音量图标放入任务栏”选中，然后单击“应用”和“确定”就可以了。

②鼠标。双击“鼠标”，然后选择“鼠标键”，在“鼠标键配置”中单击“切换主要和次要的按钮”，就可以将鼠标左键和右键的功能互换；在“双击速度”中按住鼠标左键不放并左右移动小滑块就可以调节双击的反应速度。

③添加删除程序。Windows 系统安装的应用程序和系统程序以及硬件驱动程序都可以在这里修复(部分软件支持该功能)和删除(删除不需要的软件)。有些软件自带有卸载程序就不用在控制面板中删除，单击“开始”菜单的“所有程序”并找到相应的软件卸载程序即可进行删除操作。

④用户账户。通过用户账户可以更改账户、创建账户、修改登录密码、更改图片。双击“控制面板”中的“用户账户”就可以打开“用户账户”窗口。

(2)任务管理器

任务管理器用户界面提供了文件、选项、查看、窗口、帮助五大菜单项，其下还有应用程序、进程、性能、联网、用户五个标签页，窗口底部则是状态栏，从这里可以查看当前系统的进程数、CPU 使用率、提交更改的内容量。

①启动任务管理器。在桌面任务栏空白处单击鼠标右键，在弹出的快捷菜单中选择“任务管理器”就可以打开其窗口；或者直接按“Ctrl＋Alt＋Delete”也可以打开任务管理器的窗口。

②任务管理器的主要功能。a. 显示应用程序。b. 系统进程管理。c. 显示计算机性能。d. 显示计算机联网情况。e. 显示计算机用户。

删除的项目或超过回收站存储容量的项目将不被放到回收站中，而是彻底删除，**不能还原**。

【名师点拨】

Windows 任务管理器提供了有关计算机性能的信息，并显示了计算机上所运行的程序和进程的详细信息；如果连接到网络，还可以查看网络状态并迅速了解网络工作情况。

七、Microsoft Office 的基本操作

Microsoft Office 是微软公司开发的一套基于 Windows 操作系统的办公软件套装。常用组件有 Word、Excel、Access、PowerPoint、FrontPage 等。

(一)Microsoft Word 的基本操作

【名师点拨】

使用 Word 编辑文档，首先要创建文档，并根据要求保存文档，才能进行 Word 文档的基本操作。

1. 创建和保存文档

(1)创建文档

创建文档常用的方法有以下几种：

①单击“开始”菜单后，依次点击“所有程序”、“Microsoft Office”、“Microsoft Office Word 2003”命令。这样启动 Word 应用程序后，系统会自动创建一个命名为“文档 1—Mircosoft Word”的文档。

②如果已创建文档 1，单击“常用”工具栏左边的“新建空白文档”按钮，即可新建一个空白文档。

③在 Word 2003 文档中，使用“新建文档”任务窗格创建文档。

【名师点拨】

在编写文档的过程中，文档的内容只是临时保存在计算机的内存中，保存文档是将编辑好的文档在计算机中进行永久性的保存，以便以后继续使用。

(2)保存文档

保存文档的操作步骤如下：

①选择“文件”菜单，然后单击“保存”按钮，或单击常用工具栏中的“保存”按钮，即可保存正在编辑的文档。

②完成设置后，单击“保存”按钮，即可保存文档。

精典例题

[例 4-51·多选] Word 新建文档存盘时的“另存为”对话框要求用户确定的内容有(　　)。

A. 存放位置　　B. 文件名

C. 数据库名　　D. 保存类型

[答案] ABD

【解析】 Word 新建文档存盘时的“另存为”对话框要求用户确定的内容不包括数据库名。

2. 打开和关闭文档

(1)打开文档

打开文档操作是打开已经存在的文档，主要有以下几种方法：

①选择“文件”菜单，然后单击“打开”命令，弹出“打开”对话框。从“查找范围”下拉列表框中选择要打开的文档，单击“打开”按钮即可打开文档。

②单击“常用”工具栏中的“打开”按钮，同样弹出“打开”对话框，在文件列表框中选择要打开的文档，单击“打开”按钮，即可打开文档。

③打开“Windows 资源管理器”或“我的电脑”窗口，切换到已有的文档所在的文件夹，双击文件图标，即可打开文档。

(2)关闭文档

关闭文档的常用方法有以下两种：

①选择“文件”菜单，然后单击“关闭”命令，即可关闭文档。

②单击关闭按钮，通过关闭窗口也可关闭文档。

3. Word 2003 的界面

启动 Word 2003 后，可以看到工作界面。

Word 2003 的工作界面包括标题栏、菜单栏、工具栏、工作区、任务窗格、视图切换区以及状态栏等。

【名师点拨】

菜单栏紧接在标题栏下方，通过这些菜单中各个选项的操作，可以实现 Word 的各种功能。

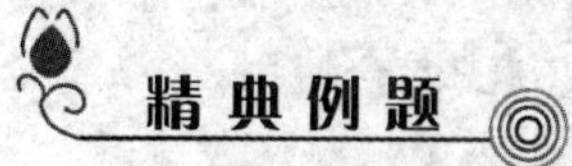

精典例题

[例 4-52 · 多选] Word 提供多种模式(称为视图)显示文档，下列属于 Word 视图的有(　　)。

A. 普通视图　　B. 页面视图

C. 缩小视图　　D. 大纲视图

[答案] ABD

【解析】 缩小视图并不属于 Word 视图的类别。

(1)工具栏。它是菜单栏基本命令的快捷按钮，一般位于菜单栏的下面。在默认状态下，显示“常用”工具栏和“格式”工具栏。“常用”工具栏提供一些常用命令的快捷按钮；“格式”工具栏提供文档格式快捷按钮和用于更改正文版面的下拉列表。

(2)任务窗格。提供了多种常用选项，包括“开始工作”、“新建文档”和“样式和格式”等，根据需要选择不同的任务窗格，可以将任务窗格拖出来，像工具栏一样摆放在窗口中。要打开任务窗格，可以选择“视图”→“任务窗格”命令，或者按“**Shift＋F1**”组合键即可实现。

4. 文档的基本操作　★★★★

文档的基本操作主要包括输入文本、编辑文本以及样式和模板的使用。

(1)输入文本

输入文本是 Word 2003 中最基本的操作，即通过键盘输入文字、标点符号和特殊符号。

(2)编辑文本

在编辑文本时，通常会对文本进行选择、移动、复制、删除和查找、

【名师点拨】

输入文字是文档操作的第一步，打开文档后，在工作区中可以看到一个闪烁的光标，就是当前要输入文本的位置。

替换等操作。

①选择文本。不管是复制还是删除文本，都必须先将文本选中。当文本呈现反白显示状态时即被选中，在 Word 文档中，一次只能选中一个区域，重新选择新区域时，旧的区域会自动消失。

②移动、复制和删除文本。在输入和编辑文本时，经常需要移动、复制和删除文本。这些操作都可以通过键盘、鼠标或剪贴板来完成。

③查找和替换文本。在处理一些长的文档时，通过查找功能可以迅速地找到文字所在位置。替换是对文本中查找到的文字进行替换。

5. 表格和图形的处理

Word 2003 具有强大的表格处理功能，用户可以轻松地建立和使用表格，实现对图形对象的各种操作，把图形与文字结合编排在一起，实现图文并茂的效果，使文档更加美观。

(1)创建表格

创建表格的方法有多种，用户可以使用 Word 2003 自带的命令插入表格，也可以利用工具绘制表格，还可以多种方法混合使用。

(2)编辑表格

已创建的表格有时还需要一些调整，例如插入、删除、合并单元格等，这些都需要在编辑表格中进行。

①插入与删除行或列。创建表格完成后，若需要增加或减少行和列，可以使用插入或删除功能。

②插入与删除单元格。创建表格后，若需要增加或删除一栏数据，就需要用到插入或删除单元格功能。

③合并与拆分单元格。**擦除**相邻两个单元格之间的边线可以将两个单元格**合并**成一个大的单元格；在一个单元格中**添加**一条线就可以将一个单元格**拆分**成两个小单元格。

(3)插入和编辑图片

在文档中使用一些说明性图片，可以给文档增加活力。插入的图片一般是来自文件的图片，也有剪辑库中的剪贴画，另外还可以自绘图形。

(4)绘制图形

在 Word 中除了可以插入图片外，还可以使用绘图工具绘制需要的图形。Word 2003 提供的绘图工具可以绘制出形状各异、大小不同的图形。

【名师点拨】

在 Word 文档中建好表格后，可在单元格中输入文字、图形等内容。对于单元格中文本内容的输入、移动、删除、复制等操作，与前面介绍的一般情况下的操作是一样的，只要将插入点定位在要输入文本的单元格中，然后进行操作即可。

精典例题

[例 4-53 · 单选] 在 Word 文档中插入表格的命令是（　　）。

A."编辑"|"表格"　　B."插入"|"表格"

C."编辑"|"插入"|"表格"　　D."表格"|"插入"|"表格"

［答案］ D

【解析】 在 Word 文档中插入表格的命令是“表格”|“插入”|“表格”。

6. 格式编辑 ★★★

一般的文档都有一定的格式，Word 2003 可以对文档的格式进行设置，使编写出来的文档便于用户阅读。

【名师点拨】

在设置格式前，必须先将光标插入该段中或者选中要操作的若干段落。

(1)字体格式

字体格式主要包括**字体**、**字号**、**颜色**等方面。在编辑文档的过程中，如果能选择适应的字体格式，可以使整个文档显得灵活多变、富有个性。设置字体可以使用**工具栏**，也可以使用**对话框**。

(2)段落格式

段落是指两个段落标记之间的文本。用户可以将整个段落作为一个整体进行格式设置。设置段落格式主要包括以下几方面内容：

①设置段落基本格式。段落基本格式包括**两端对齐**、**居中对齐**、**右对齐**和**分散对齐**。

②设置段落缩进。段落缩进指的是改变段落两侧与页边之间的距离。设置段落缩进可以将一个段落与其他的段落分开，使得文档条理清晰、便于阅读。

③设置行间距和段间距。行间距是指段落中行与行之间的距离；段间距是指段落与段落之间的距离。

(3)设置边框和底纹

Word 2003 不仅能为页面设置边框和底纹，而且能为文本和段落设置边框和底纹。为文档添加边框和底纹可以**修饰**和**突出**文档中的内容。

①添加边框。向文档中添加边框可以突出显示用户认为重要的文本。

②添加底纹。添加底纹是指设置页面或某些文档的背景效果。对于一般的文档如果没有特别的要求，应设置相对简单和浅色的底纹，以免给阅读带来不便。

③设置表格边框。如果用户对表格默认的边框设置不满意，可以重新设置表格的边框。

(4)页面设置

页面设置主要包括**修改页边距**、**设置纸张与版式**、**设置文档网格**等内容。

①修改页边距。页边距是页面四周的空白区域。

②设置纸张。设置纸张主要是设置纸张的大小。

③设置版式。可以在不同的页面中使用不同的页面设置。

精典例题

［例 4-54 · 单选］ 在 Word 2003 中，格式工具栏上“U”按钮的作用是使选定文字（ ）。

A. 变为斜体　　B. 变为粗体

C. 加下划线　　D. 加字符边框

［答案］ C

【解析】 格式工具栏上“U”按钮代表下划线功能。

7. 添加页眉和页脚 ★★★

【名师点拨】

页眉和页脚是打印在一页顶部和底部的注释性文字或图形，它不是随文本或图形输入的，而是通过命令设置的。

页眉和页脚出现在文档的顶部和底部区域，可以由文本或图形组成。页眉和页脚一般显示文档的附加信息，如页码、日期、作者姓名等。可以根据不同的页面，设置不同的页眉和页脚。

在页面中添加页眉和页脚的操作步骤如下：

(1)选择“视图”→“页眉和页脚”命令，打开“页眉和页脚”工具栏。

(2)此时，页面顶部和底部各出现一个虚线框。单击虚线框即可在页眉和页脚中输入文本或插入图形。

(3)页眉和页脚设计好后，单击“页眉和页脚”工具栏中的“关闭”按钮，或双击变灰的正文，返回 Word 文档编辑状态。

（二）Microsoft Excel 的基本操作

1. Excel 2003 的启动与退出 ★★★

【名师点拨】

Excel 的启动与退出操作类似，有多种方法。

(1)Excel 2003 的启动

在启动 Windows XP 后，按照下列方法中的任意一种操作，均可启动 Excel 2003 应用程序。

①选择“开始”→“所有程序”→“Microsoft Office”→“Microsoft Office Excel 2003”命令。

②选择“开始”→“所有程序”→“新建 Office 文档”命令。在“常用”选项卡中选择“空工作簿”图标，单击“确定”按钮即可新建一空白工作簿。

默认情况下，“新建 Office 文档”对话框中打开的是“常用”选项卡。

③双击桌面上创建的 Excel 2003 快捷图标。

(2)Excel 2003 的退出

完成工作后，要退出 Excel 2003 的方法有下列三种，用户可根据自己的习惯选择一种方法。

①单击标题栏上的关闭按钮 ☒。

②单击标题栏上的 Excel 控制图标 ☒，在弹出的菜单中选择“关闭”命令，或者双击控制图标。

③选择“文件”→“退出”命令即可退出 Excel 2003 应用程序。

2. Excel 2003 的窗口组成

启动 Excel 2003 的窗口组成。

启动 Excel 2003 后，系统自动新建一个名为“Book1”的工作簿。

Excel 2003 的工作窗口由**标题栏**、**菜单栏**、**工具栏**（“常用”工具栏和“格式”工具栏）、**名称框**、**编辑栏**、**工作表区**、**工作表标签**、**滚动条**、**状态栏**和**任务窗格**等部分组成。

【名师点拨】

Excel 的退出也可用快捷键 Alt+F4。

3. 新建工作簿

在启动 Excel 2003 后，系统将自动新建一个名为“Book1”的工作簿，如果用户自己要创建工作簿，可以使用下列两种方法：

(1)选择“文件”→“新建”命令，打开“新建工作簿”任务窗格。单击“空白工作簿”超链接，即可新建一个空白工作簿。

单击“常用”工具栏中的新建按钮，也可新建一个空白工作簿。

(2)选择“文件”→“新建”命令，在“新建工作簿”任务窗格中单击“本机上的模板”超链接，弹出“模板”对话框。单击“电子方案表格”标签，打开“电子方案表格”选项卡。在模板列表框中选择所需的电子方案表格模板，单击“确定”按钮，新建一个具有模板特征的工作簿。

精典例题

[例 4-55 · 判断] 在 Excel 2003 中，一个工作簿最多可由 3 张工作表组成。 ( )

[答案] ×

【解析】 在 Excel 2003 中，一个工作簿最多包含 255 张工作表。

4. 保存和打开工作簿

(1)完成工作簿的编辑后，需要保存工作簿中的内容。保存工作簿有下面两种方法：

①通过工具栏保存工作簿。单击“常用”工具栏中的保存按钮，完成保存工作簿的操作。

②通过命令保存工作簿。

(2)如果要打开计算机中保存的工作簿，可以使用下面两种方法：

①使用集合或快捷按钮。

②从“我最近的文档”中打开最近使用过的工作簿。

【名师点拨】

一个工作簿文件在默认情况下会打开三个工作表，分别叫做“Sheet 1”、“Sheet 2”、“Sheet 3”，一个工作簿最多可以有 255 个工作表。

5. 工作簿的基本操作 ★★★★

这里主要介绍工作簿的概念、在工作簿中输入数据等内容，使用户了解 Excel 电子表格中常用的基本概念，掌握工作簿的基本操作方法。

(1)基本概念

在 Excel 中进行数据处理时，首先要了解一些基本概念，以便深入

【名师点拨】

取消当前单元格中刚输入前状况的两种方法:①按 Esc 键;②单击数据编辑区的"×"按钮。

了解和学习 Excel。其基本概念包括工作簿、工作表、单元格、单元格区域、编辑栏、工作表标签等。

①工作簿,是指在 Excel 中用来处理并存储数据和工作的文件。

②工作表,是工作簿的重要组成部分,由 65 536 行和 256 列构成,也称电子表格。

③单元格,是工作表中**最小的存储单位**。

④单元格区域,是指在实际操作中选中的一组连续或非连续的单元格。

⑤编辑栏,位于"格式"工具栏的下方,编辑栏左边是名称框。

⑥工作表标签,在工作簿中用来标识不同的工作表,位于工作簿窗口的底部,在其上面显示工作表的名称。

(2)输入数据

完成工作簿的创建后,就可以在默认情况下选中的工作表(Sheet)中输入数据。在 Excel 中输入的数据一般包括文本、数值、日期和时间。

①输入文本。Excel 中的文本是指字符、数字或者字符与数字的组合。默认情况下,在单元格中输入的**文本**是**靠左对齐**的。

②输入数值。在 Excel 中可作为数字使用的合法字符有"0~9","+","-","(",")","/","$","%","*","E","e"。输入数字时,直接用键盘输入。所有的**数字**在单元格中均**靠右对齐**。

③日期和时间。在 Excel 中将输入的日期和时间视为数字处理。工作表中的时间或日期的显示方式取决于所在单元格的数字格式。系统默认**日期和时间**在单元格中**靠右对齐**。

④自动输入数据。在输入数据的过程中,当某一行或某一列的数据有规律时,可以使用自动填充功能快速输入这些数据。

精典例题

[例 4-56·单选] 在 Excel 2003 中,下列说法中,正确的是( )。

A. Excel 2003 将工作簿的每一张工作表分别作为一个文件来保存

B. Excel 2003 允许一个工作簿中包含多个工作表

C. Excel 2003 工作表的名称由文件名决定

D. Excel 2003 以.els 为文件扩展名

[答案] B

【解析】 一个 Excel 2003 工作簿最多可包含 255 个工作表。一个 Excel 工作簿就是一个 Excel 文件,工作簿中的工作表随工作簿一起保存,不单独保存。每个工作表可以独立命名,Excel 文件的默认扩展名为 xls。因此，正确答案为 B 项。

6.工作表的基本操作

工作表的基本操作包括选定单元格，编辑单元格，工作表的选中、插入和删除，格式设置，显示设置以及工作表中的计算。

(1)选定单元格

通常在一张工作表中始终有一个粗黑边框的单元格，称为活动单元格。所谓在工作表中输入数据，其实是在活动单元格中输入数据。因此，在工作表中输入内容时，首先要选定单元格，使其处于活动状态。

可以通过鼠标和键盘来选定单元格。用鼠标选定单元格的操作比较简单，只要在工作表中单击任意单元格，即可使其成为活动单元格。

(2)工作表的选中、插入和删除

①工作表的选中。工作表的选中包括相邻工作表、不相邻工作表和工作簿中所有工作表的选中。

②工作表的插入和删除。在默认情况下，一个工作簿包含三张工作表，在实际应用中，用户可根据需要来插入工作表。

(3)工作表的格式设置

工作表的格式设置并不影响工作表所存储的内容，必要时设置一些格式，如背景颜色、文本对齐方式、边框等，可以使数据显示更加清晰、直观。本书主要介绍工作表中单元格格式、条件格式和自动套用格式的设置。

①单元格格式设置。单元格格式的设置主要包括数字类型、对齐方式、字体、边框和图案的设置，可以使用"单元格格式"对话框或"格式"工具栏来设置。

②条件格式设置。当工作表中的数据比较多时，可以使用 Excel 的条件格式功能将某些特定单元格中的数据显示出来，即对符合一定条件的数据进行格式化。

③自动套用格式设置。Excel 2003 提供了多种表格自动套用格式，使用这些格式可以快速设置满足条件的单元格，从而免去了格式化工作表的麻烦。

(4)工作表中的计算

在 Excel 电子表格中不但可以进行一般表格的处理，还可以进行数据的计算。

①使用公式进行计算。在单元格中输入公式的方法有以下两种：

a. 直接在选定的单元格中输入公式，然后按 Enter 键即可。

b. 选定单元格之后，在编辑栏中输入公式并单击输入按钮☑。

②使用函数进行计算。当公式比较复杂时，可通过函数进行计算。

【名师点拨】

移动与复制单元格数据有两种方法：①拖动鼠标法。②剪贴法。

精典例题

[例 4-57・判断] 在 Excel 2003 中,可以选择多个不连续的单元格。 ( )

[答案] √

【解析】 在 Excel 2003 中,可以按住 Ctrl 键选择多个不连续的单元格。

7. Excel 2003 数据管理

Excel 2003 与其他数据管理软件一样,在排序、数据筛选等方面具有强大的管理功能,这里主要介绍建立数据清单、数据的排序、数据的筛选、图表的创建。

(1)建立数据清单

建立数据清单,其具体操作步骤如下:

①启动 Excel 2003 应用程序,创建一张工作表。

②在工作表的 A1～E1 单元格区域中输入列标题。

③在对应的列标题下方的单元格中输入相应的信息,一个数据清单就创建完成了。

(2)数据的排序

下面主要介绍数据的排序。数据排序包括**普通排序**和**自定义排序**两种。

①普通排序。a. 单击数据清单中的任意单元格。b. 选择"数据"→"排序"命令,弹出"排序"对话框。c. 在"主要关键字"下拉列表框中选择选项,并选中其后的"降序"单选按钮。d. 单击"确定"按钮。

②自定义排序。当数据清单按照默认方法进行排序得不到正确结果时,就需要进行自定义排序。

(3)数据的筛选

所谓筛选,就是从数据中找出满足给定条件的数据。使用自动筛选能够迅速处理大型数据清单,快速查找数据,并隐藏不满足指定条件的数据。在选择自动筛选命令之前,必须确定数据清单中有标题行,即字段名称,否则不能顺利进行自动筛选。

①普通自动筛选。a. 打开一个数据清单,单击其数据清单中的任意单元格。b. 选择"数据"→"筛选"→"自动筛选"命令。c. 单击每个下拉列表框旁边的下三角按钮▾,从弹出的下拉列表框中选择筛选的条件。d. 取消筛选结果,恢复显示数据清单中的所有数据。

②自定义自动筛选。

③高级筛选。高级筛选用于对复杂条件进行筛选。

(4)图表的创建

使用数据透视表创建数据透视图,其具体操作步骤如下:

【名师点拨】

在图表上单击,图表边框上出现 8 个小黑块,鼠标指针移到小黑块上,指针变成双向箭头,拖动鼠标,就能使图表沿箭头方向放大或缩小。

①打开要创建数据透视图报表的数据透视表，然后隐藏不需要的字段。

②单击数据透视表中的任意单元格。

③在“数据透视表”工具栏中单击图表向导按钮，创建的数据透视图报表。

鼠标指针移到图标空白处，拖动鼠标能使图表移动位置。

[例 4-58 · 判断] 在 Excel 2003 中，对选定的单元内容作清除，单元格中的格式将不存在。 ( )

[答案] ×

【解析】 对 Excel 单元格的内容作清除，不会清除格式。

8. 页面设置

页面设置主要包括设置页面、页边距、页眉页脚和图表，设置后的工作表会更加合理美观。选择“文件”→“页面设置”命令，弹出“页面设置”对话框。

(1)设置页面

在“页面设置”对话框中打开“页面”选项卡。

①在**“方向”**选区中可以设置打印纸的方向。

②在**“缩放”**选区中必须先选中所需的文本，然后才可以进行缩放。

③在**“纸张大小”**下拉列表框中选择打印所用的纸张的大小。

④在**“打印质量”**下拉列表框中选择所需的打印质量。

⑤**“起始页码”**文本框中一般使用默认状态。

【名师点拨】

“方向”中有“纵向”和“横向”两个单选按钮。选“纵向”时，表示纸张按纵向打印；选“横向”时，表示纸张按横向打印。

(2)设置页边距

在“页面设置”对话框中打开“页边距”选项卡，可以使用“页边距”选项卡进行整个纸张边距的调整。

(3)工作表的设置

打开“工作表”选项卡，在此对话框中可选择打印区域，以及是否打印网格线等。

①打印区域的设置：在一般情况下打印区域默认为打印整个工作表，此时“打印区域”文本框内为空。

②打印标题的设置：当打印的页数超过一页时，如果要在每一页中都打印相同的行或列作为标题，可在“打印标题”选区中选择所需的选项。

【名师点拨】

Excel 的运算符共有四种类型，即算术运算符、比较运算符、字符运算符和引用运算符。

(4)手工插入、移动分页符

①插入分页符另起一页：首先选择需要另起页的左上角的单元格，然后选择“插入”菜单中的“分页符”命令。

②插入水平(垂直)分页符：首先选择另起页的第一行(列)，然后选择“插入”菜单中的“分页符”命令。

③移动分页符:先选择“视图”菜单中的“分页预览”命令,根据需要将分页符拖至新的位置。

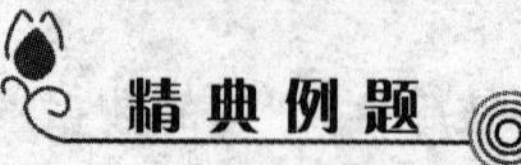

[例 4-59 · 判断] 在 Excel 2003 中,第二列第三行单元使用标号表示为 C4。 ( )

[答案] ×

【解析】 在 Excel 中第二列第三行单元格使用标号表示为 B3。

同步强化训练

一、单项选择题

1. 下列选项中,不属于建立账套时需要建立的信息有( )。

A. 设置账套信息　　B. 设置单位信息

C. 确定核算类型　　D. 输入期初余额

2. 总账系统第一次投入使用时也有类似手工的建账工作,这就是( )。

A. 设置会计科目　　B. 设置账套

C. 设置凭证类别　　D. 系统初始设置

3. 有会计科目编码如此定义,一级为 3 位,二级为 3 位,三级为 2 位,四级为 2 位,那么编码 5210011009 表示的是( )级代码。

A. 四　　B. 三

C. 五　　D. 六

4. 期初余额录入完毕后,应当进行( )。

A. 设置凭证类型　　B. 试算平衡

C. 输入凭证　　D. 记账

5. 下列工作中,( )一定不是录入人员的工作。

A. 录入凭证　　B. 汇总账簿

C. 审核凭证　　D. 打印账簿

6. 已经审核但还没有记账的记账凭证发现有错误应该( )。

A. 直接进行修改　　B. 取消审核后修改

C. 不能修改　　D. 用红字冲销法修改

7. 在总账系统中,只要有凭证审核权,就可以审核( )。

A. 自己输入的凭证　　B. 任何人输入的凭证

C. 除自己以外的其他人输入的凭证　　D. 以上全部

8. 当用户使用相同操作员姓名登录,并对其编制的凭证进行审核时,系统会( )。

A. 给予提示,要求更换为其他操作员　　B. 发生死机

C. 自动退出凭证审核操作　　D. 给予提示后审核通过

9. 只能对(　　)的凭证进行记账。

A. 已保存　　B. 已审核　　C. 已修改　　D. 已确认

10. 下列选项中,不属于出纳管理功能的是(　　)。

A. 查询日记账　　B. 银行对账

C. 管理支票登记簿　　D. 凭证输入

11. 采用序时控制时,凭证日期(　　)。

A. 可以超出业务日期　　B. 应大于系统启用日期

C. 应小于系统启用日期　　D. 不受限制

12. 关于摘要的输入,下列说法中,正确的是(　　)。

A. 摘要可以出现在分录的每一行　　B. 摘要只能出现在分录的第一行

C. 不能选择输入常用摘要　　D. 摘要要求复杂

13. 出纳管理中银行对账应采用(　　)的方式。

A. 自动对账　　B. 手工对账

C. 自动对账与手工对账相结合　　D. 一行一行对账

14. 在一般情况下,由系统分类按月自动编制凭证的编号,即每类凭证每月都从(　　)号开始。

A. 1　　B. 01　　C. 001　　D. 0001

15. 在用友系统软件中,"银行存款"科目必须设置为(　　),才能进行银行对账工作。

A. 日记账　　B. 多栏账　　C. 银行账　　D. 明细账

16. 单元属性是指(　　)。

A. 数据的显示格式

B. 单个单元、区域或组合单元

C. 单元内容的性质,如数字、字符、表样

D. 数据单位

17. (　　)是报表数据之间关系的检查公式。

A. 表达式　　B. 报表舍位平衡公式

C. 报表审核公式　　D. 报表运算公式

18. 在报表软件中,编辑报表公式和格式时要处于(　　)。

A. 格式状态　　B. 其他状态

C. 数据状态　　D. 格式和数据状态均可

19. (　　)是实现计算机自动处理报表数据的关键步骤。

A. 报表编制　　B. 报表公式设置

C. 报表名称登记　　D. 报表格式设置

20. 报表管理系统中,关键字的位置可以用(　　)来表示。

A. 偏移量　　B. 表样　　C. 字符　　D. 像素

21. 报表管理系统中,经过报表编制后,报表公式正确,表格中的数据(　　)。

A. 正确　　B. 不正确

C. 不一定正确　　D. 当月正确

22. 报表管理系统中，运算公式的设置应在(　　)之后完成。

A. 报表格式定义　　B. 报表打印

C. 报表输出　　D. 报表编辑

23. 在报表管理系统中，报表汇总时，进行汇总的各个报表格式应当(　　)。

A. 相同　　B. 不相同

C. 近似　　D. 相同、不相同均可

24. 在报表管理系统中，保存报表的默认扩展名是(　　)。

A. . rep　　B. . xls　　C. . doc　　D. . txt

25. 下列功能中，不属于工资管理系统的是(　　)。

A. 输入各种工资数据　　B. 工资计算和发放

C. 工资费用的汇总和分配　　D. 工资成本核算

26. 在工资管理系统中，目前定义职工个人“银行账号”的主要作用是(　　)。

A. 缴纳个人所得税　　B. 缴纳工会会费

C. 银行代发工资　　D. 到银行提取现金

27. 在固定资产管理系统的卡片中，能够唯一确定每项资产的数据项是(　　)。

A. 资产名称　　B. 资产编号

C. 类别编号　　D. 规格型号

28. 固定资产管理系统初始化时，会计科目定义是为了系统能自动将相应的记账凭证传递到(　　)中去。

A. 成本核算系统　　B. 报表系统

C. 总账系统　　D. 固定资产核算系统

29. 应收/应付账款核算模块主要功能是实行对(　　)进行核算与管理。

A. 应收账款　　B. 应付账款　　C. 往来账款　　D. 预收账款

30. 期初余额录入是将手工会计资料录入计算机的过程之一。余额和累计发生额的录入要从(　　)科目开始。

A. 一级　　B. 二级　　C. 三级　　D. 最末级

31. (　　)科目编码必须按财政部的统一编码方案进行编制。

A. 明细　　B. 末级　　C. 一级　　D. 二级

32. 对于收款凭证，通常选择(　　)限制类型。

A. 借方必有　　B. 贷方必有　　C. 凭证必有　　D. 凭证必无

33. 银行对账是企业(　　)最基本的工作之一。

A. 出纳　　B. 会计　　C. 财务经理　　D. 总会计师

34. 计算机账务处理系统中，记账后的凭证发现错误应采用(　　)方法进行修改。

A. 负数冲正和补充登记　　B. 负数冲正

C. 补充登记　　D. 删除凭证

35. 在账务处理系统进行科目设置时，需要设置的辅助核算都应设在(　　)。

A. 最高一级明细科目　　B. 所有科目

C. 最低一级明细科目　　D. 任何一级科目

36. 账务处理子系统主要解决会计数据处理中(　　)的问题。

A. 从记账凭证到账簿　　B. 从原始凭证到账簿

C. 从记账凭证到报表　　D. 从原始凭证到报表

37. 下列情况中,能自动核销已对账的记录的是(　　)。

A. 对账单文件中一条记录与银行日记账未达账项文件中的一条记录完全相同

B. 对账单文件中一条记录与银行日记账未达账项文件中的多条记录完全相同

C. 对账单文件中多条记录与银行日记账未达账项文件中的一条记录完全相同

D. 对账单文件中多条记录与银行日记账未达账项文件中的多条记录完全相同

38. 结账操作每月可进行(　　)次。

A. 1　　B. 2　　C. 3　　D. 多

39. 关于结账操作,下列说法中,错误的是(　　)。

A. 结账只能由有结账权限的人进行

B. 结账后,不能输入凭证

C. 本月还有未记账凭证时,本月不能结账

D. 结账必须按月连续进行,上月未结账,则本月不能结账

40. 报表管理系统中,可以用(　　)来唯一标志一个表页。

A. 单元　　B. 函数　　C. 区域　　D. 关键字

41. 在用友报表系统中,QM()函数的含义是取(　　)数据。

A. 期初余额　　B. 期末余额

C. 借方发生额　　D. 贷方发生额

42. 报表管理系统中,(　　)定义了报表数据之间的运算关系,可以实现报表系统从其他子系统取数的功能,所以必须定义它。

A. 计算公式　　B. 审核公式

C. 舍位平衡公式　　D. 单元公式

43. 报表管理系统中,要生成有数据的报表,最重要的一个步骤是(　　)。

A. 输入关键字　　B. 保存报表格式

C. 组合单元　　D. 画表格线

44. 下列选项中,不属于应收/应付账款核算模块日常使用操作的是(　　)。

A. 收款/付款单据的输入　　B. 应收/应付账款的核销

C. 往来单位编码的定义　　D. 账龄分析

45. 工资管理系统的初始化设置不包括(　　)。

A. 建立人员档案　　B. 设置工资类别

C. 设置工资项目之间的数据运算关系　　D. 工资变动数据的录入

二、多项选择题

1. 在电算化方式下,会计科目编码的要求为(　　)。

A. 代码的位数总长度应固定

B. 编码要有可扩展性,以保证在不改变原有编码体系的条件下顺利增加会计科目

C. 代码位数不宜过长，一般应在8位以内

D. 科目编码体系要能体现出科目之间的层次关系

2. 会计科目的辅助核算包括(　　)。

A. 往来核算　　B. 部门核算　　C. 项目核算　　D. 明细账核算

3. 系统提供的凭证限制类型包括(　　)。

A. 借方必有　　B. 凭证必无　　C. 贷方必有　　D. 无限制

4. 会计账务系统中，确定记账凭证编号的方法是：各类记账凭证的序号在每个会计月份内应是(　　)。

A. 任意的　　B. 连续的

C. 唯一的　　D. 系统自动控制的

5. 下列关于凭证审核和记账操作说法中，正确的有(　　)。

A. 凭证审核需要重新注册更换操作员，由具有审核权限的操作员来进行

B. 凭证可以成批审核，也可逐张审核

C. 记账操作每月可进行多次

D. 上月未记账，本月同样可以记账

6. 下列关于结账操作中，错误的有(　　)。

A. 结账每月可以多次　　B. 结账每月只能一次

C. 结账在月中进行　　D. 结账在月末进行

7. 下列操作中，不能由计算机自动进行的有(　　)。

A. 结账过程　　B. 凭证审核　　C. 凭证输入　　、D. 记账过程

8. 银行对账的功能有(　　)。

A. 输入银行对账单　　B. 查询、删除已达账项

C. 编制银行存款余额调节表　　D. 自动对账、手工对账

9. 关于凭证修改，下列叙述中，正确的有(　　)。

A. 未审核的机内凭证，可以直接修改

B. 已记账的凭证可采用红字凭证冲销法进行更正

C. 已审核的凭证如果能先取消审核可以再进行修改

D. 已记账的凭证可采用补充凭证法进行更正

10. 在报表管理系统中，(　　)是系统提供的默认关键字。

A. 单位名称　　B. 年　　C. 月　　D. 日

11. 在报表管理系统中，自本表页取数函数包括(　　)。

A. QM()　　B. QC()　　C. PTOTAL()　　D. PMAX()

12. 在报表管理系统中，报表格式定义包括的内容有(　　)。

A. 设置报表尺寸　　B. 定义组合单元

C. 画表格线　　D. 输入报表项目

13. 一个报表的标题包括(　　)。

A. 使用的货币单位　　B. 报表名称

C. 编制单位　　D. 报表编制日期

14. 报表中的数据来源有(   )。

A. 其他报表中数据　　B. 账簿中数据

C. 表间数据　　D. 手工输入

15. 在报表管理系统的下列操作中,可打开"定义公式"对话框的有(   )。

A. 单击"fx"按钮　　B. 双击某公式单元

C. 按"="键　　D. 按"+"键

16. 在报表管理系统中,报表数据文件还可以被转换成文件格式的有(   )。

A. . xls　　B. . mdb　　C. . txt　　D. . exe

17. 工资管理系统应具备的特点有(   )。

A. 工资结构的可变性　　B. 设置灵活方便

C. 及时性、准确性高　　D. 其设置要求符合单位内部控制制度

18. 下列工资数据项中,属于独立项的有(   )。

A. 基本工资　　B. 职务工资

C. 加班补贴　　D. 交通补贴

19. 在固定资产管理系统中,对计提折旧有影响的数据项有(   )。

A. 资产原值　　B. 折旧方法

C. 使用状态　　D. 增加方式

20. 下列固定资产系统的操作中,需要进行资产变动处理的有(   )。

A. 变更资产编号　　B. 净残值(率)调整

C. 工作总量调整　　D. 累计折旧调整

21. 应收账款系统初始化必须录入期初数据,这些数据往往要按单据种类分别录入,其中主要单据有(   )。

A. 销售发票　　B. 应收单　　C. 应付票据　　D. 应收票据

22.《会计核算软件基本功能规范》中对记账凭证编号的规定有(   )。

A. 同一类型的记账凭证必须保证当月凭证编号的连续

B. 同一类型的记账凭证当月凭证编号可以不连续

C. 不可以由键盘手工输入凭证编号

D. 可以由会计核算软件自动产生凭证编号

23. 在账务处理系统进行科目设置时,设置的会计科目代码应(   )。

A. 符合会计制度规定　　B. 必须唯一

C. 符合级次级长要求　　D. 只有两位

24. 填制凭证时,确定会计科目的办法包括(   )。

A. 输入助记码　　B. 输入科目名称

C. 直接输入科目编码　　D. 根据提示选择输入

25. 结账前要进行的检查包括(   )。

A. 检查本月业务是否全部记账,有未记账凭证则不能结账

B. 月末结转必须全部生成并已记账,否则本月不能结账

C. 检查上月是否已结账,如果上月未结账,则本月不能结账

D. 核对总账与明细账、主体账与辅助账、总账系统与其他子系统的数据是否达到一致，如果不一致，则不能结账

26. 用友软件中，下列关于记账操作的说法中，正确的有(　　)。

A. 第一次记账时，若期初余额试算不平衡，则不能记账

B. 上月未记账，本月仍可记账

C. 未审核凭证不能记账，记账范围应小于等于已审核范围

D. 作废凭证仍需审核可直接记账

27. 账务处理系统中初始设置的主要内容包括(　　)。

A. 账套设置　　B. 科目

C. 各种初始数据的录入　　D. 凭证类别

28. 账务系统中，记账凭证的编号应(　　)。

A. 由计算机自动编号　　B. 编号必须连续

C. 如果分类，应分类编号　　D. 可以不从 1 开始

29. 会计核算软件应具备初始化功能，其中应进行初始化的内容包括(　　)。

A. 会计核算必需的会计科目编码、名称、年初数、累计发生数及有关数量指标

B. 本期进行对账的未达账项

C. 固定资产折旧方法、存货计价方法等会计核算方法的选定

D. 操作人员姓名、权限、密码等岗位分工情况的设定

30. 设置基础档案时，主要包括的项目有(　　)。

A. 设置职员档案　　B. 设置客户档案

C. 设置供应商档案　　D. 设置部门档案

31. 在财务软件中，建立会计科目时，输入的基本内容应包括(　　)。

A. 科目编码　　B. 科目名称

C. 科目类型　　D. 账页格式

32. 下列关于会计科目编码的描述中，正确的有(　　)。

A. 会计科目编码必须采用全编码

B. 一级会计科目编码由财政部统一规定

C. 设计会计科目编码应从明细科目开始

D. 科目编码可以不用设定

33. 下列关于会计科目的描述中，错误的有(　　)。

A. 要修改和删除某会计科目，应先选中该会计科目

B. 科目一经使用，即已经输入凭证，则不允许修改或删除该科目

C. 有余额的会计科目可直接修改

D. 删除会计科目应从一级科目开始

34. 下列关于期初余额的描述中，正确的有(　　)。

A. 所有科目都必须输入期初余额

B. 红字余额应输入负号

C. 期初余额试算不平衡，不能记账，但可以填制凭证

D. 如果已经记过账，则还可修改期初余额

35. 在自动银行对账中，必选的银行对账条件是（　　）。

A. 方向相同　　B. 金额相同

C. 结算号相同　　D. 日期相同

36. 报表管理系统的下列操作中，是在“数据”状态下进行的有（　　）。

A. 舍位平衡　　B. 插入表页

C. 输入关键字　　D. 整表重算

37. 报表管理系统中，报表公式定义包括（　　）。

A. 计算公式　　B. 审核公式

C. 试算平衡公式　　D. 校验公式

38. 下列各项中，属于固定资产核算模块的日常处理的是（　　）。

A. 固定资产增加　　B. 原始卡片录入

C. 计提折旧　　D. 固定资产账表输出

39. 属于工资核算模块初始化设置的有（　　）。

A. 部门设置　　B. 工资项目设置

C. 工资计算公式定义　　D. 客户设置

40. 应收账款系统初始化的主要工作包括（　　）。

A. 设置部门档案　　B. 设置初始客户档案

C. 定义付款条件　　D. 输入期初未核销的应收款业务

三、判断题

1. 账套号是区别不同账套的唯一标志。（　　）

2. 一个账套可以设定多个账套主管。（　　）

3. 科目编码中一级科目编码可以根据企业自身需要来确定。（　　）

4. 建立科目编码时应先建立下级科目，再建立上级科目。（　　）

5. 在电算化方式下，不用账证、账账核对。（　　）

6. 手工输入的记账凭证需要审核，机制凭证不需要审核。（　　）

7. 并不是所有科目都需要进行外币核算、数量核算设置。（　　）

8. 在电算化方式下，所有凭证类型均采用统一的凭证格式。（　　）

9. 填制凭证时，正文中不同行的摘要可以相同也可以不同，当然可为空。（　　）

10. 在电算化账务处理系统中，具体的记账过程不需要操作人员进行干预。（　　）

11. 会计核算软件的数据处理功能应当具有自动进行银行对账并自动生成“银行存款余额调节表”的功能。（　　）

12. 银行对账后，自动生成“银行存款余额调节表”。（　　）

13. 在报表管理系统中，增加表页是在“数据”状态下进行的。（　　）

14. 在报表管理系统中，一张报表最多可容纳 99 999 张表页，一个报表中的所有表页具有相同的格式，但其中的数据不同。（　　）

15. 在报表管理系统中，单元的名称是由其所在的行字母和列数字组成的。（　　）

16. 在报表软件中，编制单位、日期一般不能作为文字内容输入，而是需要设置为关键字。（ ）

17. 无论表尾有没有内容，表尾这一结构在报表中是一定存在的。（ ）

18. 财务报表的数据只来源于总账系统，并且取数要通过函数实现。（ ）

19. 工资管理系统主要与总账系统和成本核算管理系统存在数据传递关系。（ ）

20. 修改工资数据时，由系统汇总计算得到的各部门、各人员类别的工资总额会自动更正。（ ）

21. 工资管理系统在月末结账时，会自动将每月均发生变化的工资项目清零。（ ）

22. 在工资管理系统中，应先设置工资计算公式，再进行工资项目设置。（ ）

23. 应收账款管理系统通常包含了按一定条件计提坏账准备的功能。（ ）

24. 企业实行电算化后，根据固定资产卡片中有关信息和规定选用折旧方法，可自动计算折旧，而不需要人工计算和填列。（ ）

25. 固定资产核算系统中，新增固定资产都是通过"初始数据录入"功能录入系统。（ ）

26. 在会计软件系统中，设置的操作员一旦被引用，仍可以被修改和删除。（ ）

27. 只有审核后的凭证才能执行记账操作。（ ）

28. 在用友报表系统中，增加表页是在"数据"状态下进行的。（ ）

29. 科目一经使用，即已经输入凭证后，则不允许修改或删除该科目。（ ）

30. 在用友报表系统中，数值单元的内容只能通过计算公式生成。（ ）

31. 在用友报表系统中，用户可以根据自己的需要设置相应的关键字。（ ）

32. 建立账套时，如果选择"是否按行业预置科目"，则系统会自动建立企业所需的所有会计科目。（ ）

33. 指定会计科目就是指定出纳专管的科目。指定科目后，才能执行出纳签字，也才能查看现金日记账或银行存款日记账。（ ）

34. 在计算机总账系统中，属于银行对账的科目在科目设置时，应将其科目性质定义为"银行账"辅助账类。（ ）

35. 凭证处理是账务处理日常核算的基本功能，包括凭证的编辑录入、修改、审核、汇总、打印等内容。（ ）

36. 业务量较少的单位可以不进行凭证分类，即只设置"记账凭证"一种类别。（ ）

37. 在用友报表系统中，只能生成报表数据，不能进行图表分析。（ ）

38. 设置字符格式不仅对所选文字有效，对从该处后续输入的文本也有效。（ ）

39. 结账工作由计算机自动进行数据处理，每月可多次进行。（ ）

40. 报表管理系统中，设置关键字是在"格式"状态下进行的。（ ）

41. 报表管理系统中，如果要表示当前表的第2页，则可以表示为%2。（ ）

42. 报表管理系统中，报表数据处理一般是针对某一特定表页进行的。（ ）

43. 对工资费用分配定义转账关系后，系统才会自动生成转账凭证。（ ）

44. 固定资产原值变动不需制作记账凭证传递到总账系统。（ ）

45. 应收/应付账款核算模块中只有设置了账龄区间才能进行账龄分析。（ ）

参考答案及精析

一、单项选择题

1.【精析】D 输入期初余额属于总账系统初始设置的内容。

2.【精析】D 总账系统第一次投入使用时需要设置会计科目、录入科目期初余额、设置凭证类别等,这就需要进行系统初始设置,这与手工建账有类似之处。

3.【精析】A 设置会计科目编码首先从一级科目开始,逐级向下设置明细科目。本题中 5210011009 是 10 位数,正好是 3+3+2+2,因此编码表示为四级代码。

4.【精析】B 科目期初余额录入完毕后,应当使用软件提供的试算平衡功能,进行上下级科目余额的试算平衡和一级科目余额试算平衡,以保证初始数据的正确性。

5.【精析】C 录入人员负责凭证的录入工作,而会计凭证的审核人与录入人员不能为同一人,所以审核凭证一定不是录入人员的工作。

6.【精析】B 总账系统中任何的修改都要遵循一定的顺序,如先录入凭证再审核,如果审核后再要修改凭证,必须先取消审核再进行修改。

7.【精析】C 制单人和审核人不能为同一人,所以审核人只能审核除自己以外的其他人输入的凭证。

8.【精析】A 因为凭证录入人与审核人不能为同一人,当用户使用相同操作员姓名登录,既进行凭证编制,又进行凭证审核,系统会给出更换操作员的提示。

9.【精析】B 凭证只有经过审核后才能记账。

10.【精析】D 会计的职能分工要明确,凭证输入为会计人员的工作,很显然出纳不能兼任会计的工作。

11.【精析】B 采用序时控制时,凭证日期应大于总账系统启用日期,但不能超过业务日期。

12.【精析】A 摘要是凭证所记载分录的业务说明,要求简单明了,不能为空。摘要可以手动输入,也可以选择输入常用摘要,而且会出现在分录的每一行。

13.【精析】C 银行对账可以采用自动对账与手工对账相结合的方式。

14.【精析】D 在一般情况下,由系统分类按月自动编制,即每类凭证每月都从 0001 号开始。

15.【精析】C 在总账系统中,银行存款科目必须设置为银行账,才能进行银行对账工作。

16.【精析】C 单元属性是指单元内容的性质,如数字、字符、表样等。

17.【精析】C 报表审核公式是把报表中某一单元或某一区域与另外某一单元或某一区域或其他字符之间,根据各个数据之间的钩稽关系用逻辑运算符连接起来,从而检验报表编制结果是否正确。

18.【精析】A 在报表格式设计状态下进行有关格式定义的操作,如表尺寸、行高列宽、单元属性、单元风格、组合单元、关键字,以便定义报表的单元公式、审核公式等。

19.【精析】B 报表公式设置是实现计算机自动处理报表数据的关键步骤。

20.【精析】A 关键字的位置可以用偏移量来表示，负数表示向左移，正数表示向右移。关键字的偏移量单位为像素。

21.【精析】C 报表的公式正确只是表明公式的应用正确，但是具体的报表项目是否正如公式所定义那样计算，要看具体的报表编制方法。

22.【精析】A 报表格式定义后，报表上的单元才能确定下来，而运算公式的设置就是对特定单元自动赋值的设置。

23.【精析】A 报表管理系统的报表汇总功能是指结构相同、数据不同的两张报表经过简单叠加生成一张新表的功能。

24.【精析】A 报表的保存类型“*.rep”。

25.【精析】D 工资管理系统可以根据初始设置的工资项目和工资计算公式等设置，在输入各种工资数据后，进行工资的计算和发放、工资费用的汇总和分配等，但无法核算工资成本。

26.【精析】C 在工资管理系统的初始设置中，可以根据不同类别人员或不同类别工资设置银行账号，目的在于银行代发工资。

27.【精析】B 每一个固定资产都应有其相对应的资产编号，编号是根据初始化时定义的卡片编码方案自动生成，一经生成，不能修改，如果删除一张卡片且不是最后一张，系统将保留空号，所以固定资产的编号是唯一的。

28.【精析】C 固定资产管理系统是会计核算软件的子系统，日常的固定资产管理系统增加资产、减少资产以及累计折旧等形成的记账凭证都会传输到总账系统。

29.【精析】C 应收/应付账款核算模块主要是对往来款项进行核算与管理。

30.【精析】D 期初余额录入是将手工会计资料录入计算机的内容之一。余额和累计发生额的录入要从最末级科目开始，上级科目的余额和累计发生数据由系统自动计算生成。

31.【精析】C 会计制度规定，一级科目编码必须按财政部的统一编码方案进行编制。

32.【精析】A 制单时，此类凭证的借方限制科目至少出现一个发生额。对于收款凭证来说，通常是借方必有“库存现金”或“银行存款”科目。

33.【精析】A 银行对账是出纳人员最基本的工作之一。企业的结算业务大部分要通过“银行存款”科目进行，但由于企业与银行的账务处理和入账时间不一致，往往会发生双方账面不一致的情况，即出现所谓的“未达账项”。

34.【精析】A 在计算机账务处理系统中，记账后的凭证发现错误时，应采用负数冲正或补充登记的方法进行修改。

35.【精析】C 在账务处理系统进行科目设置时，由于科目的最终结果是从末级科目开始的，所以需要设置的辅助核算都应设在最低一级明细科目。

36.【精析】B 账务处理子系统主要解决会计数据处理中从原始凭证到账簿的问题。

37.【精析】A 只有在对账单文件中一条记录与银行日记账未达账项文件中的一条记录完全相同时，才可实现自动对账，其他三种情况下均需手工核对。

38.【精析】A 在电算化方式下，结账工作与手工操作相比简单得多，结账是一种成批数据处理，每月只结账一次，结账主要是对当月日常处理限制和下月账簿的初始化，这两项工作均由计算机自动完成。

39.【精析】B 结账后，不能输入本月凭证，但可输入下月凭证。

40.【精析】D 在报表管理系统中，可以用关键字来唯一标志一个表页。

41.【精析】B 期末余额函数 QM()表示取金额期末数，WQM()表示取外币期末数。

42.【精析】A 计算公式定义了报表数据之间的运算关系，可以实现报表系统从其他子系统取数的功能，所以必须定义计算公式。

43.【精析】A 关键字是表页定位的特定标志，在“格式”状态下设置完成关键字以后，只有在“数据”状态下对其实际赋值，才能真正成为表页的鉴别标志，并为表页间、表与表之间的取数提供依据。

44.【精析】C 应收/应付账款核算模块的日常业务处理包括收款单据的录入、付款单据的输入、往来业务核销、生成打印应收/应付账款预警表、账龄分析和应收/应付账款查询打印等。往来单位编码的定义属于初始设置操作。

45.【精析】D 工资核算系统的初始设置包括：①建立部门档案。②设置工资类别。③建立人员档案。④工资项目设置。⑤工资计算公式定义。⑥工资原始数据录入。⑦定义工资转账关系。要区别固定工资数据与变动工资数据的输入，前者属于初始设置，后者属于日常使用操作。工资变动数据的录入属于日常业务处理。

二、多项选择题

1.【精析】BCD 会计科目编码时可以按企业自身需要逐级向下设置明细科目，所以代码的总长度不是固定的，但最好在8位以内。

2.【精析】ABC 会计科目的辅助核算内容有个人往来、客户往来、供应商往来、部门核算、项目核算等；另外，还有外币核算、数量核算、银行账和日记账辅助核算。

3.【精析】ABCD 在制单时，凭证类别对科目有一定的限制，通常系统有五种限制类型供选择：①借方必有。②贷方必有。③凭证必有。④凭证必无。⑤无限制。ABCD四个选项包括在五种类型内，应全选。

4.【精析】BCD 在一般情况下，凭证编号由系统按月自动、连续、唯一地编号。如果在启用账套时设置凭证编号的方式为“手工编号”，用户可手工录入编号，但都不能任意编号。

5.【精析】ABC 上月未记账月末就不能结账，因此本月也不能记账。

6.【精析】AC 结账只有在每月月底进行一次。

7.【精析】BC 凭证的审核必须由具有审核权限的操作员注册进入系统审核录入员录入的凭证，而凭证的输入则需要录入员根据原始凭证进行手工输入，计算机也可以在总账以外的其他子系统中根据输入的原始凭证自动生成部分记账凭证。

8.【精析】ABCD 银行对账具有以下功能：输入银行对账单；银行对账（包括自动对账和手工对账）；编制银行存款余额调节表；对账结果的查询（包括查询、删除已达账项）。

9.【精析】ABCD 对于凭证的修改可以分为几种情况：①未审核的凭证可以直接修

改。②已审核的凭证需要取消审核后再修改。③已记账的凭证只能通过红字冲销法或补充登记法进行更正。

10.【精析】ABCD 报表管理系统共提供六种关键字，它们是“单位名称”、“单位编号”、“年”、“季”、“月”、“日”，此外，报表管理系统还提供一个自定义关键字。

11.【精析】CD 报表管理系统中主要的本表页取数函数有“求和 PTOTAL()”、“最大值 PMAX()”、“最小值 PMIN()”、“求平均数 PAVG()”、“计数 PCOUNT()”、“方差 PVAR()”、“偏方差 PSTD()”，而“QM()”、“QC()”为自总账取数函数。

12.【精析】ABCD 报表格式设置包括设置报表尺寸、定义报表行高列宽、画表格线、定义组合单元、输入报表项目、定义单元风格、设置关键字等。

13.【精析】ABCD 报表的标题即报表的表头部分，应包括报表名称、编制单位、编报日期和使用的货币单位。

14.【精析】ABCD 报表中数据来源广泛，主要来源于各核算系统，也可以来源于其他报表中数据、表间数据和手工输入。

15.【精析】ABC 在定义报表公式时，单击“fx”按钮或双击某公式单元或按“＝”键，都可打开“定义公式”对话框。

16.【精析】ABC 报表管理系统提供了各类文件管理功能，除能完成一般的文件管理外，报表的数据文件还能够被转换成不同的文件格式，如文本文件、.mdb 文件和 .xls 文件等。

17.【精析】ABCD 工资管理系统需要根据企业的实际情况灵活可变地设置工资结构等项目，并且要及时准确地计算、汇总和分配工资数据。工资管理系统的设置要符合单位内部控制制度的要求。

18.【精析】ABD 加班补贴要根据加班时间等其他项目进行核算，无法独立核算。

19.【精析】ABC 根据会计知识可知资产原值、折旧方法及使用状态会影响固定资产的折旧，而增加方式描述资产如何获得，与折旧无关。

20.【精析】BCD 固定资产管理系统中的资产变动包括原值变动、部门转移、使用状况变动、折旧方法调整、累计折旧调整、使用年限调整、工作总量调整、净残值率调整等多种情形。

21.【精析】ABD 应收账款管理系统初始化需根据各种应收单据录入期初数据，主要单据有应收单、应收票据、销售发票等。

22.【精析】AD 《会计核算软件基本功能规范》中对记账凭证的编号有以下规定：①同一类型的记账凭证必须保证当月凭证编号的连续。②既可以由手工输入，也可以由会计核算软件自动产生。

23.【精析】ABC 编码时，一级会计科目编码按财政部规定(新会计制度规定为四位编码)的编码方案执行；明细科目编码按照具体编码规则设置。在一般情况下，会计科目编码采用科目全编码方案，即：本级科目全编码＝上一级科目全编码＋本级科目编码。

24.【精析】ABCD 本题中四种方法均可确定会计科目，这是计算机操作的优势。

25.【精析】ABCD 期末结账是很重要的一项工作。结账前要进行很多项内容的检查，只有各项检查都通过了，才能结账。

26.【精析】AC　关于记账，应注意的问题如下：①第一次记账时，若期初余额试算不平衡，不能记账。②上月未记账，本月不能记账。③未审核凭证不能记账，记账范围应小于等于已审核范围。④作废凭证不需审核可直接记账。⑤记账过程一旦断电或其他原因造成中断后，系统将自动调用“恢复记账前状态”恢复数据，然后再重新记账。

27.【精析】ABCD　账务处理系统中初始设置的主要内容包括账套设置、建立会计科目、初始数据录入、凭证类别设置等。

28.【精析】ABC　账务处理系统中，记账凭证的编号应当实现：①由计算机自动编号。②如果分类，应分类编号。③编号必须连续等。

29.【精析】ABCD　会计核算软件应具备初始化功能，其中应进行初始化的内容包括：①操作人员姓名、权限、密码等岗位分工情况的设定。②固定资产折旧方法、存货计价方法等会计核算方法的选定。③会计核算必需的会计科目编码、名称、年初数、累计发生数及有关数量指标。④本期进行对账的未达账项等。

30.【精析】ABCD　题中四项档案均为基础档案中比较重要的档案信息。

31.【精析】ABCD　在财务软件中，建立会计科目时，输入的基本内容不仅包括此四项信息，还有更多信息，这是手工操作与计算机操作的主要差别。

32.【精析】AB　设计会计科目编码时应从一级会计科目开始。在财务软件中，科目编码必须设定，而且非常重要，在填制凭证、账簿查询、编制报表的过程中均需用到会计科目编码。

33.【精析】CD　有余额的会计科目应先删除余额，再修改。而删除会计科目应从末级科目开始。

34.【精析】BC　初始化时，没有余额的科目，可不输入期初余额。如果已经记过账，期初余额则不可修改。

35.【精析】AB　对账条件中的方向、金额相同是必选条件，对账截止日期可输入也可不输入。

36.【精析】ABCD　在报表的“数据”状态下管理报表的数据，如输入数据、增加或删除表页、审核、舍位平衡、制作图形、汇总报表、合并报表等。在“数据”状态下不能修改报表的格式，用户看到的将是报表的全部内容，包括格式和数据。

37.【精析】AB　在报表管理系统中，由于各种报表之间存在着密切的数据间的逻辑关系，所以报表中各种数据的采集、运算的钩稽关系的检测就用到了不同的公式。在报表中，主要有计算公式、审核公式。

38.【精析】ACD　固定资产管理系统的日常业务处理主要包括固定资产变动(资产增减和资产变动)资料输入、计提折旧和账表输出等。原始卡片录入是初始设置的工作。

39.【精析】ABC　工资管理系统是针对企业内部人员工资管理而设计的功能模块，不涉及客户的设置。

40.【精析】BCD　在启动应收账款管理系统后，要进行初始设置操作，包括：①建立往来单位档案。②付款条件定义。③初始数据录入。

三、判断题

1.【精析】√ 账套号是用来输入新建账套的编号，账套号唯一且必须输入。

2.【精析】√ 一个账套可以设定多个账套主管，账套主管自动拥有该账套的所有权限。

3.【精析】× 科目编码中的一级科目编码要按财政部的统一编码方案进行编码。

4.【精析】× 建立科目编码时要从一级科目开始，逐级向下建立。

5.【精析】√ 由总账系统的证、账、表数据一致性的特点，可知电算化方式下不用进行账证、账账核对。

6.【精析】× 无论是手工输入凭证还是机制凭证，在进入总账后都要经具有该凭证审核权限的审核员审核。

7.【精析】√ 外币核算、数量核算等辅助核算的设置都是根据具体科目的需要情况进行判断是否需要设置，并不是每个科目都需要进行外币核算、数量核算设置。

8.【精析】√ 在电算化方式下，所有凭证类型均采用统一的凭证格式。

9.【精析】× 正文中不同行的摘要可以相同也可以不同，但不能为空。

10.【精析】√ 会计电算化记账是一个虚拟化的过程，只是由计算机在记账凭证上做上记账标志，实际上的记账环节完全取消，只是在需要时输入指令便可形成账簿。

11.【精析】√ 自动进行银行对账并自动生成“银行存款余额调节表”是银行对账的基本功能。

12.【精析】√ 在对银行账进行两清勾对后，计算机自动整理汇总未记账和已记账，生成“银行存款余额调节表”，以便检查对账是否正确。

13.【精析】√ 在报表的“数据”窗口下可以进行的操作有输入数据、增加或删除表页、审核、舍位平衡、制作图形、汇总报表、合并报表等。

14.【精析】√ 一个报表最多可容纳 99 999 张表页，一个报表中的所有表页具有相同的格式，其中的数据不同。

15.【精析】× 单元的名称是由其所在的列字母和行数字组成，类似于 Excel 中的单元。

16.【精析】√ “单位名称”、“单位编号”、“年”、“季”、“月”、“日”是系统提供的六种关键字。

17.【精析】√ 表尾是指表体以下进行辅助说明的部分，另外还包括编制人、审核人等内容。表尾部分的内容可有可无，但表尾这一结构在报表中是存在的。

18.【精析】× 此题前半句话错误，后半句话正确。企业常用的财务报表数据一般来源于总账系统或报表系统本身，取自报表的数据又可以分为从本表取数和从其他报表的表页取数，但这些取数都需要通过函数实现。

19.【精析】√ 工资管理系统与总账系统、成本管理系统、报表管理系统、项目管理系统进行数据传递。

20.【精析】√ 当工资数据修改后，系统会自动更正各部门、各人员类别的工资总额。

21.【精析】√　由于在工资项目中，有的项目是变动的，即每月的数据均不相同，在每月工资处理时，均需将此数据清为零，而后输入当月的数据，此类项目即为清零项目。

22.【精析】×　在工资管理系统中，应先设置工资项目，再由具体的工资项目确定工资计算公式。

23.【精析】√　计提坏账准备是应收账款管理系统的基本功能，在初始化时要进行坏账准备设置。

24.【精析】√　在经过初始化设置及正确录入固定资产卡片中有关信息和选用折旧方法后，系统可自动计提折旧并生成记账凭证。

25.【精析】×　新增固定资产的录入是通过固定资产管理系统的日常业务处理进行的。

26.【精析】×　在会计软件系统中，所设置的操作员一旦被引用，便不能被修改和删除。

27.【精析】√　在电算化方式下，记账凭证经审核签字后，由具有记账权限的操作员发出记账指令，计算机将按照预先设计的记账程序自动进行合法性检查、科目汇总，并登记总账、明细账及备查账等。

28.【精析】√　在报表的“数据”状态下，可以管理报表的数据，如输入数据、增加或删除表页、审核、舍位平衡、制作图形、汇总报表、合并报表等。

29.【精析】√　科目一经使用，即已经输入凭证后，则不允许修改或删除该科目，不允许作科目升级处理，此时，只能增加同级科目。

30.【精析】×　数值单元用于存放报表的数据，在“数据”状态下输入。数值单元的内容可以直接输入或由单元中存放的单元公式运算生成。

31.【精析】√　在用友报表系统中，用户可以根据自己的需要设置相应的关键字。

32.【精析】×　选择“是否按行业预置科目”选项，系统会自动建立所属行业的标准一级科目，而不是自动建立企业所需的全部会计科目。

33.【精析】√　指定会计科目是指定出纳专管的科目。指定科目后，才能执行出纳签字，从而实现现金日记账、银行存款日记账管理的保密性，也才能查看现金日记账或银行存款日记账。

34.【精析】√　银行对账是货币资金管理的主要内容。在计算机总账系统中，银行对账科目的科目性质在科目设置时应定义为“银行账”辅助账类。

35.【精析】√　凭证处理是账务处理日常核算的基本功能，包括凭证的编辑录入、修改、审核、汇总、打印等内容。

36.【精析】√　凭证分类不影响记账的结果，一般而言，可分为收款凭证、付款凭证和转账凭证。但业务量较少的单位可不进行分类，只设置“记账凭证”一种类别即可。

37.【精析】×　用友报表系统可以很方便地对数据进行图形组织和分析，制作包括直方图、立体图、圆饼图、折线图等多种分析图表，并能编辑图表的位置、大小、标题、字体、颜色、打印输出等。

38.【精析】√ 设置的字符格式不仅对所选文字有效，而且对自该处后续输入的文本同样有效。

39.【精析】× 在电算化方式下，结账工作与手工操作相比简单得多，结账是一种成批数据处理，每月只结账一次，结账主要是对当月日常处理限制和对下月账簿的初始化，均由计算机自动完成。

40.【精析】√ 在报表格式设计状态下进行有关格式设计的操作，如表尺寸、行高列宽、单元属性、单元风格、组合单元、关键字，以便定义报表的单元公式（计算公式）、审核公式等。

41.【精析】× 表页在报表中的序号在表页下方以标签的形式出现，称为“页标”。页标用“第 1 页”至“第 99 999 页”表示，如果当前表为第 2 页，则可以表示为@2。

42.【精析】√ 报表数据处理一般是针对某一特定表页进行的，因此，在数据处理时还涉及表页的操作，如增加、删除、插入、追加表页等。报表数据处理工作必须在“数据”状态下进行。

43.【精析】√ 工资费用分摊完成后，系统会自动生成完整的机制转账凭证并自动传递到总账的记账凭证临时文件中，完成转账凭证的入账工作。

44.【精析】× 在固定资产原值变动后，需要对固定资产卡片进行数据修改和填写备注，保存修改后在“处理——凭证”功能下，生成记账凭证。

45.【精析】√ 在应收/应付管理系统初始化设置中，必须进行账龄区间设置，否则统计分析下的账龄分析功能无法进行。

实验操作

会计电算化上机操作实验

实验一　系统管理与基础设置

实验目的

通过本次上机实验，使考生熟悉系统管理和基础设置的各项功能，理解系统管理的作用以及财务分工、基础设置的意义，掌握系统管理和基础设置的操作技能。

实验材料

(一)用户

(1)姓名：赵强，ID：001，所属角色：账套主管。
(2)姓名：王静，ID：002，所属角色：出纳。
(3)姓名：宋威，ID：003，所属角色：无。
操作员所属部门均为财务室。
口令暂时为空，等各操作人员进入总账后自行设置口令。
每个操作员的 E-mail 地址和手机号为空。

(二)账套信息

账套号：100。
账套名称：北京光明有限责任公司。
账套路径：E：\1-1。
启用会计期：2009 年 1 月 1 日。
会计期间设置：年度按公历 1 月 1 日起至 12 月 31 日止，月份按自然起止日期。

(三)单位信息

单位名称：北京光明有限责任公司。
单位简称：光明公司。

(四)核算类型

本位币名称：人民币。
本位币代码：RMB。
企业类型：工业。

行业性质:小企业会计制度。

账套主管:赵强。

是否按行业预置科目:是。

(五)基础信息

存货是否分类:是。

客户、供应商是否分类:否。

有无外币核算:有。

(六)分类编码方案

会计科目编码级次和长度:4-2-2-2。

客户分类编码级次和长度:2-2。

部门编码级次和长度:1-2。

存货分类编码级次和长度:1-2。

结算方式编码级次和长度:1-2。

供应商分类编码级次和长度:2-2。

其他按系统默认设置。

(七)数据精度

存货数量小数位数、存货单价小数位数、开票单价小数位数、件数小数位数、换算率小数位数、税率小数位数均为2。

(八)用户的操作权限

(1)赵强:具有账套主管的所有权限(不用设置)。

(2)王静:具有出纳业务的所有权限、总账系统所属凭证类中的"出纳签字"权限。

(3)宋威:具有总账系统、应收系统、应付系统、公用目录设置、资产管理系统和工资管理系统的所有权限。

(九)总账系统控制参数(见表1)

表1 总账控制参数表

选项卡	参数设置
凭证	凭证制单时,采用序时控制(不能倒流),进行支票管理与资金及往来赤字控制,可使用其他系统受控科目。制单权限控制到科目,不可修改他人填制的凭证。凭证审核时不控制到操作员,由出纳填制的凭证必须经出纳签字,采用预算控制方式
账簿	账簿打印页数、每页的打印行数按软件的标准设定,明细账查询控制到科目,明细账打印按年排页
会计日历	会计日历为1月1日起至12月31日止
其他	数量小数位和单价小数位设为2位;部门、个人、项目按编码方式排序

(十)部门档案信息(见表2)

表2 部门档案信息

编号	名称	部门属性	负责人	地址
1	行政科	管理兼技术	张鹏	厂内
101	厂办公室	管理	李丽	厂内
102	财务室	财务	赵强	厂内
103	总务室	库房	刘英	厂内
2	生产科	生产	张鹏	厂内
201	机装车间	基本生产	李明	厂内
202	辅助车间	辅助生产	王维	厂内
3	供销科	供销	张鹏	厂内
301	销售组	销售	王涛	厂内
302	供应组	供应	刘伟	厂内

(十一)职员档案信息(见表3)

表3 职员档案信息

序号	编号	姓名	所属部门	职员属性	职员类别	工资类别	工龄(年)	基本工资(元)
1	101	张鹏	厂办公室	负责人	企业管理人员	正式人员	25	2 000
2	102	李丽	厂办公室	厂办秘书	企业管理人员	正式人员	18	1 000
3	103	赵强	财务室	会计主管	企业管理人员	正式人员	30	1 600
4	104	王静	财务室	出纳	企业管理人员	正式人员	13	1 100
5	105	宋威	财务室	会计	企业管理人员	正式人员	15	1 100
6	106	刘英	总务室	保管员	企业管理人员	正式人员	16	800
7	201	李明	机装车间	车间主任	车间管理人员	正式人员	15	1 300
8	202	王维	辅助车间	车间主任	辅助车间人员	正式人员	14	1 300
9	301	王涛	销售组	组长	销售人员	正式人员	8	1 300
10	302	刘伟	供应组	负责人	企业管理人员	正式人员	21	1 300

注:以上全部人员均为中方人员,计税,通过中国工商银行代发工资,个人账号为11位,按人员档案序号分别为:20090080001～20090080010。

(十二)存货和计量单位信息

1. 存货分类(见表4)

表4　　存货分类表

分类编码	存货分类名称
1	原材料
101	原料及主要材料
102	辅助材料
103	外购半成品
2	包装物
3	产成品
4	应税劳务

2. 计量单位组(见表5)

表5　　计量单位组

计量单位组编码	计量单位组名称	计量单位组类别
001	重量	固定换算
002	数量	无换算
003	行程	固定换算

3. 计量单位(见表6)

表6　　计量单位

计量单位编码	计量单位名称	计量单位组编码	主计量单位标志	换算率
01	千克	001	是	1.00
02	吨	001		1 000.00
03	台	002		
04	套	002		
05	个	002		
06	千米	003	是	1.00
07	里	003		2.00

4. 存货档案表(见表7)

表7　　　　存货档案表

存货编号	所属分类码	存货名称	规格型号	计量单位	计划价格（元）	参考成本（元）	参考售价（元）	最新成本（元）	供应单位	属性
001	101	铸铁件	C500	吨	3 000	3 100	3 600	2 900	京铸	外购、生产用
002	101	铸铜件	40×80	吨	20 000	20 000	38 000	21 000	京铸	外购、生产用
003	101	钢材	C25	吨	8 000	7 800	8 800	7 900	京铸	外购、生产用
004	102	润滑油	991	千克	3.9	4	4.8	4	五交化	外购、生产用
005	102	油漆	YQ01	千克	10	11	17	10	五交化	外购、生产用
006	103	电动机	200瓦	台	800	810	880	810	津胜	外购、生产用
007	103	轴承	C20	套	350	360	450	240	天风	外购、生产用
008	103	电器元件		个	20	22	30	21	元件厂	外购、生产用
009	2	木箱	800×90	个	400	410	490	400	木器厂	外购、生产用
010	3	A产品		台	30 000	31 000	48 000	30 500		自制、销售
011	3	B产品		台	14 500	15 000	22 000	15 000		自制、销售
012	4	运输费		千米	200	200		200		应税劳务

注：税率、运输费为7%，其他存货为17%。

实验步骤

注：先将计算机系统日期修改为“2009年1月1日”，在E盘下新建一个文件夹“1-1”。

(一)启动系统管理

依次单击“开始”、“程序”、“用友操作系统”、“系统服务”、“系统管理”命令，打开“用友操作系统[系统管理]”窗口。

(二)注册系统管理

(1)以系统管理员 Admin 的身份执行“系统”菜单中的“注册”命令，打开“注册[系统管理]”窗口。

(2)依次输入服务器名(服务器名为所在计算机的标志)、操作员 Admin,单击“确定”按钮。注意:密码为空。

(三)增加用户

(1)单击“权限”菜单中的“用户”命令,打开“用户管理”窗口(窗口显示出系统预设的三位用户姓名:demo、SYSTEM、UFSOFT,口令同他们的姓名,不区分大小写)。

(2)单击“增加”按钮,打开“增加用户”对话框,输入用户的编号“001”、用户姓名“赵强”、所属部门“财务室”,单击“账套主管”前的复选框,选中账套主管。

(3)单击“增加”按钮。

(4)以此方法完成其他用户的增加。

(四)建立账套

(1)单击“账套”菜单中的“建立”命令,打开“创建账套——账套信息”对话框。

(2)输入账套号“100”,账套名称“北京光明有限责任公司”。

(3)单击“下一步”按钮,打开“创建账套——单位信息”对话框,录入单位信息。

(4)单击“下一步”按钮,打开“创建账套——核算类型”对话框。

(5)单击账套主管栏下三角按钮,选择“[001]赵强”。

(6)单击“下一步”按钮,打开“创建账套——基础信息”对话框。

(7)在“创建账套——基础信息”对话框中,单击“存货是否分类”、“有无外币核算”前的复选框。

(8)单击“完成”按钮,系统打开“可以创建账套了么?”提示框。

(9)单击“是”按钮,稍等片刻,出现“分类编码方案”对话框。

(10)按所给资料修改分类编码方案。

(11)单击“确定”按钮,进入“数据精度定义”对话框。

(12)单击“确认”按钮,出现“创建账套”提示框。

(13)单击“是”,打开“系统启用”对话框。

(14)单击“GL(总账)”复选框,打开“日历”对话框。

(15)选择日期为 2009 年 1 月 1 日,单击“确定”按钮。以此方法启用“工资”、“固定资产”。

(16)单击“是”按钮,进行再次确认。

(五)设置用户的操作权限

账套主管赵强的权限不用设置,他的权限在建立账套时已经设置好了,自动拥有该账套的所有权限。其他操作员的权限既可由系统管理员 Admin 来设置,也可由账套主管赵强来设置,下面由账套主管赵强给王静和宋威赋权。

(1)在“系统管理”窗口中,单击“系统”中的“注销”,注销操作员Admin。

(2)单击“系统”中的“注册”,打开“注册[系统管理]”,输入“001”或“赵强”,按回车键。

(3)单击“确认”按钮。

(4)单击“权限”中的“权限”,打开“操作员权限”对话框。

(5)在左窗格中选中“王静”,再单击“修改”按钮,打开“增加和调整权限”窗口。

(6)单击“总账”左侧的目录树,再单击其中的“出纳”,最后单击总账所属凭证类中的“出纳签字”。

(7)单击“确定”按钮。

(8)在左窗格中选中“宋威”。

(9)单击“修改”,打开“增加和调整权限”窗口,依次选中目录树中的应收、应付、公用目录设置、固定资产、总账、工资管理(如果要浏览或设置详细权限,可展开目录树)。

(10)单击“确定”按钮,返回“操作员权限”窗口。

(11)单击“退出”按钮,退出系统。

(六)修改账套

(1)单击“账套”中的“修改”,打开“账套修改”对话框。

(2)单击“下一步”按钮,再单击“下一步”按钮,最后单击“下一步”按钮,取消“有无外币核算”。

(3)单击“完成”,系统提示“确认修改账套了么?”。

(4)单击“是”按钮,系统自动依次打开“分类编码方案”和“数据精度定义”窗口,分别单击“确认”按钮,系统弹出提示窗口。

(5)单击“确定”按钮,完成修改。

(七)进入基础档案设置

在“用友操作系统门户”窗口中,双击“基础信息”中的“基础档案”,打开“基础档案”窗口。

(八)部门档案设置

(1)在“基础档案”窗口中,双击“部门档案”,打开“部门档案”窗口。

(2)单击“增加”按钮,录入第一个部门信息(负责人信息暂时不录,等完成职员档案信息设置后,回到“部门档案”窗口,通过修改部门信息的方式,录入各部门的负责人),单击“保存”按钮。

(3)按 Backspace 键,继续录入第二个部门的信息。

(4)以此方法录入其他部门信息。

(5)单击“退出”按钮,退出系统。

(九)职员档案设置

(1)在“基础档案”窗口中,双击“职员档案”,打开“职员档案”窗口。

(2)选择左边的部门“101 厂办公室”,单击“增加”按钮,打开“增加职员档案”窗口。

(3)输入职员编码、职员名称等信息,单击“保存”按钮。

(4)重复步骤(3),录入本部门其他职员的信息。本部门所有职员的信息录入完成后,单击“退出”按钮。

(5)重复步骤(2)～(4),以此方法完成其他部门的职员信息录入。

(6)单击“退出”按钮,退出系统。

(十)修改部门负责人档案

(1)在“基础档案”窗口中,双击“部门档案”,打开“部门档案”窗口。

(2)选择左边的部门“1 行政科”,单击“修改”按钮,再单击“负责人”参照按钮,打开“参照”窗口。

(3)在“参照”窗口中双击“张鹏”所在行。

(4)在“部门档案”窗口中,单击“保存”按钮。

(5)以此方法完成其他部门负责人的修改。

(十一)存货分类设置

(1)在“基础档案”窗口中,双击“存货分类”,打开“存货分类”窗口。

(2)单击“增加”按钮,录入第一类存货分类信息,单击“保存”按钮。

(3)以此方法录入其他类存货分类信息。

(4)单击“退出”按钮,退出系统。

(十二)计量单位组设置

(1)在“基础档案”窗口中,双击“计量单位”,打开“计量单位”窗口。

(2)单击“分组”按钮,打开“计量单位分组”窗口。

(3)在“计量单位分组”窗口中,单击“增加”按钮。

(4)录入第一个计量单位组编码、计量单位组名称,选择计量单位组类别,单击“保存”按钮。

(5)以此方法完成其他计量单位组的设置。

(6)单击“退出”按钮,退出系统。

(十三)计量单位设置

(1)在“基础档案”窗口中,双击“计量单位”,打开“计量单位”窗口。

(2)选择左边的计量单位组别“001 重量”,单击“单位”按钮,打开“计量单位设置”窗口。

(3)单击“增加”按钮,输入第一类计量单位组中的第一个计量单位编码:01,计量单位名称:千克,并选择千克作为主计量单位(一般在同一计量单位组中,以小单位作为主计量单位)。单击“保存”按钮,完成第一个计量单位的设置。

(4)第一类计量单位组中的第二个计量单位编码:02,计量单位名称:吨,不选择吨作为主计量单位,但输入换算率:1 000。单击“保存”按钮,完成第二个计量单位的设置。

(5)单击“退出”按钮,完成第一个计量单位组中计量单位的录入。

(6)重复步骤(2)～(5),继续录入其他计量单位组中的计量单位。

(7)最后,单击“退出”按钮,退出系统。

(十四)存货档案设置

(1)在“基础档案”窗口中,双击“存货档案”,打开“存货档案”窗口。

(2)单击“增加”按钮,打开“增加存货档案”窗口。

(3)在各个页签中,录入第一项存货的档案信息。

(4)单击“保存”按钮。

(5)以此方法录入其他存货的档案信息。

(6)单击“退出”按钮,退出系统。

实验二　总账系统初始设置

实验目的

通过本次上机实验,使考生熟悉总账系统初始化的各项功能,理解总账系统初始化的作用,掌握总账系统初始化的操作技能。

实验材料

(一)会计科目及部分初始余额(见表8)

表8　　会计科目及初始余额表　　单位:元

科目类型	级次	科目编码	科目名称	账类	数量	账页格式	期初余额	
							借方	贷方
资产	1	1001	库存现金	R		金额式	3 430.50	
资产	1	1002	银行存款	ER		金额式	576 180.00	
资产	2	100201	工行存款	ER		金额式	576 180.00	
资产	1	1009	其他货币资金			金额式	50 000.00	
资产	2	100903	银行汇票存款			金额式	50 000.00	
资产	1	1131	应收账款			金额式	753 400.00	
资产	1	1141	坏账准备			金额式		2 223.00
资产	1	1151	预付账款			金额式	20 000.00	
资产	1	1133	其他应收款			金额式	4 400.00	

科目类型	级次	科目编码	科目名称	账类	数量	账页格式	期初余额	
							借方	贷方
资产	2	113301	应收职工借款	A		金额式	4 400.00	
资产	1	1211	原材料			金额式	1 027 400.00	
资产	2	121101	原料及主要材料			金额式	930 000.00	
资产	3	12110101	铸铁件	S	吨	数量金额式	30 000.00	
资产	3	12110102	铸铜件	S	吨	数量金额式	60 000.00	
资产	3	12110103	钢材	S	吨	数量金额式	840 000.00	
资产	2	121102	辅助材料			金额式	21 400.00	
资产	3	12110201	润滑油	S	千克	数量金额式	6 400.00	
资产	3	12110202	油漆	S	千克	数量金额式	15 000.00	
资产	2	121103	外购半成品			金额式	76 000.00	
资产	3	12110301	电动机	S	台	数量金额式	16 000.00	
资产	3	12110302	轴承	S	套	数量金额式	28 000.00	
资产	3	12110303	电器元件	S	个	数量金额式	32 000.00	
资产	1	1221	包装物			金额式	19 112.00	
资产	2	122101	木箱	S	个	数量金额式	1 200.00	
资产	2	122102	其他			金额式	17 912.00	
资产	1	1243	库存商品			金额式	197 500.00	
资产	2	124301	A 产品	S	台	数量金额式	152 500.00	
资产	2	124302	B 产品	S	台	数量金额式	45 000.00	
资产	1	1501	固定资产			金额式	4 333 000.00	
资产	1	1502	累计折旧			金额式		1 390 179.00

科目类型	级次	科目编码	科目名称	账类	数量	账页格式	期初余额	
							借方	贷方
负债	1	2101	短期借款			金额式		100 000.00
负债	1	2121	应付账款			金额式		316 690.00
负债	2	212101	应付货款			金额式		316 690.00
负债	2	212102	暂估应付款			金额式		
负债	1	2131	预收账款			金额式		28 000.00
负债	1	2153	应付职工薪酬			金额式		50 000.00
负债	1	2176	应交税费			金额式		2 385.00
负债	1	2181	应付利息			金额式		27 000.00
负债	1	2301	长期借款			金额式		500 000.00
负债	2	230101	长期借款本金			金额式		500 000.00
权益	1	3101	实收资本			金额式		4 000 000.00
权益	2	310101	国家投资			金额式		4 000 000.00
权益	2	310102	外单位投资			金额式		
权益	1	3111	资本公积			金额式		200 000.00
权益	2	311103	接受现金捐赠			金额式		200 000.00
权益	1	3121	盈余公积			金额式		289 050.00
权益	2	312101	法定盈余公积			金额式		200 000.00
权益	2	312103	任意盈余公积			金额式		89 050.00
权益	1	3131	本年利润			金额式		78 895.50
权益	2	314115	未分配利润			金额式		78 895.50
成本	1	4101	生产成本			金额式		
成本	2	410101	基本生产成本			金额式		
成本	3	41010101	直接材料	D		金额式		

科目类型	级次	科目编码	科目名称	账类	数量	账页格式	期初余额	
							借方	贷方
成本	3	41010102	工资及附加	D		金额式		
成本	3	41010103	制造费用	D		金额式		
成本	2	410102	辅助生产成本			金额式		
成本	3	41010201	直接材料			金额式		
成本	3	41010202	工资及附加			金额式		
成本	3	41010203	其他费用			金额式		
成本	1	4105	制造费用			金额式		
成本	2	410501	折旧			金额式		
成本	2	410502	管理人员工资			金额式		
成本	2	410503	其他费用			金额式		
损益	1	5101	主营业务收入			金额式		
损益	2	510101	A产品	S	台	数量金额式		
损益	2	510102	B产品	S	台	数量金额式		
损益	1	5102	其他业务收入			金额式		
损益	2	510201	材料销售			金额式		
损益	2	510202	其他收入			金额式		
损益	1	5301	营业外收入			金额式		
损益	2	530101	固定资产盘盈			金额式		
损益	2	530102	处理固定资产净收益			金额式		
损益	2	530103	罚款净收入			金额式		
损益	2	530104	其他			金额式		
损益	1	5401	主营业务成本			金额式		
损益	2	540101	A产品	S	台	数量金额式		
损益	2	540102	B产品	S	台	数量金额式		
损益	1	5405	其他业务成本			金额式		

科目类型	级次	科目编码	科目名称	账类	数量	账页格式	期初余额	
							借方	贷方
损益	2	540501	材料销售			金额式		
损益	2	540502	其他支出			金额式		
损益	1	5502	管理费用			金额式		
损益	2	550201	办公费	F		金额式		
损益	2	550202	差旅费	F		金额式		
损益	2	550203	招待费	F		金额式		
损益	2	550204	工资及附加	F		金额式		
损益	2	550205	折旧费	F		金额式		
损益	2	550206	其他	F		金额式		
损益	2	550207	坏账准备			金额式		
损益	1	5503	财务费用			金额式		
损益	2	550301	利息支出			金额式		
损益	2	550302	手续费			金额式		
损益	2	550303	其他			金额式		
损益	1	5601	营业外支出			金额式		
损益	2	560101	固定资产盘亏			金额式		
损益	2	560102	处理固定资产净损失			金额式		
损益	2	560103	罚款支出			金额式		
损益	2	560104	捐赠支出			金额式		
损益	2	560105	非常损失			金额式		
损益	2	560106	其他			金额式		
合计							5 592 020.5	5 592 020.5

注：(1)业务处理过程中需要的其他科目，在录入凭证时随时增加。

(2)在表8中，账类符号分别表示如下：

A——个人往来核算　　D——项目核算

R——日记账核算　　E——银行账核算

S——数量核算　　F——部门核算

(3)指定“1001 库存现金”为现金总账科目，指定“1002 银行存款”为银行存款总账科目。

(二)存货期初明细数据(见表9)

表9　　　　存货期初数据明细表

明细账户及材料名称	计量单位	结存数量	单价	金额(元)	供应商	部门	业务员
原料及主要材料							
铸铁件(12110101)	吨	10	3 000	30 000	京铸	供应组	刘伟
铸铜件(12110102)	吨	3	20 000	60 000	京铸	供应组	刘伟
钢材(12110103)	吨	105	8 000	840 000	京铸	供应组	刘伟
辅助材料							
润滑油(12110201)	千克	80	80	6 400	五交化	供应组	刘伟
油漆(12110202)	千克	1 500	10	15 000	五交化	供应组	刘伟
外购半成品							
电动机(12110301)	台	20	800	16 000	津胜	供应组	刘伟
轴承(12110302)	套	80	350	28 000	天风	供应组	刘伟
电器元件(12110303)	个	1 600	20	32 000	元件厂	供应组	刘伟
包装物							
木箱(122101)	个	3	400	1 200	木器厂	供应组	刘伟
其他(122102)				17 912		供应组	刘伟
产成品							
甲A产品(124301)	台	5	30 500	152 500		机装车间	李明
甲B产品(124302)	台	3	15 000	45 000		机装车间	李明

(三)凭证类别(见表10)

表10　　　　凭证类别

类型	限制类型	限制科目
收款凭证	借方必有	1001,1002
付款凭证	贷方必有	1001,1002
转账凭证	凭证必无	1001,1002

(四)结算方式(见表 11)

表 11　　结 算 方 式

编　　码	结算方式	票据管理标志
1	现金结算	
2	支票	√
201	现金支票	√
202	转账支票	√
3	商业汇票	
301	商业承兑汇票	
302	银行承兑汇票	
4	银行汇票	
5	其他	

(五)项目档案

(1)项目大类:成本计算。

(2)项目级次:1。

(3)项目大类栏目(见表 12)。

(4)核算科目(见表 8)。

(5)项目分类:①自制产品成本计算;②委托外单位加工产品成本计算。

(6)项目目录(见表 13)。

表 12　　项目大类栏目

项目编号	文本
产品名称	文本
是否结算	逻辑
所属分类码	文本
标准成本	实数
备注	文本

表 13　　项 目 目 录

项目编号	所属项目分类码	产品名称	标准成本（元）	备注
01	1	甲 A 产品	30 000	
02	1	甲 B 产品	15 000	

实验步骤

(一)设置总账系统控制参数

(1)单击“设置”中的“选项”,打开“选项”窗口。

(2)单击“编辑”按钮,进入编辑状态。

(3)在“凭证”页签中,单击有关选项前的复选框或单选框,进行凭证类选项的设置。

(4)单击“账簿”页签,再单击有关选项前的复选框或单选框,进行账簿类选项的设置。

(5)会计日历类选项不用修改,使用默认参数。

(6)单击“其他”页签,再单击有关选项前的复选框或单选框,进行其他类选项的设置。

(7)单击“确定”按钮,完成总账系统控制参数的设置。

(二)指定会计科目

(1)单击“设置”中的“会计科目”,打开“会计科目”窗口。

(2)单击“编辑”菜单中的“指定科目”命令,打开“指定科目”窗口。

(3)在“指定科目”窗口中,“现金总账科目”里的待选科目“1001 库存现金”自动被选中,单击“≫”按钮,完成现金总账科目的选定。

(4)单击“银行总账科目”,待选科目“1002 银行存款”自动被选中,单击“≫”按钮,完成银行总账科目的选定。

(5)单击“确认”按钮。

(6)单击“退出”,完成指定科目的设置。

(三)增加会计科目

(1)单击“设置”中的“会计科目”,打开“会计科目”窗口。

(2)单击“增加”按钮,打开“会计科目_新增”窗口。

(3)依次录入科目编码“100201”、科目名称“工行存款”。

(4)单击“确定”按钮(由于预置科目“1002”已经被设置为“日记账”及“银行账”,所以新增的下级科目“100201”自动被识别为“日记账”及“银行账”)。

(5)数量类科目,比照前类科目的方法进行增加,只不过是账页格式选择“数量金额式”,并选择“数量核算”。

(6)在“会计科目_新增”窗口中,单击“增加”按钮,依次录入科目编码“113301”、科目名称“应收职工借款”,并在“辅助核算”中,单击“个人往来”前的复选框,最后单击“确定”按钮。

(7)在“会计科目_新增”窗口中,单击“增加”按钮,依次录入科目编码“41010101”、科目名称“直接材料”,并在“辅助核算”中,单击“项目核算”前的复选框,最后单击“确定”按钮。“41010102”、“41010103”科目的增加,也比照该方法进行增加。

(8)其他科目的增加可比照上述各类科目的增加方法进行新增操作,这里不再赘述。

(四)凭证类别设置

(1)单击“设置”中的“凭证类别”,打开“凭证类别设置”窗口。

(2)单击“收款凭证”、“付款凭证”、“转账凭证”前的单选按钮。

(3)单击“确定”按钮,打开“凭证类别”窗口。

(4)单击“修改”按钮,双击“收款凭证”所在行的“限制类型”栏,再单击下三角按钮,选择“借方必有”,再在“限制科目”栏录入“1001,1002”(注意:逗号应在英文状态下录入),或单击限制科目栏参照按钮,分别选择“1001”及“1002”。

(5)双击“付款凭证”所在行的“限制类型”栏,再单击下三角按钮,选择“贷方必有”,再在“限制科目”栏录入“1001,1002”,或单击限制科目栏参照按钮,分别选择“1001”及“1002”。

(6)双击“转账凭证”所在行的“限制类型”栏,再单击下三角按钮,选择“凭证必无”,再在“限制科目”栏录入“1001,1002”,或单击限制科目栏参照按钮,分别选择“1001”及“1002”。

(7)单击“退出”按钮。

(五)结算方式设置

(1)单击“设置”中的“结算方式”,打开“结算方式”窗口。

(2)单击“增加”按钮,录入结算方式编码“1”,录入结算方式名“现金结算”。

(3)单击“保存”按钮。以此方法录入其他结算方式,但要注意“现金支票”和“转账支票”方式有票据管理功能。

(4)单击“退出”按钮。

(六)项目档案设置

(1)在“设置”菜单中,单击“编码档案”中的“项目目录”,打开“项目档案”窗口。

(2)单击“增加”按钮,打开“项目大类定义_增加”对话框。

(3)录入新项目大类名称“成本计算”。

(4)单击“下一步”,打开“定义项目级次”对话框。

(5)在“定义项目级次”对话框中,单击“下一步”按钮,打开“定义项目栏目”对话框。

(6)在“定义项目栏目”对话框中,双击标题栏中的“项目名称”,将其改为“产品名称”,按回车键。

(7)在“定义项目栏目”对话框中,单击“增加”按钮,在标题栏中输入“标准成本”,双击类型栏选择“实数”;再单击“增加”按钮,在标题栏中输入“备注”,双击类型栏选择“文本”。

(8)在“定义项目栏目”对话框中,单击“完成”按钮,返回“项目档案”窗口。

(9)单击“项目大类”栏下三角按钮,选择“成本计算”,并单击“核算科目”页签,单击“≫”按钮,再单击“确定”按钮,完成核算科目选择。

(10)单击“项目分类定义”页签,录入分类编码“1”和分类名称“自制产品成本计算”,单击“确定”按钮;再在分类编码栏录入“2”,在分类名称栏录入“委托外单位加工产品成本计算”，单击“确定”按钮。

(11)单击“项目目录”页签，再单击“维护”按钮，打开“项目目录维护”窗口。

(12)在“项目目录维护”窗口中，单击“增加”按钮，录入项目编号“01”、项目名称“A产品”、所属分类码“1”、标准成本“30 000”；再单击“增加”按钮，录入项目编号“02”、项目名称“B产品”、所属分类码“1”、标准成本“15 000”。

(13)单击“退出”按钮，返回“项目档案”窗口，再单击“退出”按钮，返回“U8—总账”窗口。

(七)录入期初余额

(1)单击“设置”中的“期初余额”，打开“期初余额录入”窗口。

(2)在“库存现金”所在行“期初余额”栏录入“3 430.50”，在“工行存款”所在行“期初余额”栏录入“576 180.00”。

(3)在“铸铁件”所在行“期初余额”栏录入“30 000.00”。数量录入“10”。

(4)其他科目的余额可依照上述方法录入。

(5)所有余额录入完成之后，单击“试算”按钮，进行平衡校验。

实验三　总账系统日常账务处理

实验目的

通过本次上机实验，使考生熟悉总账系统日常账务处理的各项功能，理解总账系统日常账务处理的数据流程和基本步骤，掌握总账系统日常账务处理的操作技能。

实验材料

(一)常用摘要(见表14)

表14　常用摘要

摘要编码	摘要内容	相关科目
01	销售产品	5101
02	采购材料	1211
03	报销费用	
04	收到货款	100201
05	支付货款	

(二)常用凭证(见表15)

表15　常用凭证

编号	说明	凭证类型	科目编号	附单据数
01	从银行提取现金	付款凭证	1001,100201	
02	将现金存入银行	付款凭证	100201,1001	

(三)2009年1月发生的经济业务

(1)1月8日,财务室王静购买200元的办公用品,以现金支付。

(2)1月8日,收到万科集团投资资金60 000元,转账支票号No. 548190,已存入工行。

(3)1月9日,供应组采购员刘伟出差归来,报销差旅费4 536元,出纳员以现金136元补足其差额。

(4)1月13日,从工行提取现金6 500元备用金,现金支票号XJ001。

(5)1月13日,生产领用材料(见表16)。

表16　材料领用汇总表

部门 \ 原材料		原材料及主要材料(吨)			辅助材料(千克)		外购半成品		
		铸铁件	铸铜件	钢材	油漆	润滑油	电机(台)	轴承(套)	电器元件(个)
机装车间	A产品	1							
	B产品	9							
	共用材料			96	1 120	58	25	60	1 120
	金额(元)	27 000	20 000	768 000	11 200	4 640	20 000	21 000	22 400
定额	A产品		0.5	2	1	20	1	4	20
	B产品		0.5	1	0.8	15	1	3	15

注:共用材料按定额比例分配。

(6)1月13日,厂办公室支付业务招待费1 000元,转账支票号No. 648960。

实验步骤

(一)设置常用摘要

(1)以 001 号操作员赵强身份注册登录总账系统(也可进入"企业门户",在"基础信息"的"基础档案"中设置常用摘要)。

(2)在总账系统中,单击"凭证"中的"常用摘要",打开"常用摘要"窗口。

(3)在"常用摘要"窗口中,单击"增加"按钮。

(4)依次录入第 1 个摘要的编码、内容和相关科目。

(5)重复步骤(4)录入其他摘要的有关信息。

(6)单击"退出"按钮,退出。

(二)设置常用凭证

(1)单击"凭证"中的"常用凭证",打开"常用凭证"窗口。

(2)在"常用凭证"窗口中,单击"增加"按钮。

(3)依次录入第 1 张常用凭证的代码(如"01")、说明(如"从银行提取现金"),单击"凭证类别"栏下三角按钮,选择凭证类别(如"付款凭证")。

(4)单击"详细"按钮,打开"常用凭证——付款凭证"窗口。

(5)单击"增加"按钮,录入该凭证的第 1 个科目编码(如"1001");再单击"增加"按钮,在第 2 行录入该凭证的第 2 个科目编码(如"100201")。

(6)单击"退出"按钮,完成第 1 张常用凭证的设置。

(7)以此方法设置其他常用凭证。

(8)单击"退出"按钮,退出。

(三)填制记账凭证

第 1 笔业务凭证的填制:

(1)在总账系统中,单击"系统"菜单中的"重新注册"命令,更换操作员为"宋威"。

(2)单击"凭证"中的"填制凭证",打开"填制凭证"窗口。

(3)在"填制凭证"窗口中,单击"增加"按钮。

(4)单击凭证类别的参照按钮,选择"付款凭证"。

(5)修改凭证日期为"2009 年 1 月 8 日"。

(6)在"摘要"栏内录入"03"(即调用第 03 号常用摘要),或单击"摘要"栏参照按钮,选择"第 03 号常用摘要",单击"选入"按钮,或者直接录入摘要。

(7)按回车键或用鼠标单击"科目名称"栏,单击"科目名称"栏的参照按钮,选择"损益"类科目"550201 办公费",或者直接在科目名称栏输入"550201"。

(8)按回车键,出现"辅助项"对话框,单击"部门"栏参照按钮,选择"财务部",或者直接录入财务部的编码"102",单击"确认"按钮,录入借方金额"200"。

(9)按回车键(系统自动复制上一行的摘要),再按回车键或用鼠标单击“科目名称”栏(第二行),单击“科目名称”栏的参照按钮,选择“资产”类科目“1001 库存现金”,或直接在“科目名称”栏输入“1001”,按回车键,再按回车键。

(10)录入贷方金额“200”,或直接按“=”键。

第 2 笔业务凭证的填制:

(1)在“填制凭证”窗口中,单击“增加”按钮。

(2)单击“凭证类别”栏的参照按钮,选择“收款凭证”。

(3)修改凭证日期为“2009 年 1 月 8 日”。

(4)在“摘要”栏内录入“收到投资款”。

(5)按回车键或用鼠标单击“科目名称”栏,单击“科目名称”栏的参照按钮,选择“资产”类科目“100201 工行存款”,或者直接在“科目名称”栏输入“100201”,按回车键。

(6)在出现的“辅助项”对话框中,单击“结算方式”栏的参照按钮,选择“转账支票”,或者直接录入转账支票结算方式的编码“202”,再录入支票号码“548190”,单击“确认”按钮,录入借方金额“60 000”。

(7)按回车键或用鼠标单击“科目名称”栏(第二行),单击“科目名称”栏的参照按钮,选择“权益”类科目“310102 外单位投资”,或直接在“科目名称”栏输入“310102”,按回车键,再按回车键。

(8)录入贷方金额“60 000”,或直接按“=”键。

第 3 笔业务凭证的填制:

(1)在“填制凭证”窗口中,单击“增加”按钮。

(2)单击“凭证类别”栏的参照按钮,选择“付款凭证”。

(3)修改凭证日期为“2009 年 1 月 9 日”。

(4)在“摘要”栏内录入“03”(即调用第 03 号常用摘要),或单击“摘要”栏的参照按钮,选择“第 03 号常用摘要”,或者直接录入摘要。

(5)按回车键或用鼠标单击“科目名称”栏,单击“科目名称”栏的参照按钮,选择“损益”类科目“550202 差旅费”,或者直接在“科目名称”栏输入“550202”。

(6)按回车键,出现“辅助项”对话框,单击“部门”栏参照按钮,选择“供应组”,或者直接录入供应部的编码“302”,单击“确认”按钮,录入借方金额“4 536”。

(7)按回车键(系统自动复制上一行的摘要),再按回车键,或用鼠标单击“科目名称”栏(第二行),单击“科目名称”栏的参照按钮,选择“资产”类科目“113301 应收职工借款”,或直接在“科目名称”栏输入“113301”,按回车键,出现“辅助项”对话框。

(8)单击“个人”栏的参照按钮,选择“刘伟”,或直接录入刘伟的编码“302”,单击“确认”按钮。

(9)按回车键,录入贷方金额“4 400”。

(10)按回车键或用鼠标单击“科目名称”栏,单击“科目名称”栏的参照按钮,选择“资产”类科目“1001 库存现金”,或直接在“科目名称”栏输入“1001”,按回车键。

(11)录入贷方金额“136”,或直接按“=”键。

第 4 笔业务凭证的填制：

(1)“填制凭证”窗口中，单击“制单”菜单中的“调用常用凭证”命令，打开“调用常用凭证”对话框。

(2)在“调用常用凭证”对话框中，输入常用凭证代号“01”，单击“确认”按钮。

(3)修改凭证日期为“2009 年 1 月 13 日”。

(4)单击“借方金额”栏，输入“6 500”，再单击“贷方金额”栏，按“＝”键，或直接输入“6 500”。

(5)单击“退出”按钮，退出。

第 5 笔业务以后的凭证填制比照上述方法填制。

(四)出纳的签字和取消出纳签字

(1)重新注册更换操作员为王静。

(2)单击“凭证”中的“出纳签字”，打开“出纳签字”对话框。

(3)在“出纳签字”对话框中，单击“确认”按钮，打开“出纳签字”窗口。

(4)在“出纳签字”窗口中，单击“确定”按钮，打开待签字的第 1 号“收款凭证”，单击“签字”按钮，完成第 1 张凭证的签字，再依次单击“下张”按钮、“签字”按钮，直到将填制的所有凭证进行出纳签字。

(5)单击“退出”按钮，退出“出纳签字”。

(6)如果要取消出纳签字，可单击“取消”按钮。

(7)如果要对所有待签字的凭证进行成批签字处理，可单击“出纳”菜单中的“成批出纳签字”，系统自动完成成批出纳签字。

(五)凭证的审核和取消审核

(1)重新注册，更换操作员为赵强。

(2)单击“凭证”中的“审核凭证”，打开“凭证审核”对话框。

(3)在“凭证审核”对话框中，单击“确认”按钮，打开“凭证审核”窗口。

(4)在“凭证审核”窗口中，单击“确定”按钮，打开待审核的第 1 号“收款凭证”，单击“审核”按钮，完成第 1 张凭证的签字，再依次单击“下张”按钮、“审核”按钮，直到将填制的所有凭证审核签字。

(5)单击“退出”按钮，退出“凭证审核”。

(6)如果要取消审核签字，可单击“取消”按钮。

(7)如果要对所有待审核的凭证进行成批审核处理，可单击“审核”菜单中的“成批审核凭证”，系统自动完成成批审核签字。

(8)在凭证审核过程中，如果发现凭证错误，可单击“标错”按钮；已经“标错”的凭证，修改错误后，可单击“标错”取消其标记。

(六)删除第 1 号付款凭证

(1)由操作员赵强，取消第 1 号付款凭证的审核签字。

(2)重新注册,更换操作员为王静,取消第1号付款凭证的出纳签字。

(3)重新注册,更换操作员为宋威,单击“凭证”中的“填制凭证”,打开“填制凭证”对话框。

(4)找到第1号付款凭证,单击“制单”菜单中的“作废/恢复”命令,该凭证打上“作废”标记。

(5)单击“制单”中的“整理凭证”菜单,选择凭证期间“2009.01”后单击“确定”按钮,打开“作废凭证”窗口。

(6)单击“全选”按钮,再单击“确定”按钮,出现“是否还需整理凭证断号”信息提示框。

(7)单击“是”,再单击“退出”按钮。

(七)记账

(1)由操作员宋威,单击“凭证”中的“记账”,打开“记账——选择本次记账范围”对话框。

(2)在“记账——选择本次记账范围”对话框中,单击“下一步”按钮,打开“记账——记账报告”,再单击“下一步”按钮,打开“记账——记账”对话框。

(3)单击“记账”按钮,打开“期初试算平衡表”窗口。

(4)单击“确认”按钮,出现“记账完毕”提示信息。

(5)单击“确定”按钮。

(八)查询已经记账的凭证

(1)单击“凭证”中的“查询凭证”,打开“凭证查询”对话框。

(2)单击“凭证类别”栏下三角按钮,选择或录入要查询凭证的条件。

(3)单击“确认”按钮,打开“查询凭证”窗口。

(4)单击“确定”按钮,打开符合条件的第1张凭证。

(5)单击“首张”、“下张”、“上张”、“末张”按钮,查询所要查询的凭证。

(6)单击“退出”按钮,退出。

(九)冲销已记账的第3号付款凭证

(1)单击“凭证”中的“填制凭证”,打开“填制凭证”窗口。

(2)单击“制单”中的“冲销凭证”,打开“冲销凭证”对话框。

(3)单击“凭证类别”栏下三角按钮,选择“付款凭证”,在“凭证号”栏输入“3”。

(4)单击“确定”按钮,再单击“保存”按钮。

(5)单击“退出”按钮,退出。

(6)更换操作员为王静,对冲销凭证进行出纳签字。

(7)更换操作员为赵强,对冲销凭证进行审核、记账处理。

实验四　总账系统期末处理

实验目的

通过本次上机实验，使考生熟悉总账系统期末处理的各项功能，理解总账系统期末处理的数据流程和基本步骤，掌握总账系统期末处理的操作技能。

实验材料

(1)结转本期已售甲A产品、甲B产品的生产成本。

(2)结转期间损益。

实验步骤

(一)设置销售成本结转

(1)在“期末”菜单中，单击“转账定义”中的“销售成本结转”，打开“销售成本结转设置”窗口。

(2)在“销售成本结转设置”窗口中，单击“凭证类别”栏下三角按钮，选择“转账凭证”。

(3)在“库存商品科目”栏输入“1243”或单击参照按钮选择“1243 库存商品”，在“商品销售收入科目”栏输入“5101”或单击参照按钮选择“5101 主营业务收入”，在“商品销售成本”栏输入“5401”或单击参照按钮选择“5401 主营业务成本”。

(4)单击“确定”按钮，退出。

(二)设置期间损益结转

(1)在“期末”菜单中，单击“转账定义”中的“期间损益结转”，打开“期间损益结转设置”窗口。

(2)单击“凭证类别”栏下三角按钮，选择“转账凭证”，在“本年利润科目”栏录入“3131”或单击参照按钮选择“3131 本年利润”。

(3)单击“确认”按钮，退出。

(三)生成期末自动结转的转账凭证

(1)单击“期末”菜单中的“转账生成”，打开“转账生成”窗口。

(2)在“转账生成”窗口中，单击“销售成本结转”前单选按钮。

(3)单击“确定”按钮，出现“2009年01月之前有未记账凭证，是否继续结转?”提示。

(4)单击“是”按钮，打开“销售成本结转一览表”。

(5)单击“确定”按钮，生成“销售成本结转”的转账凭证。

(6)单击“保存”按钮，凭证上出现“已生成”的标记。单击“退出”按钮，退出已生成的销售成本结转的转账凭证。

(四)对转账生成的凭证进行审核、记账处理

(1)更换操作员为宋威,对未记账凭证进行审核。

(2)单击“凭证”中的“记账”,进行记账处理。

(五)生成期间损益结转凭证

(1)单击“期末”菜单中的“转账生成”,打开“转账生成”窗口。

(2)在“转账生成”窗口中,单击“期间损益结转”前的单选按钮。

(3)单击“全选”按钮或选中要结转的凭证所在行,再单击“确定”按钮,生成“期间损益结转”的转账凭证。

(4)单击“保存”按钮,再单击“退出”按钮,再单击“取消”按钮,退出已生成的期间损益结转的转账凭证。

(六)对 2009 年 1 月份的会计账簿进行对账

(1)单击“期末”菜单中的“对账”,打开“对账”窗口。

(2)单击“试算”按钮,出现“2009.01 试算平衡表”对话框。

(3)单击“确认”按钮,再单击“选择”按钮,在“2009.01 是否对账”栏出现“Y”标志,选中要对账的月份。

(4)单击“对账”按钮,系统开始对账,并显示对账结果。

(5)单击“退出”按钮,退出。

(七)对 2009 年 1 月份进行结账

(1)单击“期末”菜单中的“结账”,打开“结账——开始结账”窗口。

(2)单击“下一步”按钮,打开“结账——核对账簿”对话框。

(3)单击“对账”按钮,系统进行对账,当对账完毕后,单击“下一步”按钮,打开“结账——月度工作报告”对话框。

(4)单击“下一步”按钮,出现“2009 年 01 月未通过工作检查,不可以结账”提示。

(5)单击“上一步”按钮,查看不能结账的原因,并修改不能结账的工作,直到满足结账的条件。

(6)重复步骤(2)、(3),在“结账——月度工作报告”对话框中单击“下一步”,出现“结账——完成结账”对话框。

(7)单击“结账”按钮,完成结账工作。

实验五 UFO报表

实验目的

通过本次上机实验，使考生熟悉自定义和利用报表模板生成报表的各项功能，理解自定义和利用报表模板生成报表的基本步骤，掌握自定义和利用报表模板生成报表的操作技能。

实验材料

(一)自定义报表的格式设计和数据生成

(1)资金表的表样(见表17)。

表17 资金表

编制单位： 年 月 日 单位：元

项目	行次	年初数	期末数
现金	1		
银行存款	2		
其他货币资金	3		
合计	4=1+2+3		

制表人： 赵强

(2)编制单位：北京光明有限责任公司。

(3)编制时间：2009年1月31日。

(二)利用报表模板生成报表

(1)编制单位：北京光明有限责任公司。

(2)编制时间：2009年1月。

实验步骤

(一)自定义报表的格式设计和数据生成

1.设置表的尺寸

(1)在用友操作系统门户中，双击“财务会计”中的“UFO报表”。

(2)单击“文件”中的“新建”或单击工具栏中“新建”按钮。

(3)单击“格式”中的“表尺寸”，打开“表尺寸”对话框。

(4)在“行数”栏输入“8”，在“列数”栏输入“4”，单击“确认”按钮。

2. 设置表的格式

(1)在 A1 单元格输入“资金表”,在 A3 单元格输入“项目”,以此方法输入表格内其他的文字。

(2)选中 A1:D1 区域,单击工具栏中的“组合单元”按钮,或单击“格式”中的“组合单元”,均打开“组合单元”窗口,从中单击“整体组合”或“按行组合”。

(3)选择 A1 单元,单击“格式”中的“单元属性”,打开“单元格属性”窗口,单击“字体图案”页签,字体选择黑体,字型选择正体,前景色选择红色;单击“对齐”页签,水平方向和垂直方向均选择“居中”,再单击“确定”按钮。

(4)以此方法设置 A3:D3 区域、B4:B7 区域的单元属性。

(5)选择 A3:D7 区域,单击“格式”中的“单元属性”,打开“单元格属性”窗口,单击“边框”页签,分别单击“外边框”和“内框线”按钮,再单击“确定”按钮。

(6)单击“文件”中的“保存”,或单击工具栏中的“保存”按钮,打开“另存为”窗口,选择 E 盘上的“3-1”文件夹(事先建好),在“文件名编辑”栏输入“资金表”,再单击“另存为”按钮。

3. 设置表的计算公式

(1)选择 C4 单元格,在“数据”菜单中,单击“编辑公式”中的“单元公式”,打开“定义公式”窗口。

(2)单击“函数向导”按钮,打开“函数向导”窗口。

(3)在左窗格的函数分类中选择“用友账务函数”,在右窗格的函数名中选择“期初(QC)”,单击“下一步”按钮,打开“用友账务函数”窗口。

(4)单击“参照”按钮,打开“账务函数”窗口。

(5)单击“确定”按钮,返回“用友账务函数”窗口。

(6)单击“确定”按钮,返回“定义公式”窗口。

(7)单击“确定”按钮,完成第 1 个公式的设置。

(8)以此方法设置 C5、C6 单元格的公式。

(9)选择 C7 单元格,在“数据”菜单中,单击“编辑公式”中的“单元公式”,打开“定义公式”窗口,在“公式”栏中输入“C4+C5+C6”,单击“确定”按钮。

(10)选择 C4:C7 区域,右击,在弹出的快捷菜单中,单击“复制”,再选择 D4:D7 区域,右击,在弹出的快捷菜单中,单击“粘贴”。

(11)分别双击 D4、D5、D6,在弹出的“定义公式”窗口中,将“QC”改成“QM”;双击 D7,在弹出的“定义公式”窗口中,将公式中的“C”全部改成“D”。

4. 设置关键字

(1)选择 A2 单元格,在“数据”菜单中,单击“关键字”中的“设置”,打开“设置关键字”窗口。

(2)单击“确定”按钮。

(3)选择 C2 单元格,在“数据”菜单中,单击“关键字”中的“设置”,打开“设置关键字”窗口。

(4)单击“年”前的单选按钮，再单击“确定”按钮。

(5)以此方法在C2单元格中设置关键字“月”和“日”。

(6)在“数据”菜单中，单击“关键字”中的“偏移”，打开“定义关键字偏移”窗口。

(7)在“年”中输入“－60”，月中输入“－30”，单击“确定”按钮。

5. 生成报表

(1)单击屏幕左下角的“格式”按钮。

(2)单击工具栏中的“录入关键字”按钮，或在“数据”菜单中，单击“关键字”中的“录入”，打开“录入关键字”窗口。

(3)输入单位名称“北京光明有限责任公司”，年“2009”，月“1”，日“31”，单击“确认”按钮，弹出“是否重算第1页?”提示。

(4)单击“是”，稍等片刻，出现计算结果。

(5)单击“关闭”按钮，并将其保存在原来的位置。

(二)利用报表模板生成报表

1. 建立资产负债表

(1)在企业门户中，双击“财务会计”中的“UFO报表”。

(2)在UFO报表系统中，单击“文件”中的“新建”，打开报表“格式”状态窗口。

(3)在报表“格式”状态窗口中，单击“格式”中的“报表模板”，打开“报表模板”对话框。

(4)单击“您所在的行业”栏下三角按钮，选择“新会计制度科目”，再单击“财务报表”栏下三角按钮，选择“资产负债表”。

(5)单击“确认”按钮，系统提示“模板格式将覆盖本表格式！是否继续?”。

(6)单击“确定”按钮，打开按新会计制度科目设置的“资产负债表”模板。

2. 修改报表计算公式

(1)双击“D16”单元格，打开“定义公式”窗口。

(2)单击“公式编辑”栏的最后，在最后一个“)”号的右边输入“＋ QM(“4105”，月，年)”。

(3)单击“确认”按钮。

3. 设置关键字

(1)在报表“格式”状态窗口中，单击选中A3单元，再按“Delete”键将“编制单位”删除。

(2)仍选中A3单元，在“数据”菜单中，单击“关键字”中的“设置”，打开“设置关键字”窗口。

(3)单击“确定”按钮。

4. 设置审核公式

(1)在“数据”菜单中，单击“编辑公式”中的“审核公式”，打开“审核公式”对话框。

(2)在“审核公式”对话框中,输入审核关系:C43=G43 MESS “年初数不等!”;D43=H43 MESS “期末数不等!”。

(3)单击“确定”按钮。

5. 录入关键字并计算报表数据

(1)在报表“格式”状态窗口中,单击报表左下角“格式”按钮,系统提示“是否确定全表重算?”。

(2)单击“否”按钮,进入报表的“数据”状态。

(3)在“数据”菜单中,单击“关键字”中的“录入”,打开“录入关键字”窗口。

(4)在“单位名称”栏录入“北京光明有限责任公司”。

(5)单击“确认”按钮,系统提示“是否重算第 1 页?”。

(6)单击“是”按钮,稍等片刻,生成资产负债表数据。

6. 审核报表

在“数据”状态窗口下,单击“数据”中的“审核”,系统自动执行审核公式。稍等片刻,系统显示执行结果:如果没有审核公式或审核公式书写错误,则在状态栏左侧显示“算术表达式错”;如果审核公式书写正确且相等,则在状态栏左侧显示“完全正确!”,否则显示“年初数不等!”或“期末数不等!”

7. 保存资产负债表

(1)单击“文件”中的“保存”,打开“另存为”对话框,选择存放路径“1-1”文件夹,修改文件名为“资产负债表”。

(2)单击“另存为”按钮。

实验六　工资管理系统

实验目的

通过本次上机实验,使考生熟悉工资系统初始化、工资账务处理和统计分析的各项功能,理解工资系统初始化、工资账务处理和统计分析的基本步骤,掌握工资系统初始化、工资账务处理和统计分析的操作技能。

实验材料

(一)工资账套参数

工资类别个数有两个,核算币种为人民币 RMB,不核算计件工资,通过工商银行代发工资,自动代扣个人所得税,不进行扣零处理,人员编码长度为 3 位,启用日期为 2009 年 1 月 1 日。

(二)人员类别

企业的人员类别包括企业管理人员、基本生产人员、车间管理人员、辅助车间人员和销售人员。

(三)工资项目设置(见表18)

表18 工资项目表

项目名称	类型	长度	小数位数	工资增减项	备注
工龄	N	3	0	其他	
基本工资	N	10	2	增项	
岗位工资	N	10	2	增项	
奖金	N	10	2	增项	
交通补助	N	6	2	增项	
应发合计	N	10	2	增项	无须选择
病假扣款	N	8	2	减项	
事假扣款	N	8	2	减项	
代扣税	N	8	2	减项	无须选择
扣款合计	N	8	2	减项	无须选择
实发合计	N	10	2	增项	无须选择
日工资	N	8	2	其他	
事假天数	N	8	0	其他	
病假天数	N	8	0	其他	
计税基数	N	8	2	其他	

(四)银行名称

银行名称为工商银行,账号长度为11位,录入时自动带出的账号长度为8位。单位编号为1234567868。

(五)工资类别

工资类别:正式人员。

部门:所有部门。

人员档案:见"基础资料"部分。

工资项目:工龄、基本工资、岗位工资、奖金、交通补助、应发合计(无须选择)、病假扣款、事假扣款、代扣税(无须选择)、扣款合计(无须选择)、实发合计(无须选择)、日工资、事假天数、病假天数、计税基数。

正式人员工资计算公式见表19。

表 19　　工资计算公式表

工资项目	定义公式
岗位工资	IFF[人员类别＝“企业管理人员”,2 000,IFF(人员类别＝“辅助车间人员”,1 600,1 800)]
交通补助	IFF(人员类别＝“销售人员”,400,200)
计税基数	基本工资＋岗位工资＋奖金－病假扣款－事假扣款
日工资	(基本工资＋岗位工资＋奖金)/21.17
病假扣款	IFF[工龄＞＝10,日工资×病假天数×0.2,IFF(工龄＞＝5 AND 工龄＜＝10,日工资×病假天数×0.3,日工资×病假天数×0.5)]
事假扣款	事假天数×日工资×0.8

(六)个人所得税信息

个人所得税的所得项目为工资,对应工资项目为计税基数,计税基数 2 000 元。2009 年 1 月有关的工资数据见基础设置中的“人员档案”。此外,机装车间每人奖金增加 100 元。

(七)工资分摊类型和计提标准

工资分摊的类型为应付工资、应付福利费和工会经费,其中:应付福利费和工会经费的计提标准分别为“计税基数”的 14%、2%。

(八)工资分摊构成(见表 20)

表 20　　工资分摊构成表

工资分摊 车间、部门			工资总额		应付福利费		工会经费	
			借方	贷方	借方	贷方	借方	贷方
行政科		企业管理人员	550 204	2 153	550 204	2 153	550 206	2 153
生产科	基本生产人员	机装车间	41 010 102		41 010 102			
生产科	辅助车间人员	辅助车间	41 010 202		41 010 202			
生产科	车间管理人员	机装车间	410 502		410 502			
供应组		企业管理人员	550 204		550 204			
销售组		销售人员	5 501		5 501			

实验步骤

(一)取消总账系统期末结账

(1)在"用友操作系统门户"中,双击"财务会计"中的"总账"。

(2)单击"期末"中的"结账",打开"结账"窗口。

(3)单击选择"2009.01",再按组合键"Ctrl+Shift+F6",打开"确认口令"窗口。

(4)单击"确认"按钮,再单击"取消"按钮。

(5)关闭"总账"系统。

(二)启用工资系统

(1)在"用友操作系统门户"中,双击"基础信息"中的"基本信息",打开"基本信息"窗口。

(2)双击"系统启用",打开"系统启用"窗口。

(3)单击"WA 工资管理"前的方框,打开"日历"窗口。

(4)选择"2009 年 1 月 1 日",单击"确定"按钮,弹出"确实要启用当前系统吗?"提示。

(5)单击"是"按钮。

(6)单击"退出"按钮,返回"基本信息"窗口。

(7)单击"关闭"按钮。

(三)建立工资账套和工资类别

(1)在"用友操作系统门户"中,双击"财务会计"中的"工资管理",稍等片刻出现"建立工资账套——参数设置"窗口。

(2)在"建立工资账套——参数设置"窗口中,单击"多个"前的单选按钮。

(3)单击"下一步"按钮,打开"建立工资账套——扣税设置"窗口,单击"是否从工资中代扣个人所得税"前的复选框,单击"下一步"按钮,打开"建立工资账套——扣零设置"窗口。

(4)单击"下一步"按钮,打开"建立工资账套——人员编码"。

(5)单击"人员编码长度"前的数字可变按钮,使人员编码的长度为"3"。

(6)单击"完成"按钮,出现提示"未建立工资类别"。

(7)单击"确定"按钮,出现"工资管理——新建工资类别"窗口。

(8)单击"确定"按钮,出现"新建工资类别"窗口。

(9)在"新建工资类别"窗口中,输入"正式人员",单击"下一步"按钮,打开"新建工资类别——请选择部门"对话框。

(10)分别单击选中各个部门,并单击"选定下级部门"前的复选框。

(11)单击"完成"按钮,系统提示"是否以 2009 年 1 月 1 日为当前工资类别的启用日期?"。

(12)单击"是"按钮,完成正式人员类别的设置。

(13)单击“工资类别”中的“关闭工资类别”。

(四)设置人员类别

(1)单击“设置”中的“人员类别设置”,打开“类别设置”对话框。

(2)在“类别”栏录入“企业管理人员”后单击“增加”按钮,再在“类别”栏录入“基本生产人员”后单击“增加”按钮。

(3)以此方法再录入其他的人员类别。

(4)最后,单击“返回”按钮。

(五)设置工资项目

(1)单击“设置”中的“工资项目设置”,打开“工资项目设置”对话框。

(2)单击“增加”按钮,单击“名称参照”下拉列表按钮,从中选择“基本工资”,或直接在“工资项目名称”栏录入“基本工资”,然后单击“基本工资”所在行“类型”栏下三角按钮,选择“数字”,双击“长度”栏选择“10”,双击“小数”栏选择“2”,双击“增减项”选择“增项”。

(3)以此方法继续增加其他的工资项目。

(4)单击“确认”按钮,出现提示“工资项目已经改变,请确认各工资类别的公式是否正确,否则计算结果可能不正确”。

(5)单击“确定”按钮。

(六)设置银行名称

(1)单击“设置”中的“银行名称设置”,打开“银行名称设置”对话框。

(2)单击选中“银行名称”栏的“建设银行”后单击“删除”按钮,系统提示“删除银行将相关文件及设置一并删除,是否继续?”,单击“是”按钮。

(3)以此方法再删除“农业银行”。

(4)在录入时需要自动带出的“账号”栏录入“8”。

(5)单击“返回”按钮,返回。

(七)设置正式人员工资套的工资项目

(1)单击“工资类别”中的“打开工资类别”,出现“打开工资类别”对话框。

(2)单击“确认”按钮。

(3)单击“设置”中的“工资项目设置”,打开“工资项目设置”对话框。

(4)在“工资项目设置”页签中,单击“增加”按钮,再单击“名称参照”栏下三角按钮,选择“基本工资”。

(5)以此方法再增加其他的工资项目。

(6)单击选中“基本工资”,单击“上移”按钮,将“基本工资”移动到“工资项目”栏的第1行。

(7)继续移动其他的工资项目到相应的位置。

(8)单击“确认”按钮。

(八)设置正式人员工资账套的人员档案

(1)单击“设置”中的“人员档案”,打开“人员档案”窗口。

(2)在“人员档案”窗口中,单击“增加”按钮,打开“人员档案”对话框。

(3)在“基本信息”页签中,录入人员编号“101”,单击“人员姓名”栏的参照按钮,选择“张鹏”,单击“部门编码”栏下三角按钮,选择“101”,单击“银行名称”栏下三角按钮,选择“工商银行”,在“银行账号”栏录入“20090080001”。单击“确认”按钮。

(4)以此方法继续录入其他的人员档案。

(5)单击“退出”按钮,退出“人员档案”对话框。

(九)设置正式人员工资账套的计算公式

(1)单击“设置”中的“工资项目设置”,打开“工资项目设置——工资项目设置”对话框。

(2)在“工资项目设置——工资项目设置”对话框中,单击“公式设置”页签,打开“工资项目设置——公式设置”对话框。

(3)单击“工资项目”区域中的“增加”按钮,单击下三角按钮,选择“岗位工资”。

(4)单击“函数公式向导输入”按钮,打开“函数向导——步骤 1”对话框。

(5)单击选中“函数名”中的“IFF”。

(6)单击“下一步”按钮,打开“函数向导——步骤 2”对话框。

(7)单击“逻辑表达式”栏的参照按钮,打开“参照”对话框。

(8)单击“参照列表”中第 1 行的下三角按钮,选择“人员类别”,再单击选中“企业管理人员”。

(9)单击“确认”按钮,返回“函数向导——步骤 2”对话框。

(10)在“算术表达式 1”中录入“2 000”,单击“完成”,返回“工资项目设置——公式设置”对话框。

(11)在“公式设置”页签中的“岗位工资公式定义”中,将鼠标定位到“700”之后、“)”之前,再单击“函数公式向导输入”按钮,打开“函数向导——步骤 1”对话框。

(12)单击选中“函数名”中的“IFF”。

(13)单击“下一步”按钮,打开“函数向导——步骤 2”对话框。

(14)单击“逻辑表达式”栏的参照按钮,打开“参照”对话框。

(15)单击“参照列表”中第 1 行的下三角按钮,选择“人员类别”,再单击选中“辅助车间人员”。

(16)单击“确认”按钮,返回“函数向导——步骤 2”对话框。

(17)在“算术表达式 1”中录入“1 800”,在“算术表达式 2”中录入“1 800”。

(18)单击“完成”按钮,返回“工资项目设置——公式设置”对话框。

(19)单击“公式确认”按钮,再单击“确认”按钮。

(20)以此方法设置其他的工资计算公式。

(十)修改个人所得税的计提基数

注:将计算机系统日期修改为“2009 年 1 月 31 日”,然后进行 2009 年 1 月份的工资账务处理和系统分析。

(1)在“用友操作系统门户”中,双击“财务会计”中的“工资管理”,打开“工资管理”对话框。

(2)单击“确认”按钮,打开“正式人员”工资套。

(3)单击“业务处理”中的“扣缴所得税”,系统提示“本月未进行‘工资变动’或数据有变化,请先进入‘工资变动’重新计算数据,否则数据可能不正确”。

(4)单击“确定”按钮,出现“栏目选择”对话框。

(5)单击“实发合计”下拉列表,从中选择“计税基数”,再单击“确认”按钮,打开“个人所得税申报表”窗口。

(6)单击“税率”按钮,出现 “个人所得税申报表——税率表”对话框。

(7)在“个人所得税申报表——税率表”对话框中的“基数”栏内录入“2 000”。

(8)单击“确认”按钮,系统提示“调整税率表后,个人所得税需重新计算。是否重新计算个人所得税?”。

(9)单击“否”按钮,返回“个人所得税申报表”窗口。

(10)单击“退出”按钮,退出。

(十一)录入、替换和计算 1 月份的工资数据

(1)单击“业务处理”中的“工资变动”,打开“工资变动”窗口。

(2)在“工资变动”窗口中,分别录入各人员的工龄、基本工资(见基础设置资料)等工资项目内容。

(3)单击工具栏中的“替换”按钮,打开“工资项数据替换”窗口。

(4)在上方的“将项目:”下拉列表中,选择“奖金”,在“替换成:”编辑框中输入“奖金+100”,在下方的“条件”区域中,选择“项目:”为“部门”,运算符为“=”,“值:”为“机装车间”。

(5)单击“确认”按钮,出现提示“数据替换后不可恢复。是否继续?”。

(6)单击“是”按钮,出现提示“1 条记录被替换,是否重新计算?”,单击“否”按钮。

(7)单击工具栏中的“计算”按钮,计算全部工资项目内容。

(8)单击“退出”按钮,系统提示“数据发生变动后尚未进行汇总,是否进行汇总?”。

(9)单击“是”按钮。

(十二)扣缴所得税

(1)单击“业务处理”中的“扣缴所得税”,打开“栏目选择”对话框。

(2)单击“确认”按钮,打开“个人所得税扣缴申报表”窗口。

(3)单击“退出”按钮。

(十三)查看银行代发一览表

(1)单击“业务处理”中的“银行代发”,打开“银行文件格式”窗口。

(2)单击“确认”按钮,系统提示“确认设置的银行文件格式?”。

(3)单击“是”按钮,打开“银行发放一览表”窗口。

(4)单击“退出”按钮。

(十四)工资分摊设置

(1)单击“业务处理”中的“工资分摊”,打开“工资分摊”窗口。

(2)单击“工资分摊设置……”按钮,打开“分摊类型设置”对话框。

(3)单击“增加”按钮,打开“分摊计提比例设置”窗口。

(4)在“计提类型名称”栏录入“应付工资”。

(5)单击“下一步”按钮,打开“工资分摊构成”对话框。

(6)在“工资分摊构成”对话框中,单击“部门名称”栏,选择“厂办公室、财务室、总务室”,单击“项目”栏选择“计税基数”,单击“借方科目”栏输入“550204”,单击“贷方科目”栏输入“2153”。以此方法继续录入生产科、供应组和销售组的应付工资分摊。

(7)单击“完成”按钮,返回到“分摊类型设置”对话框。

(8)单击“增加”按钮,在“计提类型名称”栏录入“应付福利费”,在“分摊比例”栏录入“14%”。

(9)单击“下一步”按钮,打开“工资分摊构成”对话框,在“工资分摊构成”对话框中,分别设置各部门的应付福利费的分摊构成。

(10)再单击“完成”按钮,返回到“分摊类型设置”对话框。

(11)以此方法继续“工会经费”的分摊设置。

(12)单击“返回”按钮,再单击“取消”按钮,暂时不进行分摊的操作。

(十五)分摊工资并生成转账凭证

(1)选择“业务处理”中的“工资分摊”,打开“工资分摊”窗口。

(2)分别单击“应付工资”、“应付福利费”和“工会经费”前的复选框,并单击选中各个部门。

(3)单击“明细到工资项目”前的复选框,再单击“确定”按钮,打开“应付工资一览表”。

(4)单击“合并科目相同、辅助项相同的分录”前的复选框。

(5)单击“制单”按钮,打开“填制凭证”对话框,选择凭证类型为“转账凭证”,单击“保存”按钮,稍等片刻出现提示“第5条分录:项目核算科目的项目不能为空”。

(6)单击“确定”按钮,再单击“科目名称”栏的第5行,移动鼠标到“备注”区域,出现笔的形状时,双击,打开“辅助项”窗口。

(7)单击“产品名称”参照按钮,从弹出的“参照”窗口中选择“A产品”。

(8)单击“确认”按钮,再单击“保存”按钮,出现“已生成”标记。

(9)单击“退出”按钮,返回“应付工资一览表”。

(10)单击“类型”栏下三角按钮,选择“应付福利费”,并单击“合并科目相同、辅助项相同的分录”前的复选框。

(11)单击“制单”按钮,比照应付工资生成凭证的方法生成应付福利费分摊的转账凭证。

(12)以此方法继续分摊"工会经费"并生成相应的转账凭证。

(13)单击"退出"按钮,完成所有分摊凭证的生成。

(14)进入总账系统进行审核、记账处理,这里不再赘述。

(十六)月末处理

(1)单击"业务处理"中的"月末处理",打开"月末处理"对话框。

(2)单击"确认"按钮,系统提示"月末处理后,本月工资将不允许变动!继续月末处理吗?"。

(3)单击"是"按钮,系统提示"是否选择清零项?"。

(4)单击"是"按钮,打开"选择清零项目"对话框。

(5)选择清零项目"奖金"、"交通补助"、"病假天数"和"事假天数",并单击"保存本次选择结果"前的复选框。

(6)单击"确认"按钮,系统提示"月末处理完毕"。

(7)单击"确定"按钮。

实验七　固定资产管理系统

实验目的

通过本次上机实验,使考生熟悉固定资产系统初始化业务流程的各项功能,理解固定资产系统初始化、当月的日常账务处理和期末处理,以及初始化后开始的日常账务处理的基本步骤,掌握其操作技能。

实验材料

(一)固定资产系统的参数(见表21)

表21　控制参数表

控制参数	参数设置
约定与说明	我同意
启用月份	2009年1月
折旧信息	本账套计提折旧;折旧方法:平均年限法(一);折旧汇总分配周期为1个月;当月初已计提月份=可使用月份－1时,将剩余折旧全部提足
编码方式	资产类编码方式为2112;固定资产编码方式:按"类别编码＋部门编码＋序号"自动编码,卡片序号长度为5
财务接口	要求与账务系统对账,固定资产对账科目:1501固定资产;累计折旧对账科目:1502累计折旧;在对账不平的情况下不允许月末结账
补充参数	业务发生后立即制单,月末结账前一定要完成制单登账业务;已注销的卡片5年后删除;固定资产缺省入账科目:1501;累计折旧缺省入账科目:1502

（二）部门对应折旧科目（见表 22）

表 22 部门及对应折旧科目表

所在部门		对应折旧科目	
编　码	名　称		
1	行政科	管理费用	550205
201	机装车间	制造费用	410501
202	辅助车间	辅助生产成本	41010203
301	销售组	销售费用	5501
302	供应组	管理费用	550205

（三）资产类别（见表 23）

表 23 资产类别表

编码	类别名称	使用年限	净残值率（%）	单位	计提属性
01	房屋及建筑物	30	4		总计提
011	房屋	30	4		总计提
012	建筑物	30	4		总计提
02	通用设备	10	4		正常计提
021	生产用设备	10	4		正常计提
022	非生产用设备	10	4		正常计提
03	交通运输设备	10	4		正常计提
031	生产用运输设备	10	4	辆	正常计提
032	非生产用运输设备	10	4	辆	正常计提
04	电子设备及其他通信设备	6	4		正常计提
041	生产用设备	6	4	台	正常计提
042	非生产用设备	6	4	台	正常计提

（四）增减方式设置（见表24）

表24　　增减方式一览表

增加方式	对应入账科目	减少方式	对应入账科目
直接购入	工行存款	出售	固定资产清理
投资者投入	实收资本——外单位投资	盘亏	待处理财产损溢——待处理固定资产损溢
盘盈	待处理财产损溢——待处理固定资产损溢	捐赠转出	固定资产清理
在建工程转入		报废	固定资产清理
融资租入		毁损	固定资产清理

（五）原始卡片（见表25）

表25　　固定资产卡片表

固定资产名称	类别编码	所在部门	增加方式	使用年限	开始使用日期	原值（元）	累计折旧（元）	对应折旧科目
办公楼	011	厂办公室	在建工程转入	30	1997.3.1	1 500 000	522 450	管理费用
厂房	011	机装车间	在建工程转入	30	1997.3.1	1 200 000	417 960	制造费用
厂房	011	辅助车间	在建工程转入	30	1997.3.1	500 000	174 150	辅助生产成本
车床	021	机装车间	直接购入	10	2005.3.1	80 000	21 120	制造费用
铣床	021	机装车间	直接购入	10	2005.3.1	180 000	47 520	制造费用
刨床	021	机装车间	直接购入	10	2005.3.1	20 000	5 280	制造费用
钳工平台	021	机装车间	直接购入	10	2005.3.1	70 000	18 480	制造费用
专用量具	021	机装车间	直接购入	10	2005.3.1	15 000	1 320	制造费用
磨床	021	机装车间	直接购入	10	2005.3.1	50 000	13 200	制造费用
吊车	021	机装车间	直接购入	10	2005.3.1	100 000	26 400	制造费用

固定资产名称	类别编码	所在部门	增加方式	使用年限	开始使用日期	原值（元）	累计折旧（元）	对应折旧科目
原料库	011	总务室	在建工程转入	30	1997.3.1	100 000	34 830	管理费用
成品库	011	总务室	在建工程转入	30	1997.3.1	250 000	87 075	管理费用
汽车	032	厂办公室	直接购入	10	1997.3.1	250 000	18 000	管理费用
复印机	042	厂办公室	直接购入	6	2007.9.1	12 000	1 596	管理费用
计算机	042	财务室	直接购入	6	2007.9.1	6 000	798	管理费用

注：净残值率均为4%；使用状况均为“在用”；折旧方法均采用平均年限法（一）；卡片项目与卡片样式采用软件的标准设定。

（六）修改固定资产卡片

将卡片编号为“00001”的固定资产的使用状况由“在用”修改为“大修理停用”。

（七）新增固定资产

2009年1月9日，公司直接购买并交付财务室使用一台打印机，发票金额为10 000.00元，预计使用年限为6年，净残值率为5%，采用平均年限法（一）计提折旧。

（八）减少固定资产

2009年2月26日，将财务室使用的、卡片编号为“00015”的计算机捐赠给希望工程。

（九）固定资产变动

2009年2月28日，根据企业需要，将卡片编号为“00006”的固定资产的折旧方法由“平均年限法（一）”更改为“工作量法”。工作总量为60 000小时，累计工作量为10 000小时。

实验步骤

（一）删除总账系统固定资产、应收/应付业务的凭证

（1）在“用友操作系统门户”中，双击“财务会计”中的“总账”，打开“总账”系统。

（2）单击“期末”中的“对账”，打开“对账”窗口，按“Ctrl＋H”组合键恢复记账前状态，并退出，再单击“凭证”中的“恢复记账前状态”，并选择“2009年01月初状态”。

（3）单击“凭证”中的“审核凭证”，取消有关总账系统固定资产、应收/应付业务的付款凭证、转账凭证的审核签字。

(4)更换操作员为王静,单击“凭证”中的“出纳签字”,取消有关总账系统固定资产、应收/应付业务付款凭证的出纳签字。

(5)更换操作员为宋威,进入“银行对账”中的“银行对账”,单击“取消”按钮取消银行对账两清。

(6)单击“凭证”中的“填制凭证”,作废有关总账系统固定资产、应收/应付业务的付款凭证和转账凭证,并整理和删除这些凭证。

(7)更换操作员为赵强,进行记账操作。

(二)启用固定资产管理系统

(1)在“用友操作系统门户”中,双击“基础信息”中的“基本信息”,打开“基本信息”窗口。

(2)双击“系统启用”,打开“系统启用”窗口。

(3)单击“ 固定资产”前的方框,打开“日历”窗口。

(4)选择“2009 年 1 月 1 日”,单击“确定”按钮,弹出“确实要启用当前系统吗?”提示。

(5)单击“是”按钮。

(6)单击“退出”按钮,返回“基本信息”窗口。

(7)单击“关闭”按钮。

(三) 建立固定资产账套

(1)在“用友操作系统门户”中,双击“财务会计”中的“固定资产”,系统提示“这是第一次打开此账套,还未进行过初始化,是否进行初始化?”。

(2)单击“是”按钮,打开“固定资产初始化向导——约定与说明”窗口。

(3)单击“下一步”按钮,打开“固定资产初始化向导——账套启用月份”窗口。

(4)单击“下一步”按钮,打开“固定资产初始化向导——折旧信息”窗口。

(5)单击“下一步”按钮,打开“固定资产初始化向导——编码方式”窗口,单击“自动编码”前的单选按钮,再单击“自动编码”右下三角按钮,选择“类别编码+部门编码+序号”。

(6)单击“下一步”按钮,打开“固定资产初始化向导——财务接口”窗口。

(7)在“固定资产对账科目”栏录入或选择“1501”,在“累计折旧对账科目”栏录入或选择“1502”,并单击“在对账不平的情况下允许固定资产月末结账”前的复选按钮。

(8)单击“下一步”按钮,打开“固定资产初始化向导——完成”窗口。

(9)单击“完成”按钮,系统提示“已经完成了新账套的所有设置工作,是否确定所设置的信息完全正确并保存对新账套的所有设置?”。

(10)单击“是”按钮,系统提示“已成功初始化本固定资产账套”。

(11)单击“确定”按钮。

(四)设置其他参数

(1)单击“设置”中的“选项”,打开“选项”窗口。

(2)单击“编辑”按钮,进入编辑状态。

(3)单击“与财务系统接口”页签,单击“业务发生后立即制单”前的复选按钮,在“[固定资产]缺省入账科目”栏录入或选择输入“1501”,在“[累计折旧]缺省入账科目”栏录入或选择输入“1502”。

(4)单击“确定”按钮,退出。

(五)设置部门对应折旧科目

(1)单击“设置”中的“对应折旧科目”,打开“部门编码表——列表视图”窗口。

(2)单击“行政科”所在行,再单击“编辑”按钮,出现快捷菜单。

(3)单击“修改”按钮,打开“部门编码——单张视图”窗口(也可直接选中部门编码目录中的行政科,单击“单张视图”页签,再单击“修改”按钮)。

(4)在“折旧科目”栏录入或选择“550205”。

(5)单击“保存”按钮,系统提示“是否将[行政科]部门的所有下级部门的折旧科目替换为[折旧费]?如果选择“是”,请在成功保存后点[刷新]查看”。

(6)单击“是”按钮,再单击“刷新”按钮查看结果。

(7)以此方法继续录入其他部门对应的折旧科目。

(8)单击“退出”按钮,退出。

(六)设置固定资产类别

(1)单击“设置”中的“资产类别”,打开“类别编码——列表视图”窗口。

(2)单击“增加”按钮,打开“类别编码——单张视图”窗口。

(3)在“类别名称”栏录入“房屋及建筑物”,在“使用年限”栏录入“30”,在“净残值率”栏录入“4”。

(4)单击“保存”按钮,继续录入其他类别名称。

(5)最后一类资产类别名称录完,并单击“保存”按钮后,单击“取消”按钮,系统提示“是否取消本次操作?”。

(6)单击“是”按钮,返回“类别编码——列表视图”窗口。

(7)单击选中“固定资产分类编码表”中的“01 房屋及建筑物”,再单击“增加”按钮,在“类别名称”栏录入“房屋”。

(8)单击“保存”按钮,在“类别名称”栏录入“建筑物”。

(9)单击“保存”按钮,再单击“取消”按钮。

(10)以此方法继续录入其他大类下的固定资产分类。

(七)设置固定资产的增减方式

(1)单击“设置”中的“增减方式”,打开“增减方式——列表视图”窗口。

(2)单击选中“直接购入”所在行,单击“修改”按钮,打开“增减方式——单张视图”窗口,在“对应入账科目”栏录入“100201”,再单击“保存”按钮。

(3)以此方法继续设置其他的增减方式对应的入账科目。

(4)最后,单击“退出”按钮,退出。

（八）录入固定资产原始卡片

（1）单击“卡片”中的“录入原始卡片”，出现“资产类别参照”窗口。

（2）双击“固定资产分类编码表”中的“房屋及建筑物”，再单击“房屋及建筑物”下级类别中的“011 房屋”。

（3）单击“确认”按钮，打开“固定资产卡片[录入原始卡片：00001 号卡片]”对话框。

（4）在“固定资产名称”栏录入“办公楼”，单击“部门名称”栏，再单击“部门名称”按钮，打开“固定资产——本资产部门使用方式”对话框。

（5）单击“确定”按钮，打开“部门参照”窗口。

（6）选择“厂办公室”，单击“确认”按钮。

（7）单击“增加方式”栏，再单击“增加方式”按钮，打开“增减方式参照”窗口，单击选中“105 在建工程转入”。

（8）单击 “确定”按钮，单击“使用状况”栏，再单击“使用状况”按钮，打开“使用状况参照”窗口。

（9）选择“1001 在用”，单击“确认”按钮。

（10）在“开始使用日期”栏录入“1997-03-01”，在“原值”栏录入“1 500 000”，在“累计折旧”栏录入“522 450”。

（11）单击“保存”按钮，系统提示“数据成功保存”。

（12）单击“确定”按钮。

（13）以此方法继续录入其他的固定资产卡片，但要注意“类别编号”。

（14）最后单击“退出”按钮，系统提示“是否保存数据？”。

（15）单击“否”按钮，退出。

（九）对账

（1）单击“处理”中的“对账”，出现“与账务对账结果”对话框，系统提示结果平衡。

（2）单击“确定”按钮。

（十）修改固定资产卡片

将计算机系统日期修改为“2009 年 1 月 31 日”，进行固定资产系统日常业务处理和期末处理。

（1）单击“卡片”中的“卡片管理”，打开“卡片管理”窗口。

（2）单击选中“00001”所在行，再单击 “修改”按钮，打开“固定资产卡片[编辑卡片：00001 号卡片]”窗口。

（3）单击“使用状况”栏，再单击“使用状况”按钮，打开“使用状况参照”对话框。

（4）单击选中“1004 大修理停用”。

（5）单击“确定”按钮，再单击“保存”按钮，系统提示“保存成功”。

（6）单击“确定”按钮，再单击“退出”按钮。

(十一)增加固定资产

(1)单击“卡片”中的“资产增加”,打开“资产类别参照”窗口。

(2)双击“04 电子设备及其他通信设备”,再单击其下级类别“041 生产用设备”。

(3)单击“确定”按钮,打开“固定资产卡片[新增资产:00016 号卡片]”对话框。

(4)在“固定资产名称”栏录入“打印机”,单击“部门名称”栏,再单击“部门名称”按钮,打开“固定资产——本资产部门使用方式”对话框。

(5)单击“确定”按钮,打开“部门参照”窗口,双击“行政科”,再单击“行政科”的下级部门“财务室”。

(6)单击“确定”按钮。

(7)单击“增加方式”栏,再单击“增加方式”按钮,打开“增减方式参照”窗口。

(8)单击 “确定”按钮,单击“使用状况”栏,再单击“使用状况”按钮,打开“使用状况参照”窗口。

(9)单击“确定”按钮。

(10)修改开始使用日期为“2009-01-09”。

(11)单击“折旧方法”栏,再单击“折旧方法”按钮,打开“折旧方法参照”对话框。

(12)单击选中“1 平均年限法(一)”。

(13)单击“确定”按钮。

(14)在“原值”栏录入“10 000”。

(15)单击“退出”按钮,稍等片刻,系统打开“填制凭证”窗口。

(16)修改凭证类别为“付款凭证”,单击“保存”按钮,出现红字“已生成”后,再单击“退出”按钮,出现“数据成功保存”提示。

(17)单击“确定”按钮,退出。

(十二)减少固定资产

(1)单击“卡片”中的“资产减少”,打开“资产减少”对话框。

(2)在“卡片编号”栏内录入“00015”,或单击“卡片编号”栏的参照按钮,选择“00015”。

(3)单击“减少”按钮,双击“减少方式”栏,再单击“减少方式”栏的参照按钮,选择“204 捐赠转出”。

(4)单击“确定”按钮。

(5)单击“确定”按钮,打开“填制凭证”窗口。

(6)选择“转账凭证”,单击“保存”按钮。

(7)单击“退出”按钮,系统提示“所选卡片已经减少成功”。

(8)单击“确定”按钮。

(十三)固定资产变动

(1)在“卡片”菜单里,单击“变动单”中的“折旧方法调整”,打开“固定资产变动单[新建变动单:00001 号变动单]”对话框。

(2)在“卡片编号”栏录入“00006”,或单击“卡片编号”栏选择“00006”。

(3)单击“折旧变动后方法”栏,再单击“变动后折旧方法”按钮,选择“工作量法”。

(4)单击“确定”按钮,打开“工作量输入”对话框。

(5)在“工作量输入”对话框中,在“工作总量”栏输入“60 000”,在“累计工作量”栏录入“10 000”,在“工作量单位”栏录入“小时”。

(6)单击“确定”按钮。

(7)在“变动原因”栏录入“工作需要”。

(8)单击“保存”按钮,系统提示“数据成功保存”。

(9)单击“确定”按钮。

(10)单击“退出”按钮,退出。

(十四)计提固定资产折旧

(1)单击“处理”中的“计提本月折旧”,系统提示“计提折旧后是否要查看折旧清单?”。

(2)单击“是”按钮,系统提示“本操作将计提本月折旧,并花费一定时间,是否继续?”。

(3)单击“是”按钮,打开“折旧清单”窗口。

(4)单击“退出”按钮,打开“折旧分配表”窗口。

(5)单击“凭证”按钮,生成一张记账凭证。

(6)修改凭证类别为“转账凭证”。

(7)单击“保存”按钮。

(8)单击“退出”按钮,再单击“退出”按钮,退出。

(十五)出纳签字、审核、记账

(1)更换操作员为王静,进行出纳签字。

(2)更换操作员为宋威,审核凭证,并记账。

(十六)对账

(1)更换操作员为赵强,在固定资产系统中,单击“处理”中的“对账”,出现“与账务对账结果”对话框。

(2)单击“确定”按钮。

(十七)结账

(1)单击“处理”中的“月末结账”,打开“月末结账”窗口。

(2)单击“开始结账”按钮,出现“与总账对账结果”对话框。

(3)单击“确定”按钮,出现系统提示。

(4)单击“确定”按钮。

以上实验步骤是以用友操作系统为例进行详细讲解。

命题预测试卷(一)

一、单项选择题(每小题1分,共10分,选对得分,多选、错选、不选均不得分。)

1. 微型计算机系统中的中央处理器主要由(　　)构成。

A. 内存储器和控制器　　B. 内存储器和运算器

C. 控制器和运算器　　D. 内存储器、控制器和运算器

2. 下列关于存储器的叙述中,正确的是(　　)。

A. CPU能直接访问存储在内存的数据,也能直接访问存储在外存中的数据

B. CPU不能直接访问存储在内存的数据,能直接访问存储在外存中的数据

C. CPU只能直接访问存储在内存的数据,不能直接访问存储在外存中的数据

D. CPU既不能直接访问存储在内存的数据,也不能直接访问存储在外存中的数据

3. 在Internet中,目前使用的IP地址采用(　　)位二进制代码。

A. 16　　B. 32　　C. 64　　D. 128

4. 一般来说,中小企业实施会计电算化的合理做法是(　　)。

A. 购买商品化会计软件　　B. 本单位定点开发软件

C. 使用国外会计软件　　D. 从其他企业复制取得会计软件

5. 会计电算化系统开发的全套文档资料,其保存期限截至该系统停止使用或有重大更改后(　　)年。

A. 1　　B. 2　　C. 3　　D. 5

6. 账务处理系统初始余额录入后,系统提示数据错误时,(　　)。

A. 不必一定改正　　B. 必须修改直到借贷双方平衡

C. 是否平衡没有影响　　D. 改不改都行

7. 凭证一旦保存,其(　　)不能修改。

A. 制单日期　　B. 摘要　　C. 凭证编号　　D. 金额

8. 关于记账操作,下列说法中,错误的是(　　)。

A. 记账工作由计算机自动进行数据处理

B. 记账一般采用向导方式,使记账过程更加明确

C. 未经审核的凭证也可记账

D. 第一次记账时,若期初余额试算不平衡,不能记账

9. 在账务处理系统中,账簿中的数据(　　)。

A. 不可以修改或删除　　B. 可以删除

C. 可以增加　　D. 可以修改

10. (　　)模块的主要功能是对软件的各个子系统进行统一的操作管理和数据维护。

A. 总账　　B. 系统初始化

C. 系统管理　　D. UFO报表

二、多项选择题(每小题2分,共20分,选对得分,多选、错选、不选均不得分。)

1.我国会计信息工作经历的几个阶段有(　　)。

A.探索起步阶段　　B.推广发展阶段

C.渗透融合阶段　　D.集成管理阶段

2.计算机的硬件系统包括(　　)。

A.中央处理器　　B.内存储器

C.输出输入设备　　D.辅助存储器

3.计算机的性能指标包括(　　)。

A.计算机速度　　B.字长

C.内存容量　　D.分辨率

4.下列设备中,属于输出设备的有(　　)。

A.键盘　　B.打印机　　C.鼠标　　D.音箱

5.高级语言的源程序需要翻译成机器语言可以执行的目标程序才能被运行,这种翻译方式包括(　　)。

A.汇编　　B.编译　　C.转换　　D.解释

6.会计档案保管人员的具体工作包括(　　)。

A.负责各类数据软件存储介质及各类纸质账表、凭证、资料的存档保管工作

B.做好各类数据资料、账表、凭证的安全保密工作,对经批准借阅的会计资料进行借阅登记

C.按规定期限,向各类电算化岗位人员索要备份数据及存档数据资料

D.凭证、账页、报表等的打印工作

7.在一般情况下,账务处理系统主要由初始设置和(　　)模块组成。

A.凭证处理　　B.月末处理

C.账簿输出　　D.编制报表

8.《会计核算软件基本功能规范》中对记账凭证编号的规定有(　　)。

A.同一类型的记账凭证必须保证当月凭证编号的连续

B.同一类型的记账凭证当月凭证编号可以不连续

C.不可以由键盘手工输入凭证编号

D.可以由会计核算软件自动产生凭证编号

9.凭证是账务系统最基本、最重要的资料来源,下列凭证中,属于计算机账务系统处理凭证来源的有(　　)。

A.手工凭证　　B.机制凭证

C.原始凭证　　D.派生凭证

10.如按适用范围划分,会计核算软件可分为(　　)。

A.单用户会计核算软件　　B.专用会计核算软件

C.多用户(网络)会计核算软件　　D.通用会计核算软件

三、判断题(每小题1分,共10分。)

1.会计核算软件按服务层次和提供信息的深度可分为单用户会计核算软件和多用户

(网络)会计核算软件。 ( )

2.采用电子计算机系统代替手工记账的单位,只需要有严格的操作管理制度就可以了。 ( )

3.会计软件应当具有对机内会计数据进行查询的功能。数据查询功能应满足国家统一的会计制度规定的内容和格式要求。 ( )

4.建立账套时,如果选择“是否按行业预置科目”,则系统会自动建立企业所需的所有会计科目。 ( )

5.指定会计科目就是指定出纳专管的科目。指定科目后,才能执行出纳签字,也才能查看现金日记账或银行存款日记账。 ( )

6.填制凭证时,正文中不同行的摘要可以相同也可以不同,当然可为空。 ( )

7.在计算机总账系统中,属于银行对账的科目在科目设置时,应将其科目性质定义为“银行账”辅助账类。 ( )

8.对会计核算软件自动产生的机内记账凭证经审核登账后,不得进行修改。 ( )

9.账务处理软件的年度期初数据录入后,软件必须提供平衡校验功能,保证借方年初数相等、本年累计借方发生数与本年累计贷方发生数相等、借方余额合计与贷方余额合计相等。 ( )

10.业务量较少的单位可以不进行凭证分类,即只设置“记账凭证”一种类别。 ( )

四、实务操作题(每小题 4 分,共 60 分。正确完成规定的操作步骤,即得分,否则不得分。)

1.建立账套。为广源工厂建立一套新账,启用日期为 2009 年1月,账套主管为考生姓名,账套号为考生代码。

2.增加操作人员王明、李伟,密码统一为 1。

3.新增会计科目:

科目编码:120001 科目名称:工行存款;

科目编码:120202 科目名称:中行存款;

科目编码:140301 科目名称:8.5 圆钢。

4.录入期初余额:

1001 库存现金 期初余额:1 000.00 元;

1122 应收账款 期初余额:1 470 000.00 元;

4001 实收资本 期初余额:1 914 300.00 元。

5.编制记账凭证。由操作员王明根据下列经济业务编制凭证:

(1)1 月 4 日,购入 8.5 圆钢 90 吨,每吨 3 300 元(假设无税),款未付。

借:原材料——8.5 圆钢(140301) 297 000

贷:应付账款(2202) 297 000

(2)1月5日,销售给非凡公司产品一批,价格160 000元(假设无税),款未付。

借:应收账款(1122)　　160 000

　贷:主营业务收入(6001)　　160 000

6.审核第5小题中记账凭证并完成记账和结账。由操作员李伟进行操作。

7.编制会计报表。根据下表格式编制资产负债表。

资产负债表

编制单位:广源工厂　　2009年1月31日　　报表编号:会工01表

资　产	年初数	期末数	权　益	年初数	期末数
流动资产:			流动负债:		
货币资金			短期借款		
应收账款			应付账款		
资产合计			权益合计		

根据8～15小题的信息,创建工资账套,进行工资系统基础设置。

8.工资账套参数。工资账套启用日期设置为"2009年1月1日"。选择"人民币"为工资核算记账本位币,自动代扣个人所得税,不进行扣零设置,人员编码长度为4位,只有一个工资类别。

9.人员类别。人员类别包括管理人员、销售人员、采购人员、生产人员四类。

10.工资项目内容(见下表)。

工资项目表

工资项目名称	类型	长度	小数	增减项
基本工资	数字	8	2	增项
交通补贴	数字	8	2	增项
奖金	数字	8	2	增项
缺勤扣款	数字	8	2	减项
缺勤天数	数字	8	2	其他

11.银行名称。选择"中国银行"账号长度11位,自动带出账号长度8位。

12. 个人所得税扣税基数设为2 000元。

13. 人员档案(见下表)。

人员档案表

职员编码	职员姓名	性别	学历	所属部门	人员类别	银行代发账号
0001	王静	女	硕士	账务部	管理	10011305001
0002	邓超	男	本科	销售部	销售	10011305002
0003	刘佳丽	女	大专	采购部	采购	10011305003
0004	张亚东	男	中专	生产部	生产	10011305004

14. 工资数据(见下表)。

工资数据表

职员编码	职员姓名	基本工资	交通补贴	奖金	缺勤天数
0001	王静	4 500	200	800	
0002	邓超	3 500	200	800	1
0003	刘佳丽	3 000	200	800	
0004	张亚东	2 500	200	800	2

15. 计算公式:

缺勤扣款=基本工资/22×缺勤天数

参考答案及精析

一、单项选择题

1. [答案] C

【精析】 微型计算机系统中的中央处理器(简称CPU)也称微处理器,主要由控制器和运算器构成,是计算机系统的核心。

2. [答案] C

【精析】 CPU只能直接访问存储在内存的数据,不能直接访问存储在外存中的数据。当CPU需要访问外存的数据时,需要先将数据读入内存中,然后CPU再从内存中访问该数据;当CPU要输出数据时,也是先写入内存,然后再由内存写到外存中。

3. [答案] B

【精析】 为明确区分Internet上的每一台主机,Internet为网上的每台主机都分配了唯一的地址,该地址由纯数字组成,称为IP地址。IP地址是一个32位的二进制数,为方便使用,通常把32位IP地址表示成4组十进制数,组与组之间用圆点进行分隔,如 202.215.208.11。

4.[答案] A

【精析】 一般中小企业实施会计电算化的合理做法是购买商品化会计软件。

5.[答案] D

【精析】 根据有关规定,会计电算化系统开发的全套文档资料,其保存期限截至该系统停止使用或有重大更改后 5 年。

6.[答案] B

【精析】 账务处理系统的初始余额被录入之后,如果系统提示数据有误,必须修改直到借贷双方平衡为止。

7.[答案] C

【精析】 凭证一旦保存,其凭证类别、凭证编号不能修改。

8.[答案] C

【精析】 在电算化方式下,记账凭证经审核签字后,由有记账权限的操作员发出记账指令,由计算机按照预先设计的记账程序自动进行合法性检查、科目汇总并登记总账和明细账、日记账以及备查账等。

9.[答案] A

【精析】 在账务处理系统中,已登入账簿的数据将不再允许修改或删除,以保证账簿数据的安全和准确。

10.[答案] C

【精析】 用友软件设立了一个独立的系统管理模块,由该模块为各子系统提供统一的环境,对整个系列产品的公共任务进行统一管理。

二、多项选择题

1.[答案] ABCD

【精析】 我国会计信息化工作经历了模拟手工记账的探索起步阶段、与企业其他业务相结合的推广发展阶段、适应会计准则和制度的发展要求引入会计专业判断的渗透融合阶段,以及与内部控制相结合建立 ERP 系统的集成管理阶段。

2.[答案] ABCD

【精析】 计算机硬件系统由运算器、控制器、存储器(其中可分为内存储器和外存储器)、输入设备和输出设备五大基本部件构成。其中,运算器和控制器构成了中央处理器。

3.[答案] ABC

【精析】 计算机的技术性能指标是衡量计算机系统性能优劣的主要标志,计算机系统的性能指标主要有如下几种:字长、主频、内存容量、存取周期和运算速度。

4.[答案] BD

【精析】 键盘、鼠标、扫描仪属于输入设备,显示器、打印机、音箱、绘图仪属于输出设备,外存储器、触摸屏既是输入设备又是输出设备。

5.[答案] BD

【精析】 将高级语言编写的程序翻译成机器语言程序,可以采用的两种翻译方式是编译和解释。解释方式是将源程序逐句解释执行,即解释一句执行一句,因此在解释方式中不产生目标文件。例如,早期的 BASIC 语言采用的就是“解释”方式。编译方式是将整个高级语言编写的源程序先翻译成机器语言程序,然后再生成可在操作系统下直接运行的执行程序,通常会产生目标程序。

6.[答案] ABC

【精析】 会计档案保管人员负责会计电算化数据和程序备份,打印的账表、凭证和各种会计档案资料的保管,确保会计档案安全保密。具体职责是:①负责各类数据、软件存储介质及各类纸质账表、凭证、资料的存档保管工作。②做好各类数据、资料、凭证的安全保密工作。对经批准借阅的会计资料进行借阅登记。③按规定期限,向各类电算化岗位人员索要会计数据存档资料和账表凭证等会计档案资料。

7.[答案] ABC

【精析】 编制报表不属于账务处理系统的内容。

8.[答案] AD

【精析】《会计核算软件基本功能规范》中对记账凭证的编号有以下规定:①同一类型的记账凭证必须保证当月凭证编号的连续。②既可以由手工输入,也可以由会计核算软件自动产生。

9.[答案] ABD

【精析】 计算机账务系统处理的凭证来源主要是手工凭证(即手工填制的凭证)、机制凭证(机器自动生成的凭证)、派生凭证(其他系统生成的凭证),这些都是计算机账务系统处理的记账凭证,而原始凭证是这些记账凭证的原始单据。

10.[答案] BD

【精析】 若按适用范围划分,则会计核算软件可分为专用会计核算软件和通用会计核算软件。

三、判断题

1.[答案] ×

【精析】 会计核算软件按硬件结构划分,可分为单用户会计核算软件和多用户(网络)会计核算软件。若按服务层次和提供信息的深度划分,可分为核算型会计软件、管理型会计软件和决策型会计软件等。

2.[答案] ×

【精析】 采用电子计算机系统代替手工记账的单位,要有严格的岗位责任制度,而不仅仅是操作管理制度。

3.[答案] ×

【精析】 会计软件应当具有对机内会计数据进行查询的功能。对数据查询功能没有统一的内容和格式要求,总要求是必须满足用户对会计数据的日常查询需求。

4.[答案] ×

【精析】 选择“是否按行业预置科目”选项,系统会自动建立所属行业的标准一级科目,而不是自动建立企业所需的所有会计科目。

5.[答案] √

【精析】 指定会计科目是指定出纳专管的科目。指定科目后,才能执行出纳签字,从而实现现金账、银行账管理的保密性,也才能查看现金日记账或银行存款日记账。

6.[答案] ×

【精析】 正文中不同行的摘要可以相同也可以不相同,但不能为空。每行摘要将随相应的会计科目在明细账、日记账中出现。

7.[答案] √

【精析】 银行对账是货币资金管理的主要内容。在计算机总账系统中,银行对账科目的科目性质在科目设置时应定义为“银行账”辅助账类。

8.[答案] √

【精析】 无论什么性质的记账凭证,一旦经过审核和登账之后,均不得进行修改。

9.[答案] √

【精析】 账务处理软件的年度期初数据是否平衡具有非常重要的作用,它对软件能否准确应用举足轻重。因此,软件必须提供平衡校验功能,保证借方年初数与贷方年初数相等、本年累计借方发生数与本年累计贷方发生数相等、借方余额合计与贷方余额合计相等。

10.[答案] √

【精析】 凭证分类不影响记账的结果,一般而言,可分为收款凭证、付款凭证和转账凭证。业务量较少的单位可以不进行分类,即只设置“记账凭证”一种类别。

四、实务操作题

1.**【提示步骤】**建立账套:在“系统管理”窗口,执行“账套→建立”命令,打开“创建账套——账套信息”对话框,输入相关信息即可。

2.**【提示步骤】**增加操作员:在“系统管理”窗口,执行“权限→角色”命令,打开“角色管理”窗口,单击“增加”按钮,打开“增加角色对话框”,输入相关信息并保存即可。

3.**【提示步骤】**设置会计科目:执行“基础设置→财务会计→会计科目”命令,打开“是否按行业预置会计科目”对话框,单击“不预置”按钮,进入“会计科目”窗口,单击“增加”按钮,进入“会计科目→新增”窗口,输入科目相关信息并单击“确定”按钮即可。

4.**【提示步骤】**录入期初余额:执行“总账→设置→期初余额”命令,进入“期初余额录入”窗口,输入相关信息即可。

5.**【提示步骤】**编制凭证:执行“总账→凭证→填制凭证”命令,进入“填制凭证”窗口,单击“增加”按钮,输入相关信息,并单击“保存”按钮,弹出“凭证已成功保存!”信息提示框,单击“确定”按钮即可。

6.**【提示步骤】**①审核凭证:执行系统菜单“凭证→审核凭证”命令。②记账:执行系统菜单“凭证→记账”命令。③结账:执行“总账→期末→结账”命令。

7.**【提示步骤】**①设置报表尺寸:执行“格式→表尺寸”命令。②定义组合单元:执行“格式→组合单元”命令。③画表格线:选中报表需要画线的区域,执行“格式→区域画线”命令。④输入报表项目。⑤设置报表计算公式。⑥保存报表。

8.【提示步骤】创建工资账套:执行“财务会计→工资管理”命令,打开“建立工资套”对话框,进行相关参数设置。

9.【提示步骤】单击“设置”选项,打开“人员类别”对话框,进行相关设置。

10.【提示步骤】执行“设置→工资项目设置”命令,打开“工资项目设置”对话框,进行相关设置。

11.【提示步骤】执行“设置→基础档案→收付结算→银行档案”命令,打开“银行档案”设置对话框,进行相关设置。

12.【提示步骤】执行“业务处理→扣缴所得税”命令;系统弹出有关“薪资管理”操作的“继续执行”信息提示框,单击“确定”按钮,打开“栏目选择”对话框。单击“确认”按钮。单击工具栏上的“税率”按钮,修改所得税扣税基数为 2 000 元,单击“确认”按钮。

13.【提示步骤】在企业应用平台,执行“基础档案→机构人员→人员档案”命令,打开“人员档案”对话框,增加相关人员。在薪资管理系统中,执行“设置→人员档案”命令,单击“批增”按钮,进行相关设置。

14.【提示步骤】执行“业务处理→工资变动”命令,再单击“过滤器”下拉列表框→“过滤设置”→“项目过滤”。选择“工资项目”列表框中的“基本工资”、“奖励工资”和“交通补贴”选项,单击“≫”按钮,将这两项选入“已选项目”列表框中。单击“确认”按钮,返回“工资变动”窗口,输入“正式人员”工资类别的工资数据。

15.【提示步骤】在“工资项目设置”对话框中,打开“公式设置”选项卡,进行公式设置。

命题预测试卷(二)

一、单项选择题(每小题 1 分,共 10 分,选对得分,多选、错选、不选均不得分。)

1.计算机辅助设计的英文缩写是(　　)。

A. CAD　　B. CAM　　C. CAE　　D. CAT

2.系统软件和应用软件的相互关系是(　　)。

A.前者以后者为基础　　B.后者以前者为基础

C.相互没有关系　　D.相互支持

3.在用友系统中,(　　)可以指定某账套的账套主管。

A.财务主管　　B.软件操作员　　C.系统管理员　　D.财务总监

4.因操作失误而导致系统数据丢失属于(　　)。

A.系统故障风险　　B.内部人员道德风险

C.社会道德风险　　D.计算机病毒

5.下列情况中,(　　)能自动核销已对账的记录。

A.对账单文件中一条记录与银行日记账未达账项文件中的一条记录完全相同

B.对账单文件中一条记录与银行日记账未达账项文件中的多条记录完全相同

C.对账单文件中多条记录与银行日记账未达账项文件中的一条记录完全相同

D.对账单文件中多条记录与银行日记账未达账项文件中的多条记录完全相同

6.期初余额录入是将手工会计资料录入计算机的过程之一。余额和累计发生额的录入要从(　　)科目开始。

A.一级　　B.二级　　C.三级　　D.最末级

7.在用友报表系统中,(　　)定义了报表数据之间的运算关系,可以实现报表系统从其他子系统取数的功能,所以必须定义它。

A.计算公式　　B.审核公式

C.舍位平衡公式　　D.单元公式

8.某单位的人事档案管理程序属于(　　)。

A.工具软件　　B.应用软件　　C.系统软件　　D.文字处理软件

9.实行会计核算软件应当具有在机内(　　)被破坏的情况下,利用现有数据恢复到最近状态的功能。

A.会计数据　　B.会计报表　　C.会计软件　　D.会计制度

10.用户可以使用账务处理模块中的(　　)功能,建立适合本单位的会计核算规则、方法和基础数据,将一个通用财务处理软件转化为适合本单位具体情况的专用财务处理系统。

A.凭证录入　　B.账簿打印　　C.银行对账　　D.初始设置

二、多项选择题(每小题2分,共20分,选对得分,多选、错选、不选均不得分。)

1. 会计核算软件的发展阶段包括(　　)。

A. 人工管理阶段　　B. 文件管理阶段

C. 数据库管理阶段　　D. 智能管理阶段

2. 影响计算机系统安全的主要因素有(　　)。

A. 政治风险　　B. 系统故障风险

C. 内部人员道德风险　　D. 计算机病毒

3. 下列关于会计科目的叙述中,正确的有(　　)。

A. 科目代码不能重复

B. 凭证中已使用的科目其辅助核算不能修改

C. 科目代码必须连续

D. 发生额或余额为零的会计科目可以删除

4. 已记账的凭证如有错误,可以采取的修改方法有(　　)。

A. 找出错误的凭证及其账进行修改

B. 删除错误的凭证及其账,再输入正确的凭证重新记账

C. 先作红字凭证冲销,再输入正确的凭证重新记账

D. 作蓝字凭证补充更正

5. 下面关于计算机病毒可能的传播途径中,正确的说法有(　　)。

A. 使用来路不明的软件　　B. 借用他人软盘

C. 弄脏软盘　　D. 把多张软盘叠放在一起

6. 在用友报表系统中,报表的单元类型包括(　　)。

A. 数值单元　　B. 表样单元

C. 字符单元　　D. 日期单元

7. 下列选项中,属于审核记账员职责的有(　　)。

A. 对操作员输入的凭证进行审核并及时记账,打印输出有关的账表

B. 定期检查电算化系统的软件、硬件运行情况

C. 负责电算化系统升级换版的调试工作

D. 对不符合要求的凭证和输出的账表不予签章确认

8. 工资子系统的初始设置包括(　　)。

A. 部门档案设置　　B. 人员类别设置

C. 工资项目设置　　D. 工资计算公式设置

9. 在用友软件中,账套管理包括账套的(　　)等功能。

A. 建立　　B. 修改　　C. 引入　　D. 输出

10. 在用友软件中,关于记账的说法,正确的有(　　)。

A. 第一次记账时,若期初余额试算不平衡,不能记账

B. 上月未记账,本月仍可记账

C. 未审核凭证不能记账,记账范围应小于等于已审核范围

D. 作废凭证仍需审核才可直接记账

三、判断题(每小题1分,共10分。)

1.会计软件是一种专门应用于会计工作的电子计算机系统软件。 ( )

2.账务处理子系统不仅可以直接处理来自记账凭证的信息,而且可以接收来自各核算子系统的自动转账凭证。 ( )

3.对于有余额或发生额的会计科目,不能增加同级科目,但可以增加下级明细科目。 ( )

4.用友报表系统中,设置关键字是在“格式”状态下进行的。 ( )

5.只要能够进入账务系统的操作员都有权进行账簿查询和对账操作。 ( )

6.某单位会计电算化的实施与该单位的性质、行业、规模等因素都有关系,其最终目的是要建立一个适应本单位会计管理工作所需要的电算化会计信息系统。 ( )

7.所设置的操作员一旦被引用,仍可以被修改和删除。 ( )

8.只有审核后的凭证才能执行记账操作。 ( )

9.电子邮件地址的一般格式为:<用户名>@<电子邮件服务器域名>。 ( )

10.显示器是计算机必备的输入输出设备。 ( )

四、实务操作题(每小题4分,共60分。正确完成规定的操作步骤,即得分,否则不得分。)

1.建立账套。为非凡公司建立一套新账,启用日期为2010年3月,账套主管为王明,账套号为001。

2.增加操作人员李红、刘江。

3.建立会计科目:

科目编码:100201 科目名称:工行存款;

科目编码:100202 科目名称:中行存款。

4.录入期初余额:

1001 库存现金 期初余额:20 000.00

1122 应收账款 期初余额:4 000 000.00

2211 应付职工薪酬 期初余额:50 000.00

5.编制记账凭证。由操作员李红根据下列经济业务编制凭证:

(1)3月4日,提取库存现金10 000元备发工资。

借:库存现金(1001) 10 000

贷:银行存款——工行存款(100201) 10 000

(2)3月15日,发放工资10 000元。

借:应付职工薪酬(2211) 10 000

贷:库存现金(1001) 10 000

6. 由操作员刘江审核凭证。

7. 由操作员刘江记账。

8. 由操作员刘江月末结账。

9. 编制会计报表。根据下表格式编制资产负债表。

资产负债表

编报单位：非凡公司　　　　2010 年 3 月 31 日　　　　报表编号：会工 01 表

资　产	年初数	期末数	权　益	年初数	期末数
流动资产			流动负债		
货币资金			短期借款		
应收账款					
固定资产			实收资本		
资产合计			权益合计		

根据 10～15 小题信息，创建固定资产账套，进行固定资产模块基础设置。

10. 固定资产账套的启用日期设置为“2010 年 3 月 1 日”。

11. 固定资产采用“平均年限法”计提折旧，折旧汇总分配周期为一个月；当月初已计提月份＝可使用月份－1 时，将剩余折旧全部提足；固定资产编码方式采用手工输入方法；序号长度为 4。

12. 部门对应折旧科目（见下表）。

折旧对应科目表

部门名称	折旧科目	对应贷方科目
财务部	管理费用	累计折旧(1601)
销售部	销售费用	累计折旧(1601)
采购部	管理费用	累计折旧(1601)
生产部	制造费用	累计折旧(1601)

13. 固定资产类别(见下表)。

资产类别表

类别编码	类别名称	使用年限	净残值率(%)	计提属性	折旧方法	卡片样式
01	房屋及建筑物	50	5	正常计提	平均年限法(一)	通用样式
02	运输设备	8	4	正常计提	平均年限法(一)	通用样式

14. 固定资产增减方式(见下表)。

固定资产增减表

增加方法	对应入账科目	减少方式	对应入账科目
直接购入	银行存款	出售	固定资产清理
投资者投入	实收资本	报废	固定资产清理

15. 根据下表信息,录入固定资产原始卡片。

固定资产原始卡片信息表

资产名称	资产代码	资产编号	所在部门	增加方式	开始使用日期	原值(元)	累计折旧(元)
办公楼	0101	01	管理部	自建	2010年9月	300 000	0
江淮汽车	0201	02	销售部	购入	2010年10月	100 000	0

参考答案及精析

一、单项选择题

1.[答案] A

【精析】 计算机辅助设计的英文缩写是CAD;计算机辅助制造的英文缩写是CAM;计算机辅助教学的英文缩写是CAI。

2.[答案] B

【精析】 系统软件是用于对计算机软、硬件资源进行管理、监控和维护,以及对各类应用软件进行解释和运行的软件。系统软件是计算机必备的支持软件。而应用软件是在硬件和系统软件支持下,为解决各类具体应用问题而编制的软件。

3.[答案] C

【精析】 在用友系统中,系统管理员既可以指定某账套的账套主管,也可以对各个账套的操作员进行权限设置。而账套主管只能对其所管辖账套的操作员指定权限。

4.[答案] A

【精析】 系统故障风险是指由于操作失误,硬件、软件、网络本身出现故障,而导致系统数据丢失甚至瘫痪的风险。

5.[答案] A

【精析】 只有在对账单文件中一条记录与银行日记账未达账项文件中的一条记录完全相同时,可实现自动对账,其他三种情况下均需手工核对。

6.[答案] D

【精析】 期初余额录入是将手工会计资料录入计算机的过程之一。余额和累计发生额的录入要从最末级科目开始,上级科目的余额和累计发生数据由系统自动计算。

7.[答案] A

【精析】 计算公式定义了报表数据之间的运算关系,可以实现报表系统从其他子系统取数的功能,所以必须定义计算公式。

8.[答案] B

【精析】 某单位的人事档案管理程序属于应用软件。

9.[答案] A

【精析】 会计核算软件应当具有在机内会计数据被破坏的情况下,利用现有数据恢复到最近状态的功能。

10.[答案] D

【精析】 用户可以使用账务处理模块中的初始设置功能,建立适合本单位的会计核算规则、方法和基础数据,将一个通用财务处理软件转化为适合本单位具体情况的专用财务处理系统。

二、多项选择题

1.[答案] ABC

【精析】 从会计核算软件的发展过程来看,有人工管理、文件管理和数据库管理三个阶段。

2.[答案] BCD

【精析】 影响计算机系统安全的主要因素有:①系统故障风险。②内部人员道德风险。③系统关联方道德风险。④社会道德风险。⑤计算机病毒。

3.[答案] AB

【精析】 科目代码可以不连续,发生额和余额为零的科目不可以删除。

4.[答案] CD

【精析】 对凭证的修改包括有痕迹修改和无痕迹修改。

5.[答案] AB

【精析】 计算机病毒是一段可执行的程序,计算机病毒可以通过多种途径传播,包括软盘、光盘以及 U 盘和网络。

6.[答案] ABC

【精析】 在用友报表系统中,报表的单位类型包括数值单元、表样单元和字符单元。

7.[答案] AD

【精析】 定期检查电算化系统的软件、硬件运行情况和负责电算化系统升级换版的调试工作是电算维护员的职责。

8.[答案] ABCD

【精析】 工资核算模块初始设置的主要内容:建立部门档案、设置工资类别、建立人员档案、设置工资项目、定义工资计算公式、设置银行名称、扣税设置、输入工资原始数据和定义工资转账关系等。

9.[答案] ABCD

【精析】 账套指的是一组相互关联的数据。一般来说,我们可以为企业中每个独立核算的单位建立一个账套,系统最多可以建立999套账。账套管理包括账套的建立、修改、引入和输出等。

10.[答案] AC

【精析】 关于记账,应注意的问题如下:①第一次记账时,若期初余额试算不平衡,不能记账。②上月未记账,本月不能记账。③未审核凭证不能记账,记账范围应小于等于已审核范围。④作废凭证不需审核可直接记账。⑤记账过程一旦断电或其他原因造成中断后,系统将自动调用"恢复记账前状态"恢复数据,然后再重新记账。

三、判断题

1.[答案] ×

【精析】 会计软件是一种专门应用于会计工作的电子计算机应用软件。

2.[答案] √

【精析】 账务处理子系统不仅可以直接处理来自记账凭证的信息,而且可以接收来自各个核算子系统的自动转账凭证。

3.[答案] ×

【精析】 对于有余额和发生额的会计科目,不能增加下级明细科目。

4.[答案] √

【精析】 在报表格式设计状态下进行有关格式设计的操作,如表尺寸、行高列宽、单元属性、单元风格、组合单元、关键字,以便定义报表的单元公式(计算公式)、审核公式及舍位平衡公式等。

5.[答案] ×

【精析】 必须是有权限的人员才能进行账簿查询和对账操作。

6.[答案] √

【精析】 由于大中型企事业单位与中小型企事业单位在人员配备、岗位设置等方面均有不同的要求,所以在具体实施过程中,必须考虑该单位性质、所属行业、规模等因素。

7.[答案] ×

【精析】 所设置的操作员一旦被引用,便不能被修改和删除。

8.[答案] √

【精析】 在电算化方式下，记账凭证经审核签字后，由具有记账权限的操作员发出记账指令，由计算机按照预先设计的记账程序自动进行合法性检查、科目汇总并登记总账和明细账、日记账、部门账、往来账、项目账以及备查账等。

9.［答案］ √

【精析】 电子邮件地址的一般格式为：<用户名>@<电子邮件服务器域名>。

10.［答案］ √

【精析】 计算机必备的输入输出设备是键盘、鼠标和显示器，其他设备可以根据需要进行配置。

四、实务操作题

1.**【提示步骤】**建立账套：在“系统管理”界面，执行“账套→建立”命令，打开“创建账套——账套信息”对话框，输入相关信息即可。

2.**【提示步骤】**增加操作员：在“系统管理”界面，执行“权限→角色”命令，打开“角色管理”窗口，单击“增加”按钮，打开“增加角色”对话框，输入相关信息并保存即可。

3.**【提示步骤】**设置会计科目：执行“基础设置→财务会计→会计科目”命令，打开“是否按行业预置会计科目”对话框，单击“不预置”按钮，进入“会计科目”窗口，单击“增加”按钮，进入“会计科目_新增”窗口，输入科目相关信息并单击“确定”按钮即可。

4.**【提示步骤】**录入期初余额：执行“总账→设置→期初余额”命令，进入“期初余额录入”窗口，输入相关信息即可。

5.**【提示步骤】**编制凭证：执行“总账→凭证→填制凭证”命令，进入“填制凭证”窗口，单击“增加”按钮，输入相关信息，并单击“保存”按钮，弹出“凭证已成功保存！”信息提示框，单击“确定”按钮即可。

6.**【提示步骤】**审核凭证：执行系统菜单“凭证→审核凭证”命令。

7.**【提示步骤】**记账：执行系统菜单“凭证→记账”命令。

8.**【提示步骤】**结账：执行“总账→期末→结账”命令。

9.**【提示步骤】**①设置报表尺寸：执行“格式→表尺寸”命令。②定义组合单元：执行“格式→组合单元”命令。③画表格线：选中报表需要画线的区域，执行“格式→区域画线”命令。④输入报表项目。⑤设置报表计算公式。⑥保存报表。

10.**【提示步骤】**执行“设置→基本信息→系统启用”命令，单击“FA 固定资产”复选框，弹出“日历”对话框，选择固定资产系统启用日期“2010-03-01”。

11.**【提示步骤】**单击“固定资产初始化向导——约定与说明”，单击“固定资产初始化向导——启用月份”设为“2010-03”，单击“下一步”，打开“固定资产初始化向导——折旧信息”对话框，进行相关设置。

12.**【提示步骤】**设置部门对应折旧科目。①执行“设置→部门对应折旧科目”命令，进入“部门编码表”窗口。②选择部门名称，单击“修改”按钮。③选择折旧科目，如“管理费用——折旧费”，单击“保存”按钮，系统弹出“是否将该部门的所有下级部门的折旧科目替换为［折旧费］？”信息提示框，单击“是”按钮。替换之后，即可看到该部门下的其他部门对应折旧科目均已修改。④同理，完成其他部门对应折旧科目的设置。

13.**【提示步骤】**设置资产类别。①执行“设置→资产类别”命令,进入“类别编码表”窗口。②单击“增加”按钮,输入类别名称“交通运输设备”,净残值率“4%”;选择计提属性“正常计提”,折旧方法“平均年限法(一)”,卡片样式“通用样式”,单击“保存”按钮。③同理,完成其他资产类别的设置。

14.**【提示步骤】**设置增减方式。①执行“设置→增减方式”命令,进入“增减方式”窗口。②在左侧列表框中,单击“直接购入”增加方式,单击“修改”按钮。③输入对应入账科目“银行存款”,单击“保存”按钮。④同理,输入减少方式“出售”的对应入账科目“固定资产清理”。⑤同理,设置其他增减方式。

15.**【提示步骤】**录入固定资产原始卡片、增减变动卡片:打开“卡片”菜单,进行卡片项目“定义→卡片样式”设置。单击“录入原始卡片”,录入相关信息;单击“资产增加”命令,录入相关信息;单击“资产减少”,录入相关信息;单击“变动单”命令,录入相关信息。

命题预测试卷(三)

一、单项选择题(每小题 1 分,共 10 分,选对得分,多选、错选、不选均不得分。)

1. 电算化会计核算基本流程是(　　)。

A. 编制记账凭证,凭证审核,记账,结账,编制报表

B. 编制记账凭证,凭证审核,结账,记账,编制报表

C. 编制记账凭证,凭证审核,记账,编制报表,结账

D. 编制记账凭证,凭证审核,编制报表,结账,记账

2. Windows XP 是一种(　　)。

A. 系统软件　　B. 文字处理系统

C. 电子表格系统　　D. 数据库软件

3. 在会计软件中设置客户档案的主要作用是(　　)。

A. 进行往来管理　　B. 给操作员赋权

C. 出纳签字　　D. 工资管理

4. 凭证一经审核,就不能修改、删除,只有(　　)后才可以修改。

A. 审核人员再审核　　B. 审核人员取消审核

C. 财务主管签字　　D. 凭证录入人员签字

5. 下列工作中,属于软件操作人员职责的是(　　)。

A. 录入凭证　　B. 汇总账簿　　C. 审核凭证　　D. 打印账簿

6. 为了保证会计数据资料安全,根据(　　)的要求,会计部门的所有人员要进行岗位分工和权限设置。

A. 会计制度　　B. 电算化内部管理制度

C. 会计准则　　D. 企业管理制度

7.《会计核算软件基本功能规范》中规定,会计核算软件中采用的总分类会计科目名称、编号方法,必须符合的说法是(　　)。

A. 编号必须为 3 位数字

B. 名称不得超过 4 个汉字

C. 名称及编号都必须符合国家统一的会计制度的规定

D. 不能增加国家统一的会计制度中未规定的明细科目代码

8. 工资核算系统是会计核算系统中的一个(　　)。

A. 大系统　　B. 子系统　　C. 总系统　　D. 分析系统

9. 已登账的凭证,如果在"月末结账"前,发现有录入错误,可以调整的方法是(　　)。

A. 下个月再处理　　B. 直接修改凭证

C. 编制调整凭证　　D. 不作处理

10. 在工资核算系统中,可将工资数据分成两大类,即基本不变数据和变动数据。下列数据中,属于基本不变数据的是(　　)。

A. 基本工资　　B. 出勤天数　　C. 每月扣款　　D. 实发工资

二、多项选择题(每小题 2 分,共 20 分,选对得分,多选、错选、不选均不得分。)

1. 关于期初余额,以下说法中,正确的是(　　)。

A. 试算不平衡,将不能记账,但可以填制凭证

B. 已经记过账,则不能再录入、修改期初余额

C. 会计核算软件应提供试算平衡功能

D. 录入期初余额是处理日常业务的重要内容

2. 对转账凭证进行凭证类型的会计科目限制时,要选择"凭证必无"限制,限制的科目有(　　)。

A."库存现金"　　B."银行存款"　　C."短期借款"　　D."原材料"

3. 组成报表的基本要素有(　　)。

A. 表头　　B. 表体　　C. 表尾　　D. 关键字

4. 下列核算中,固定资产的核算主要包括(　　)。

A. 固定资产增加　　B. 固定资产减少

C. 固定资产减值准备计提　　D. 折旧计提与分配

5. 下列各项中,属于计算机语言的有(　　)。

A. 机器语言　　B. 数学语言　　C. 汇编语言　　D. 高级语言

6. 下列各选项中,有关结账的正确说法有(　　)。

A. 若指定月份月末有尚未记账的凭证,则不允许结账

B. 若指定月份月末有尚未审核的凭证,则不允许结账

C. 上个月未结账,下一个月不能记账

D. 指定月份月末结账后,不能再输入当月的记账凭证

7. 账务系统中科目编码规则设置的主要内容有(　　)。

A. 科目的级长　　B. 科目的级次　　C. 科目的名称　　D. 科目的性质

8. 计算机的性能指标包括(　　)。

A. 计算机速度　　B. 字长　　C. 存储容量　　D. 体积大小

9. 电算化会计内部管理制度包括的内容有(　　)。

A. 岗位责任制度　　B. 操作管理制度

C. 会计数据与软件管理制度　　D. 计算机软件和硬件系统的维护管理制度

10. 日常账务处理的任务主要包括(　　)。

A. 填制凭证　　B. 审核凭证　　C. 记账　　D. 设置操作员

三、判断题(每小题 1 分,共 10 分。)

1. 会计核算软件不包括报表处理功能模块。　　(　　)

2. 会计主管可以兼任电算化主管。　　(　　)

3. 账套号是区别不同账套的唯一标志。　　(　　)

4. 会计科目名称只能用汉字表示。　　(　　)

5. 计算机最常用的输入设备包括鼠标和键盘。 ( )

6. 对于同样的经济业务进行账务处理，如果采用的记账程序不同，所采用的会计凭证、会计账簿和会计报表的种类和格式也会不同。 ( )

7. 发现已经输入并审核通过或者登账的记账凭证有错误的，可以采用红字凭证冲销法或者补充凭证法进行更正，红字可用“－”号表示。 ( )

8. 会计科目一经使用，即已经出现余额后，不允许修改或删除该科目。 ( )

9. 单用户会计核算软件就是指只能将会计核算软件安装在一台计算机上。 ( )

10. 二进制中只有“0”和“1”两个数字符号。 ( )

四、实务操作题(每小题 4 分，共 60 分。正确完成规定的操作步骤，即得分，否则不得分。)

1. 建立账套。为美京公司建立一套新账，启用日期为 2011 年 1 月 1 日，账套主管为 CC，账套号为 003。

2. 增加操作人员 AA、BB，密码为 1。

3. 新增会计科目：

科目编码：121101　科目名称：生产用原材料；

科目编码：410101　科目名称：直接材料；

科目编码：410102　科目名称：直接人工。

4. 录入期初余额：

1601　固定资产　期初余额：1 000 000.00；

4001　实收资本　期初余额：1 500 000.00；

2001　短期借款　期初余额：2 000 000.00。

5. 编制记账凭证。由操作员 AA 根据下列经济业务编制凭证：

(1)1 月 7 日，用中行存款归还短期借款 200 000 元。

借：短期借款(2001)　　200 000

　　贷：银行存款——中行存款(100202)　　200 000

(2)1 月 8 日，收到订书款 5 000 元。

借：银行存款——工行存款(100201)　　5 000

　　贷：预收账款(2203)　　5 000

6. 由操作员 BB 审核凭证。

7. 由操作员 BB 完成记账。

8.由操作员 BB 进行结账。

9.编制会计报表。根据下表格式编制资产负债表。

资产负债表

编报单位:美京公司　　2011 年 1 月 31 日　　报表编号:会工 01 表

资产	年初数	期末数	权益	年初数	期末数
流动资产			流动负债		
货币资金			短期借款		
应收账款			预收账款		
固定资产			应付职工薪酬		
			实收资本		
资产合计			权益合计		

根据 10～15 信息,创建应收账款账套,进行应收账款管理初始设置。

10.应收款管理系统账套参数设置。

“常规”选项卡:应收账款核销方式为“按单据”,单据审核日期依据为“单据日期”,汇总损益方式为“月末处理”,坏账处理方式为“应收账款余额百分比法”,代垫费用类型为“其他应收单”,应收款核算类型为“详细核算”。

11.存货分类设置(见下表)。

存货分类设置表

存货分类编码	存货分类名称
1	原料及主要材料
2	辅助材料
3	库存商品
4	应税劳务

12.计量单位设置(见下表)。

计量单位设置表

计量单位组	计量单位编码	计量单位名称
1 基本计量单位(无换算)	01	袋
	02	盒
	03	箱
	04	千克
	05	千米
	06	块
	07	瓶

13. 存货档案设置(见下表)。

存货档案设置表

存货编码	存货名称	所属分类码	计量单位	税率(%)	存货属性
001	面粉	1	袋	13	外购、生产耗用
002	白糖	1	千克	17	外购、生产耗用
003	精炼油	1	千克	17	外购、生产耗用
005	软香酥(糕点)	3	盒	17	自制、销售
006	光华绿茶	3	箱	17	自制、销售
007	运输费	4	千米	17	应税劳务

14. 基本科目设置。

应收科目为“1122 应收账款”,预收科目为“2203 预收账款”,销售收入科目为“600101 主营业务收入”,应交增值税科目为“22210105 应交税费——应交增值税(销项税额)”,销售收入科目为“600101 主营业务收入”,银行承兑科目为“1121 应收票据”,商业承兑科目为“1121 应收票据”,现金折扣科目为“660301 科目”,票据利息科目为“660301 科目”,票据费用科目为“660301 科目”。

15. 结算方式科目设置。

现金结算方式科目为“1001 库存现金”,现金支票结算方式科目为“100201 工行存款”,转账支票结算方式科目为“100201 工行存款”,银行汇票结算方式科目为“100201 工行存款”。

参考答案及精析

一、单项选择题

1. [答案] A

【精析】 电算化会计核算基本流程:编制记账凭证→凭证审核→记账→结账→编制报表。

2. [答案] A

【精析】 Windows XP 是一种操作系统,属于系统软件。

3. [答案] A

【精析】 会计软件中设置客户档案主要为的是进行往来管理。设置职员档案与工资管理有关。

4. [答案] B

【精析】 凭证在未审核状态下可以直接修改,一经审核,就不能修改、删除,只有经审核人员取消审核后才可以修改。

5.[答案] A

【精析】 软件操作人员负责所分管业务的数据输入、处理、备份和输出(包括打印输出凭证、账簿、报表)。

6.[答案] B

【精析】 为了保证会计数据资料安全,根据电算化内部管理制度的要求,会计部门的所有人员要进行岗位分工和权限设置。

7.[答案] C

【精析】 《会计核算软件基本功能规范》中规定,会计核算软件中采用的总分类会计科目名称、编号方法都必须符合国家统一的会计制度的规定。

8.[答案] B

【精析】 工资核算系统是会计核算系统中的一个子系统。

9.[答案] C

【精析】 已登账的会计凭证,如果在"月末结账"前,发现有录入错误,可以编制调整凭证。

10.[答案] A

【精析】 只有基本工资是基本不变数据。"出勤天数"、"每月扣款"和"实发工资"等都是变动数据。

二、多项选择题

1.[答案] ABC

【精析】 录入期初余额是初始化工作的主要任务。

2.[答案] AB

【精析】 在经济业务中,会计科目涉及"库存现金"和"银行存款",则凭证只能是收付款凭证。

3.[答案] ABC

【精析】 组成报表的基本要素是表头、表体和表尾。

4.[答案] ABCD

【精析】 固定资产系统主要完成固定资产日常业务的核算,包括增加、减少、原值变化及其他变动等。

5.[答案] ACD

【精析】 计算机语言通常分为机器语言、汇编语言和高级语言三类。

6.[答案] ACD

【精析】 使用结账功能可以对指定月份进行结账。如果该月有尚未记账的凭证,则不允许结账。上月未结账,下月的凭证可以录入,但不能记账。结账后,不能再录入已结账期间的记账凭证。

7.[答案] AB

【精析】 账务系统中科目编码规则设置的主要内容有科目的级长和科目的级次。

8.[答案] ABC

【精析】 计算机的性能用计算机速度、字长和存储容量来衡量,与体积大小无关。

9.[答案] ABCD

【精析】 会计电算化的内部管理制度主要包括岗位责任制度、操作管理制度、计算机硬件和软件系统的维护管理制度、会计档案管理制度以及会计数据与软件管理制度。

10.[答案] ABC

【精析】 设置操作员是系统初始化时的任务。填制凭证、审核凭证和记账是日常账务处理的内容。

三、判断题

1.[答案] ×

【精析】 会计核算软件通常分为账务处理、应收/应付账款核算、工资核算、固定资产核算、存货核算、销售核算、成本核算、会计报表生成与汇总、财务分析等功能模块。

2.[答案] √

【精析】 电算化会计岗位中电算主管一职可由会计主管兼任。

3.[答案] √

【精析】 不同账套通过账套号加以区别。

4.[答案] ×

【精析】 科目名称用汉字、英文字母、数字等符号表示。

5.[答案] √

【精析】 鼠标和键盘是计算机最常用的输入设备,也是必备的。

6.[答案] √

【精析】 对于同样的经济业务进行账务处理,如果采用的记账程序不同,则所采用的会计凭证、会计账簿和会计报表的种类和格式也会不同。

7.[答案] √

【精析】 错账更正方法有红字冲销法、补充登记法。

8.[答案] √

【精析】 会计科目一经使用,即已经出现余额后,不允许修改或删除该科目。

9.[答案] ×

【精析】 单用户会计核算软件是指会计核算软件安装在一台或几台计算机上,每台计算机的会计核算软件单独运行,生成的数据只存储在各自的计算机中,计算机之间不能直接实现数据交换和共享。

10.[答案] √

【精析】 二进制中只存在"0"、"1"两个数字符号,逢二进一。

四、实务操作题

1.【提示步骤】建立账套:在"系统管理"窗口,执行"账套→建立"命令,打开"创建账套——账套信息"对话框,输入相关信息即可。

2.【提示步骤】增加操作员:在"系统管理"窗口,执行"权限→角色"命令,打开"角色管理"窗口,单击"增加"按钮,打开"增加角色"对话框,输入相关信息并保存即可。

3.【提示步骤】设置会计科目:执行“基础设置→财务会计→会计科目”命令,打开“是否按行业预置会计科目”对话框,单击“不预置”按钮,进入“会计科目”窗口,单击“增加”按钮,进入“会计科目_新增”窗口,输入科目相关信息并单击“确定”按钮即可。

4.【提示步骤】录入期初余额:执行“总账→设置→期初余额”命令,进入“期初余额录入”窗口,输入相关信息即可。

5.【提示步骤】编制凭证:执行“总账→凭证→填制凭证”命令,进入“填制凭证”窗口,单击“增加”按钮,输入相关信息,并单击“保存”按钮,弹出“凭证已成功保存!”信息提示框,单击“确定”按钮即可。

6.【提示步骤】审核凭证:执行系统菜单“凭证→审核凭证”命令。

7.【提示步骤】记账:执行系统菜单“凭证→记账”命令。

8.【提示步骤】结账:执行“总账→期末→结账”命令。

9.【提示步骤】①设置报表尺寸:执行“格式→表尺寸”命令。②定义组合单元:执行“格式→组合单元”命令。③画表格线:选中报表需要画线的区域,执行“格式→区域画线”命令。④输入报表项目。⑤设置报表计算公式。⑥保存报表。

10.【提示步骤】参数设置。①执行“设置→选项”命令,打开“账套参数设置”对话框。②单击“编辑”按钮,按实验资料进行控制参数设置。

11.【提示步骤】存货分类设置。①在“企业应用平台”中,执行“设置→基础档案→存货→存货分类”命令,进入“存货分类”窗口。②按实验资料进行存货分类设置。

12.【提示步骤】设置单位设置。①在“企业应用平台”中,执行“设置→基础档案→存货→计量单位”命令,进入“计量单位——计量单位组别”窗口。②单击“分组”按钮,打开“计量单位分组”对话框。③单击“增加”按钮,按实验资料输入单位组信息并保存。④选择“无换算关系”计量单位组,单击“单位”按钮,打开“计量单位”对话框,按实验资料输入单位信息。

13.【提示步骤】存货档案设置。①执行“设置→基础档案→存货→存货档案”命令,进入“存货档案”窗口。②选择存货分类,单击“增加”按钮,进入“存货档案卡片”窗口。③按实验资料输入存货档案。

14.【提示步骤】基本科目设置。执行“设置→初始设置”命令,进入“初始设置”窗口。选择“基本科目”设置,进行相关设置。

15.【提示步骤】结算方式设置。执行“设置→初始设置”命令,进入“初始设置”窗口。选择“结算方式”设置,进行相关设置。

2012年4月会计从业资格考试试题

初级会计电算化

一、单项选择题(本题共40小题,每小题1分,共40分。每小题备选答案中,只有有一个符合题意的正确答案。多选、错选、不选均不得分。)

1. 在E-mail地址中,@后面是(　　)。

A. 电子邮件服务器域名　　B. 用户所在国家名

C. 一级域名　　D. 用户名

2. ERP中文名称是(　　)。

A. 物料需求计划　B. 制造资源计划　C. 企业资源计划　D. 主生产计划

3. 目前Internet上最常用的浏览器是(　　)。

A. 360　　B. Internet Explorer

C. 搜狗　　D. Outlook Express

4. (　　)不是计算机替代手工记账的必要条件。

A. 适用的会计软件和相应的计算机硬件

B. 整理各账户的余额

C. 配备相应的会计电算化工作人员

D. 建立严格的内部管理制度

5. 下列不属于固定资产核算子系统功能的是(　　)。

A. 固定资产的增减变动　　B. 计提折旧

C. 月末结账　　D. 凭证的审核与记账

6. 实现会计电算化的最终目的是为(　　)服务。

A. 会计决策　B. 会计监督　C. 会计核算　D. 管理

7. 在凭证录入时,下列内容中,不需操作人员录入的是(　　)。

A. 摘要　B. 制单人姓名　C. 科目　D. 金额

8. 报表系统中的单元属性主要是指(　　)。

A. 单个单元还是区域或组合单元　　B. 单元内容的性质

C. 单元数据的单位　　D. 数据的显示格式

9. 在KIS系统中,欲使报表数据为零的单元格显示为空白应在(　　)。

A. "文本对齐"中设置　　B. 取数公式中设置

C. "单元属性"中设置　　D. 报表属性中设置

10. 在财务系统中,下列关于记账本位币描述中,正确的是(　　)。

A. 记账本位币设置后可以更改

B. 一个会计科目不能同时核算外币和本位币

C. 可以指定多种货币作为记账本位币

D. 记账本位币设置后不能更改

11. 下列对计算机存储器说法中,错误的是(   )。

A. 内存储器由许多存储单元组成

B. 访问存储器中的信息不需要存储单元的地址

C. 存储器的存储单元都有自己的单元地址

D. 度量存储器容量的基本单位为字节

12. 计算机域名 www.google.com.hk 中的"com"是(   )。

A. 顶级域名　　B. 一级域名

C. 二级域名　　D. 三级域名

13. 若甲企业会计科目编码原则为 4222,则 5210010103 表示的是(   )级科目代码。

A. 二　　B. 三　　C. 四　　D. 五

14. 下列不属于计算机终端设备的是(   )。

A. 个人电脑　　B. 可上网的手机　　C. 网络电视　　D. 摄像机

15. 在 KIS 报表系统中,下列描述不正确的是(   )。

A. 输入要查询的报表期间,执行报表重算功能可得到要查询的结果

B. 报表数据可以图形化表示

C. 报表取数公式 ACCT 中有 4 个参数

D. 可根据表内、表间钩稽关系定义审核公式

16. 实行电算化后,记账凭证的生成有(   )种途径。

A. 一　　B. 两　　C. 三　　D. 四

17. 系统软件与应用软件的相互关系是(   )。

A. 前者以后者为基础　　B. 每一类都以另一类为基础

C. 应用软件与系统软件不分主次　　D. 后者以前者为基础

18. 固定资产模块的固定资产增加功能可用于(   )业务处理。

A. 固定资产盘盈　　B. 固定资产出售

C. 固定资产盘亏　　D. 固定资产报废

19. 处于写保护状态的一个感染了计算机病毒的 U 盘,使用时(   )。

A. 有可能向外传染病毒,也可能会再次被感染病毒

B. 不会向外传染病毒,也不会感染病毒

C. 有可能向外传染病毒,但不会感染病毒

D. 不会向外传染病毒,但会感染病毒

20. 下列关于会计科目的描述中,错误的有(   )。

A. 要修改和删除某会计科目,应先选中该会计科目

B. 科目一经使用,不允许删除

C. 有余额的会计科目可直接修改

D. 删除会计科目应从末级科目开始

21. 甲企业于 2011 年 2 月购进一台摄像机,在 2012 年 1 月初开始使用电算化软件管

理固定资产,初始化时其已提折旧期间数是(　　)个月。

A. 8　　B. 9　　C. 10　　D. 11

22. 账套恢复时,备份数据会将硬盘中现有的相同账套数据(　　)。

A. 全部覆盖　　B. 部分覆盖

C. 再备份一份　　D. 转存到另一个文件夹中

23. 下列关于科目编码的说法中,错误的是(　　)。

A. 不能只有下级科目而没有上级科目

B. 编码长度小于总长度时后面用零补齐

C. 本级科目全编码等于上一级科目全编码加本级科目编码

D. 已经使用的末级科目不允许在其下再增设下级科目

24. 设定报表钩稽关系的公式是(　　)。

A. 计算公式　　B. 审核公式　　C. 函数公式　　D. 取数公式

25. 下列关于电子邮件说法中,正确的是(　　)。

A. 邮件服务器地址为该主机的域名地址

B. 电子邮件地址为该用户的 IP 地址

C. 电子邮件地址为网络文件地址

D. 电子邮件地址中没有电子邮件服务器域名

26. 在财务系统中,关于外部系统传来的凭证说法中,正确的是(　　)。

A. 只能在生成该凭证的系统中修改　　B. 不可以修改

C. 可以在财务系统中修改　　D. 一般不用修改

27. 计算机的基本组成是(　　)。

A. 输入设备、输出设备、运算器、控制器、存储器

B. 磁盘、软盘、内存、CPU、显示器

C. 打印机、触摸屏、键盘、软盘

D. 鼠标、打印机、主机、显示器、存储器

28. 在财务系统中,下列只能进行冲销修改的凭证是(　　)。

A. 已过账的凭证　　B. 未审核的凭证

C. 未过账的凭证　　D. 已结账的凭证

29. 会计核算软件按(　　)可划分为单用户和多用户会计核算软件。

A. 适用范围　　B. 提供信息的层次

C. 开发商　　D. 硬件结构

30. 账务系统结账后仍然可以查询已经结账月份的(　　)。

A. 凭证和账表　　B. 新增凭证　　C. 记账凭证　　D. 复核凭证

31. 账务系统初始化前的科目余额准备是指(　　)。

A. 准备年初余额

B. 准备启用月份前一个月的期末余额

C. 准备启用月份期初余额和以前各月期末的发生额

D. 准备年初余额和启用月份以前各月的发生额

32. 以下关于单用户与多用户会计软件说法中，不正确的是（　　）。

A. 单用户会计软件只能在单台计算机上进行

B. 单用户会计软件所处理的数据不能被其他用户直接共享

C. 多用户会计软件允许多个用户在不同计算机上同时运行

D. 多用户会计软件不能与其他用户直接进行数据交换和共享

33. 账务系统中，下列关于系统操作员说法中，正确的是（　　）。

A. 系统管理员可以给每一个操作员设置一个初始口令

B. 电算主管可以修改操作员的登录口令

C. 操作员可以修改自己的操作权限

D. 电算主管可以查看操作员的登录口令

34. 下列关于计算机病毒的说法中，正确的是（　　）。

A. 计算机病毒是黑客恶作剧的结果

B. 计算机病毒是一种传染力极强的生物细菌

C. 计算机病毒是一种人为编写的具有破坏性的程序

D. 计算机病毒一旦产生便无法清除

35. 下列叙述中，正确的是（　　）。

A. 电子邮件只能传输文本文件

B. 电子邮件只能传输文本和图片文件

C. 电子邮件可以传输文本、声音、视频文件等

D. 电子邮件不能传输声音文件

36. Internet 是（　　）类型的网络。

A. 局域网　　B. 城域网　　C. 广域网　　D. 企业网

37. Internet 网上计算机的地址可以写成数字格式或域名格式的是（　　）。

A. 网络文件地址　B. 邮箱地址　　C. IP 地址　　D. 绝对地址

38. 账务系统中每张凭证的借贷方数据的平衡关系是由（　　）校对的。

A. 手工＋自动　　B. 计算机自动　　C. 制单人手动　　D. 审核员手动

39. 应付账款子系统和（　　）子系统之间有数据传输。

A. 固定资产　　B. 账务　　C. 工资　　D. 销售

40. 账务处理系统与工资核算系统之间的数据通过（　　）自动完成。

A. 自动转账凭证　B. 报表传递　　C. 自动转账功能　　D. U 盘传递

二、多项选择题（本题共 20 题，每小题 2 分，共 40 分。每小题备选答案中，有两个或两个以上符合题意的正确答案。多选、少选、错选均不得分。）

1. 电算化账务处理流程的初始设置包括（　　）。

A. 设置账套参数　　B. 设置会计人员操作权限

C. 系统管理　　D. 建立往来单位档案

2. 应收账款子系统与（　　）子系统有数据传输。

A. 固定资产　　B. 账务

C. 采购　　D. 销售

3. 计算机系统软件主要包括(　　)。

A. 操作系统　B. 语言处理程序　C. 支持服务程序　D. 数据库管理系统

4. 计算机网络的主要功能包括(　　)。

A. 资源共享　B. 信息传输

C. 分布式处理　D. 电子商务

5. 为了正确引导企业实施会计电算化，指引软件开发公司为企业更好地提供电算化软件，财政部先后发布了(　　)等一系列重要文件。

A.《会计电算化工作规范》

B.《关于发展我国会计电算化事业的意见》

C.《会计电算化管理办法》

D.《企业会计准则》

6. 在账务系统中，关于增加和删除会计科目的描述中，正确的有(　　)。

A. 已使用的科目及其上级科目都不能修改或删除

B. 先删除或修改下一级科目，然后再删除或修改本级科目

C. 已经使用的科目可以修改或删除

D. 有发生额的科目不能删除

7. 在账务系统中，提供的凭证限制类型包括(　　)。

A. 借方必有　B. 凭证必无　C. 贷方必有　D. 无限制

8. 在(　　)情况出现时，账务处理系统当期不能结账。

A. 银行对账出现不一致　B. 有经济业务发生未处理

C. 会计凭证未全部记账　D. 存在未审核的记账凭证

9. 在账务系统中，属于辅助核算账类的有(　　)等。

A. 部门核算　B. 项目核算　C. 外币核算　D. 往来核算

10. 一般账务系统中都预设有(　　)等。

A. 财务计算函数　B. 总账函数　C. 工资取数函数　D. 常用报表函数

11. 在账务系统中，属于凭证头部的信息有(　　)。

A. 业务日期　B. 制单日期　C. 凭证字　D. 制单人

12. 在账务系统中，具有审核权限的制单人不能审核的记账凭证有(　　)凭证。

A. 自己录入的　B. 已记账的　C. 已作废的　D. 他人填制的

13. 下列属于账务系统初始化设置的内容有(　　)。

A. 会计科目　B. 记账本位币

C. 会计期间　D. 操作员及其权限

14. 低级语言与高级语言相比，(　　)。

A. 其程序编写容易出错且不易排错　B. 其程序编写难度较大

C. 使用者要熟悉计算机的内部结构　D. 其执行效率低、速度慢

15. 下列各项中，影响计算机系统安全的主要因素有(　　)。

A. 系统故障的风险　B. 内部人员道德风险

C. 系统关联方道德风险　D. 计算机病毒

16. 从用户应用的角度看，计算机的分类有（　　）等。

A. 微型计算机　　B. 服务器

C. 终端计算机　　D. 便携式计算机

17. 实行会计电算化后的工作岗位可分为（　　）。

A. 基本会计岗位　　B. 管理会计岗位

C. 电算化会计岗位　　D. 决策会计岗位

18. 计算机的性能指标有（　　）。

A. 计算机速度　　B. 字长　　C. 存储容量　　D. 显示器尺寸

19. 会计电算化环境下，应作为会计档案进行保管的有（　　）。

A. 会计凭证　　B. 会计账簿　　C. 会计报表　　D. 电子数据

20. 账务系统的报表数据来源有（　　）。

A. 账务或其他模块　　B. 报表函数

C. 计算得到　　D. 人工输入

三、判断题（本题共20题，每小题1分，共20分。每小题判断结果正确的得1分，判断结果错误的扣0.5分，不判断不得分也不扣分。本类题最低得分为0分。）

1. 计算机运算器与存储器之间传输的是计算机指令。（　　）

2. 位于互联网上的计算机都有其唯一的地址，称为IP地址。（　　）

3. 字节是计算机数据处理和存储容量的基本单位。（　　）

4. 采用序时控制时凭证日期应早于启用日期，不能晚于业务日期。（　　）

5. 账务处理模块与其他模块之间的关系主要表现为凭证数据的传递关系。（　　）

6. 在账务系统中，上月未结账时可以输入下月的凭证但不可以记账。（　　）

7. TCP/IP协议不能解决不同网络之间的互联问题。（　　）

8. 往来业务核销有手动和自动两种方式。（　　）

9. 工资系统主要与账务系统和成本核算系统存在数据传递关系。（　　）

10. 互联网上的用户通过远程登录可以收发电子邮件。（　　）

11. 外存储器可用来长久地存放大量的程序和数据。（　　）

12. 建立账套时选择“是否按行业预置科目”选项可预置企业所需的所有会计科目。（　　）

13. 科目编码时，一级会计科目编码应符合会计制度要求。（　　）

14. 电算化会计的电算主管岗位不能由主管会计兼任。（　　）

15. 在账务系统中增加和修改凭证时可以改变凭证字号。（　　）

16. 按照财政部《会计电算化管理办法》的规定，启用计算机记账即可甩掉手工记账。（　　）

17. 在账务系统中的账套备份只需在月末结账时进行即可。（　　）

18. 账套主管无法设置其他用户的用户口令。（　　）

19. 一个感染计算机病毒的U盘经杀毒软件的检测和杀毒后不会再有病毒。（　　）

20. 在账务系统参数设置中，“会计期间”一旦设定不得修改。（　　）

参考答案及精析

一、单项选择题

1.[答案] A

【精析】 电子邮件地址上的一般格式为：<用户名>@<电子邮件服务端域名>。

2.[答案] C

【精析】 ERP(Enterprise Resource Planning)软件是在MRP(物料需求计划)和MRPⅡ(制造资源计划)的基础上发展而来的，全称是企业资源计划。

3.[答案] B

【精析】 Internet Explorer 8 目前已成为世界上最流行的浏览器。

4.[答案] B

【精析】 计算机替代手工记账时，应具备三个方面的基本条件：①配有适用的会计软件和相应的计算机硬件设备。②配备相应的会计电算化工作人员。③建立健全内部管理制度。

5.[答案] D

【精析】 凭证的审核与记账属于总账系统的功能。

6.[答案] D

【精析】 实行会计电算化最终是为企业管理进行服务的。

7.[答案] B

【精析】 在录入凭证时，数据录入人员负责对原始数据和信息进行录入，不包括制单人姓名。

8.[答案] B

【精析】 报表系统中的单元属性主要是指单元内容的性质。

9.[答案] C

【精析】 这属于对具体单元格的操作，应在“单元属性”中设置。

10.[答案] D

【精析】 在财务系统中，记账本位币一旦设置不能更改。

11.[答案] B

【精析】 为区分不同的存储单元，所有存储单元均按一定的顺序编号，称为地址码，简称地址。

12.[答案] C

【精析】 域名地址通用的格式为：www.<用户名>.<二级域名>.<一级域名>，www.google.com.hk 中的“com”是二级域名。

13.[答案] C

【精析】 当会计科目编码原则为4-2-2-2时，5210010103表示四级科目代码。

14.[答案] D

【精析】 摄像机并不属于计算机终端设备。

15.[答案] C

【精析】 在使用ACCT取数公式时,需要设置以下参数:科目;取数类型;会计期间;会计年度;币别;账套名称等。

16.[答案] C

【精析】 实行会计电算化,记账凭证有"手工凭证"、"派生凭证"和"机制凭证"三种来源。

17.[答案] D

【精析】 系统软件是应用软件的基础,只有在系统软件提供的各种基础系统,如操作系统、语言处理程序的基础上,具体的应用软件才可以更好地发挥功能。

18.[答案] A

【精析】 固定资产盘盈属于固定资产的增加,可以在固定资产模块的固定资产增加功能中进行处理。

19.[答案] C

【精析】 写保护开启时,不能写入任何文件,包括正常文件和病毒文件都不能写入,这种情况下U盘不会中病毒。

20.[答案] C

【精析】 有余额的会计科目是不允许直接修改的。

21.[答案] C

【精析】 新增固定资产当月不计提折旧,甲企业应于2011年3月起开始对该摄像机计提折旧,至2012年1月初共是10个月。

22.[答案] A

【精析】 账套恢复时,备份数据会将硬盘中现有的相同账套数据全部覆盖。

23.[答案] B

【精析】 "编码长度小于总长度时后面可用零补齐"的说法是错误的,编码长度小于总长度无需使用零补齐,直接输入编码即可。

24.[答案] B

【精析】 报表中的各个数据之间一般都存在某种钩稽关系,利用这种钩稽关系可定义审核公式,进一步检验报表编制的结果是否正确。

25.[答案] A

【精析】 电子邮件中,邮件服务器地址为该主机的域名地址。

26.[答案] A

【精析】 在财务系统中,对外部系统传来的凭证进行修改时,只能在生成该凭证的系统中修改。

27.[答案] A

【精析】 计算机硬件系统的组成部分包括主机和外部设备;其中主机包括中央处理器、内存储器,外部设备包括输入设备、输出设备和外存储器;中央处理器又包括运算器和控制器。

28.[答案] A

【精析】 在财务系统中,只能进行冲销修改的凭证是已过账的凭证。

29.[答案] D

【精析】 按照硬件结构不同,会计核算软件可以划分为单用户会计核算软件和多用户会计核算软件。

30.[答案] A

【精析】 账务系统结账后仍然可以查询已经结账月份的凭证和账表。

31.[答案] B

【精析】 财务系统初始化前的科目余额准备是指准备启用月份前一个月期末余额。

32.[答案] D

【精析】 使用多用户软件的,系统中各终端可以同时运行,一套账在同一时间内可以由多位用户按照会计分工同时操作使用,不同终端上的会计人员能够共享会计信息。

33.[答案] A

【精析】 电算主管无权查看或修改操作员的登录口令,操作员无权修改自己的操作权限。

34.[答案] C

【精析】 计算机病毒是指编制者在计算机程序中插入的破坏计算机功能或者破坏数据,影响计算机使用并且能够自我复制的一组计算机指令或者程序代码。

35.[答案] C

【精析】 电子邮件既可以传输文本文件,也可以传输声音和视频文件。

36.[答案] C

【精析】 Internet 是广域网类型的网络。

37.[答案] C

【精析】 IP 地址既可以写成数字格式,也可以写成域名格式。

38.[答案] B

【精析】 账务系统中每张凭证的借贷方数据的平衡关系由计算机自动校对。

39.[答案] B

【精析】 应付账款子系统与账务子系统之间有数据传输。

40.[答案] A

【精析】 账务处理系统与工资核算系统之间的数据通过自动转账凭证自动完成。

二、多项选择题

1.[答案] ABD

【精析】 系统初始化主要包括以下内容:①设置操作员权限。②建立账套。③设置会计期间。④设置记账本位币。⑤设置会计科目。⑥录入科目初始数据。⑦设置辅助核算项目。⑧设置外币币种及汇率。⑨设置凭证类别等。其中,D 项设置往来单位档案又具体属于应收/应付账务处理系统的初始化设置。

2.[答案] BD

【精析】 在应收账款子系统中进行收款单据的录入时,要在销售管理子系统中录入销售发票;进行往来业务核销时,应当选择“财务处理”系统进行“往来核销”。

3.[答案] ABCD

【精析】 计算机软件可分为系统软件和应用软件两大类。系统软件主要包括操作系统、语言处理程序、支持服务程序、数据库管理程序。应用软件大致可分为文字处理、表格处理、图形和图像、网络通信、演示统计软件等几大类。

4.[答案] ABC

【精析】 计算机网络主要功能包括:①资源共享。②信息传递。③分布处理。

5.[答案] ABC

【精析】 为加强对会计电算化工作的指导和规范,财政部根据《会计法》制定了《会计电算化管理办法》、《会计核算软件基本功能规范》、《会计电算化工作规范》、《会计基础工作规范》和《会计档案管理办法》等规范性文件,对会计核算软件的研制、单位实施会计电算化工作提出了具体规定。

6.[答案] ABD

【精析】 ①科目一旦设定完毕,已录入期初余额或编制凭证时已使用过该科目,则该科目及其上级科目都将不能再进行修改、删除。②非末级会计科目不能删除。③被指定为“现金科目”、“银行科目”的不能删除;若想删除,必须取消指定。

7.[答案] ABCD

【精析】 在账务系统中,系统提供五种常用类型:①借方必有;②贷方必有;③凭证必有;④凭证必无;⑤无限制。

8.[答案] ABCD

【精析】 ①本月业务有未记账凭证时,则不能结账。②上月未结账,则本月不能结账。③若总账与明细账对账不符,则不能结账。④如果与其他系统联合使用,其他子系统未全部结账,则本月不能结账。

9.[答案] ABCD

【精析】 辅助核算信息包括客户往来、供应商往来、个人往来、部门核算、项目核算、现金流量、银行科目、外币科目和数量科目等。

10.[答案] ABCD

【精析】 一般账务系统中都预设有财务计算函数、总账函数、工资取数函数、常用报表函数等函数。

11.[答案] ABC

【精析】 账务系统中,凭证头部信息包括凭证类别(凭证字)、凭证编号、业务日期、制单日期和附单据数。

12.[答案] ABC

【精析】 审核人与制单人不能为同一人,所以具有审核权限的制单人不能审核自己录入的凭证;作废凭证不能被审核,也不能被标错。未审核凭证不能记账,所以已记账的凭证不再审核。

13.[答案] ABCD

【精析】 此题考查点与多选题中第1题相同,可看第1题的解析。

14.［答案］ ABC

【精析】 低级语言与高级语言相比，其程序编写容易出错且不易排错，其程序编写难度较大，并需要使用者熟悉计算机的内部结构。

15.［答案］ ABCD

【精析】 影响计算机系统安全主要因素：①系统故障风险。②内部人员道德风险。③系统关联方道德风险。④社会道德风险。⑤计算机病毒。

16.［答案］ ABC

【精析】 从用户应用的角度看，计算机的分类有微型计算机、服务器、终端计算机等。

17.［答案］ AC

【精析】 会计电算化岗位可分为基本会计岗位和电算化会计岗位。

18.［答案］ ABC

【精析】 计算机的主要性能指标有：①计算机速度。②字长。③存储容量。

19.［答案］ ABCD

【精析】 实行会计电算化后的档案包括存储在计算机中的会计数据（以磁盘、光盘等介质存储的会计数据）和计算机打印出来的书面形式的会计数据。会计数据包括：①会计凭证、会计账簿、会计报表（包括报表格式和计算公式），以及记载会计业务的原始凭证等数据；②会计电算化软件开发过程或会计电算化系统实施过程中的各种开发实施资料，如开发的需求分析书、系统设计书、实施过程中的参数设置情况表等；③其他会计资料。

20.［答案］ ACD

【精析】 报表中的数据根据其来源可以分为三类：从账务处理或其他模块取数据、经计算得到的数据、人工输入的外部数据。

三、判断题

1.［答案］ ×

【精析】 运算器只是负责数据的计算，控制器与存储器之间传输的是计算机指令。

2.［答案］ √

【精析】 位于互联网上的计算机都有其唯一的地址，称为 IP 地址。

3.［答案］ √

【精析】 字节是计算机数据处理和存储容量的基本单位。

4.［答案］ ×

【精析】 采用序时控制时，凭证日期应大于等于启用日期，不能超过业务日期。

5.［答案］ √

【精析】 账务处理模块与其他模块之间的关系主要表现为凭证数据的传递关系。

6.［答案］ √

【精析】 在账务系统中，上月未结账时可以输入下月的凭证但不可以记账。

7.［答案］ ×

【精析】 TCP/IP 协议成功地解决了不同网络之间难以互联的问题，实现了异网互联通信。TCP/IP 是当今网络互联的核心协议，可以说没有 TCP/IP 协议，就没有今天的网络互联技术，就没有今天的以互联技术为核心建立起来的 Internet。

8.［答案］ √

【精析】 往来业务核销有手动和自动两种方式。

9.［答案］ √

【精析】 薪资管理系统与系统管理共享基础数据；薪资管理系统将工资分摊的结果生成转账凭证，传递到总账管理系统；另外，其还向成本核算系统传递相关费用的合计数据。

10.［答案］ √

【精析】 互联网上的用户通过远程登录可以收发电子邮件。

11.［答案］ √

【精析】 外存储容量大、价格低，但存储速度较慢，一般用来存放大量暂时不用的程序、数据和中间结果，必要时，可成批地与内存储器进行信息交换。

12.［答案］ ×

【精析】 建立账套时选择"是否按行业预置科目"选项可预置所属行业的标准一级科目。

13.［答案］ √

【精析】 科目编码时，一级会计科目编码应符合会计制度要求。

14.［答案］ ×

【精析】 电算化会计的电算主管岗位可由主管会计兼任。

15.［答案］ ×

【精析】 在账务系统中修改凭证时不可以改变凭证字号。

16.［答案］ ×

【精析】 财政部《会计电算化管理法》的规定：配有适用的会计软件，并且计算机与手工进行会计核算双轨运行 3 个月以上，计算机与手工核算的数据相一致，软件运行安全可靠。

17.［答案］ √

【精析】 在账务系统中的账套备份只需在月末结账时进行即可。

18.［答案］ √

【精析】 账套主管无法设置其他用户的用户口令。

19.［答案］ ×

【精析】 染有病毒的 U 盘经杀毒软件的检测和杀毒后，在使用中也有可能会再次染上病毒。

20.［答案］ √

【精析】 在账务系统参数设置中，"会计期间"一旦设定不得修改。

2012年9月会计从业资格考试试题

初级会计电算化

一、单项选择题(本题共10小题,每小题1分,共10分。每题只有一个正确答案,选对得分,多选、不选、错选均不得分。)

1. 把硬盘上的数据传递到计算机的内存中称为(　　)。

A. 打印　　B. 写盘　　C. 输出　　D. 读盘

2. 下列比较著名的国外杀毒软件是(　　)。

A. 诺顿　　B. 瑞星杀毒　　C. KV3000　　D. 金山毒霸

3. 1989年财政部颁布的会计电算化法规是(　　)。

A.《会计电算化管理办法》　　B.《商品化会计核算软件评审规则》

C.《会计核算软件基本功能规范》　　D.《会计核算软件管理的几项规定(试行)》

4. 基本会计核算账簿管理不包括(　　)的查询及打印。

A. 总账　　B. 余额表　　C. 明细账　　D. 客户往来账

5. 当磁盘设置写保护时,用户对磁盘(　　)。

A. 只能读不能写　　B. 只能写不能读

C. 既能读又能写　　D. 既不能读又不能写

6. 下列各项中,职责不相容的岗位是(　　)。

A. 电算化主管与审核　　B. 凭证录入与修改

C. 凭证录入与审核　　D. 电算化主管与记账

7. 实行会计电算化的单位,要建立会计电算化(　　)的原则。

A. 内部控制制度　　B. 岗位责任制度　　C. 管理制度　　D. 内部监督制度

8. 下列字符中,ASCII码最小的是(　　)。

A. K　　B. a　　C. H　　D. h

9. 选择不连续的多个文件时,先选中要选的第一个文件,再按住(　　)键,逐个单击要选的文件。

A. Enter　　B. Ctrl　　C. Shift　　D. 空格

10. 实行会计电算化,必须计算机与手工进行会计核算双轨运行(　　)个月以上,计算机与手工核算的数据一致。

A. 1　　B. 2　　C. 3　　D. 5

二、多项选择题(本题共10小题,每小题2分,共20分。每题有两个或两个以上正确答案,选对得分,多选、少选、不选、错选均不得分。)

1. 企业代购货单位垫付运杂费时,应(　　)账户。

A. 借记“其他应收款”　　B. 贷记“银行存款”

C. 借记“应收账款”　　D. 借记“销售费用”

2.影响计算机系统安全的主要风险来自(　　)。

A.系统故障的风险　　B.内部人员道德风险

C.系统关联方道德风险　　D.计算机病毒

3.在 Excel 2000 中,下列有关图表的叙述中,正确的有(　　)。

A.图表的图例可以移动到图表之外

B.选中图表后再键入文字,则文字会取代图表

C.图表绘图区可以显示数据值

D.一般只有选中了图表才会出现图表菜单

4.Windows 的鼠标操作有(　　)。

A.单击左键　　B.双击左键　　C.单击右键　　D.双击右键

5.一个 Windows 窗口可以被(　　)。

A.移动　　B.最大化　　C.最小化　　D.改变大小

6.要在 Excel 工作表区域 A1:A10 输入等比数列 2、4、8、16…可以在 A1 单元输入数字 2,在 A2 单元输入公式(　　),然后选中 A2 单元,用鼠标拖动填充柄至 A10 单元即可。

A.=2*SA $1　　B.=2*$ A1

C.=2*A $1　　D.=2*A1

7.账务处理系统中,初始化时需要设置凭证类别,下列记账凭证分类中,正确的有(　　)。

A.单一类别:记账凭证

B.分为三类:收款凭证、付款凭证和转账凭证

C.分为三类:现金凭证、银行凭证和转账凭证

D.分为五类:现金收款、现金付款、银行收款、银行付款和转账凭证

8.下列代表一级域名的是(　　)。

A.ac　　B.hk　　C.jp　　D.uk

9.计算机的性能指标包括(　　)。

A.计算机速度　　B.字长　　C.存储容量　　D.分辨率

10.打开 Word 查找和替换对话框的快捷键有(　　)。

A.Ctrl+F　　B.Ctrl+H　　C.Ctrl+G　　D.Ctrl+A

三、判断题(本题共 10 小题,每小题 1 分,共 20 分。判断正确得分。)

1.在我国,实现会计电算化的单位,可以用一级科目汇总表代替总账。(　　)

2.当 Excel 屏幕底部状态栏中显示“CAPS”时,表示系统处于小写状态。(　　)

3.内存容量指微型计算机硬盘所能容纳信息的字节数。(　　)

4.CPU 和 RAM 不是计算机的外部设备。(　　)

5.内存储器和外存储器都能永久保存数据。(　　)

6.十六进制数是由 0,1,2,…,13,14,15 这十六种数码组成。(　　)

7.上档键 Shift 仅对标有双符号的键起作用。(　　)

8.锁定键 Caps Lock 仅对字母键起作用。(　　)

9. Shift 键与 Caps Lock 的状态有关。 ( )

10. Alt 和 Ctrl 键不能单独使用,只有配合其他键使用才有意义。 ( )

四、实务操作题(本题共 3 小题,每题 20 分,共计 60 分。)

1. 建立账套

(1)账套信息

账套号:700

账套名称:蓝光有限责任公司,采用默认账套路径

启用会计期:2011 年 1 月

会计期间设置:1 月 1 日至 12 月 31 日

(2)单位信息

单位名称:蓝光有限责任公司

单位简称:蓝光公司

(3)核算类型

该企业的记账本位币为人民币(RMB);企业类型为工业;行业性质为 2007 年新会计准则;账套主管为 demo;按行业性质预置科目。

(4)基础信息

该企业有外币核算,进行经济业务处理时,不需要对存货、客户、供应商进行分类。

(5)分类编码方案

科目编码级次:4-2-2

其他:默认

(6)数据精度

该企业对存货数量、单价小数位定为 2。

(7) 系统启用

“总账、工资、固定资产”模块的启用日期为“2011 年 1 月 1 日”。

2. 编制会计报表

以账套主管的身份注册信息门户。

用户名“101”;密码为空;账套“900”;会计年度“2011”;日期“2011-01-31”。

(1)定义如下报表格式

材料明细表

××××年××月××日 单位:元

原材料	期初数	期末数
甲材料		
乙材料		
合计		

说明:年、月、日设置为关键字。其他内容自行设定。

(2)定义报表公式

甲材料期初数=QC(“140301”,月)

甲材料期末数=QM(“140301”,月)

期初数＝QC(“140302”,月)

期末数＝QM(“140303”,月)

合计＝甲材料期初数＋乙材料期初数

合计＝甲材料期末数＋乙材料期末数

戓报表数据

键字“2011 年 1 月 31 日”,生成材料明细表数据。

存报表

的报表数据以“材料明细表. rep”保存到“我的文档”文件夹。

用报表模板

润表模板,输入关键字“2011 年 1 月”,生成利润表数据。

资产核算

置固定资产类别

)5;名称:家具类;净残值率:3%;折旧方法:平均年限法(一)。

产增加

年 1 月 10 日,销售部购买了一台复印机。

	资产名称	部门	增加方式	使用状况	开始日期	原值	使用年限	折旧方法
类	复印机	销售部	直接购入	在用	2011-1-10	10 000	10	平均年限法(二)

提折旧

本月固定资产折旧,生成记账凭证。

参考答案及精析

项选择题

案] D

析】 把硬盘上的数据传送到计算机的内存中称为读盘。

案] A

析】 瑞星、KV 和金山都是国内著名的杀毒软件品牌,而诺顿是知名的国际牌。

案] D

析】 1989 年财政部颁布的会计电算化法规是《会计核算软件管理的几项规定试行)》。

案] D

析】 基本会计核算账簿管理包括总账、明细账、余额表的查询及打印。

案] A

析】 当磁盘设置写保护时,用户对磁盘只能读不能写。

案] C

【精析】 凭证录入与审核岗位是不相容职位。

7.[答案] B

【精析】 实行会计电算化的单位，要建立会计电算化岗位责任制

8.[答案] C

【精析】 ASCII 码从大到小：h＞a＞K＞H。

9.[答案] B

【精析】 选择不连续的多个文件时，先选中要选的第一个文件，键，逐个单击要选的文件。

10.[答案] C

【精析】 实行会计电算化，必须计算机与手工进行会计核算双月以上，计算机与手工核算的数据一致。

二、多项选择题

1.[答案] BC

【精析】 企业代购货单位垫付运杂费时，应借记“应收账款”账户字款”账户。

2.[答案] ABCD

【精析】 影响计算机系统安全的主要风险来自系统故障的风险道德风险、内部人员道德风险和计算机病毒。

3.[答案] CD

【精析】 图表的图例不可以移动到图表之外；选中图表后再键入不会取代图表。

4.[答案] ABC

【精析】 在 Windows 中用户可以使用鼠标快速选择屏幕上的对基本操作有：①单击左键（简称单击）；②双击左键（简称双击）；③拖键；⑤指向。

5.[答案] ABCD

【精析】 Windows 窗口可以被移动、最大化、最小化和改变大小。

6.[答案] BD

【精析】 此操作是列不变化，行变化。所以，行标必须用相对地址可用相对地址，也可用绝对地址。

7.[答案] ABCD

【精析】 账务处理系统中，初始化时需要设置凭证类别，具体有法：①单一类别：记账凭证；②分为三类：收款凭证、付款凭证和转账凭类：现金凭证、银行凭证和转账凭证；④分为五类：现金收款、现金付款银行付款和转账凭证；⑤自定义凭证类别。

8.[答案] BCD

【精析】 “ac”是二级域名，代表科研机构。

9.[答案] ABC

【精析】 分辨率不是计算机的性能指标，而是显示器的性能指标。

10.[答案] ABC

【精析】 打开 Word“查找和替换”对话框的快捷键 Ctrl+F、Ctrl+H、Ctrl+G。

三、判断题

1.[答案] √

【精析】 在我国，实现会计电算化的单位，可以用一级科目汇总表代替总账。

2.[答案] ×

【精析】 当 Excel 屏幕底部状态栏中显示“CAPS”时，表示系统处于大写状态。

3.[答案] ×

【精析】 内存容量是指该内存条的存储容量，是内存条的关键性参数。内存容量以 MB 作为单位，可以简写为 M。

4.[答案] √

【精析】 人们通常把中央处理器(运算器和控制器)和内存储器合称为主机，主机以外的设备统称为外部设备。

5.[答案] ×

【精析】 内存储器一般用于临时存入正在运行的程序和正在处理的数据。

6.[答案] ×

【精析】 十六进制数是由 0～9 和 A～F 这十六种数码组成的。

7.[答案] ×

【精析】 上档键 Shift 还对字母键起作用，区分大小写，但字母键并不是标双符号的键。

8.[答案] √

【精析】 大写锁定键 Caps Lock 仅对字母键起作用。

9.[答案] √

【精析】 Shift 键与 Caps Lock 的状态有关。

10.[答案] √

【精析】 Alt 和 Ctrl 键不能单独使用，只有配合其他键使用才有意义。

四、实务操作题

1.建立账套

操作步骤：

①执行“账套→建立”命令，打开“创建账套”对话框。

②输入所给各项账套信息。

③单击“下一步”按钮，输入蓝光有限责任公司的单位信息。

④单击“下一步”按钮，输入核算类型。

⑤单击“下一步”按钮，确定所给各项基本信息。

⑥单击“下一步”按钮，确定业务流程，全部采用默认的标准流程，单击“完成”按钮，

出系统提示“可以创建账套了”。

⑦单击“是”按钮，稍候，分类编码方案。

⑧单击“确认”按钮，定义数据精度。

⑨单击“确认”按钮，系统弹出“创建账套{蓝光有限责任公司：[4-2-2]}成功。”信息提示框，单击“确定”按钮，系统提示“是否启用账套？”。单击“是”按钮，打开“系统启用”对话框。

⑩选中“GL－总账”复选框。弹出“日历”对话框，选择日期“2011年1月1日”。

⑪单击“确定”按钮，单击“是”按钮，单击“退出”按钮。

2.编制会计报表

(1)定义报表格式

操作步骤：

①在“格式”状态下，执行“格式→表尺寸”命令，设置报表为6行3列。

②执行“格式→组合单元”命令，单击“按行组合”，将报表第一行单元格合并。

③执行“格式→区域画线”命令，将A3：C6区域画线。

④执行“格式→行高、列宽”命令，将第一行行高设置为7毫米，A～C列列宽为30毫米。

⑤输入报表项目。

⑥执行“格式→单元属性”命令，将标题行文字居中并设置为黑体14号字。

⑦执行“数据→关键字→设置”命令，在B2单元格分别设置年、月、日关键字。

⑧执行“数据→关键字→偏移”命令，设置年、月关键字的偏移量分别为－60、－30。

⑨单击“保存”按钮，将报表保存到指定文件夹下。

(2)定义报表公式

操作步骤：

①在“格式”状态下，选定被定义单元，即“原材料”期初数。

②单击“fx”按钮，打开“定义公式”对话框。

③单击“函数向导”按钮，打开“函数向导”对话框。

④在函数分类列表框中选择“用友账务函数”，在右边的函数名列表中选中“期初(QC)”。

⑤单击“下一步”按钮，打开“用友账务函数”对话框。

⑥单击“参照”按钮，打开“账务函数”对话框。

⑦修改科目编码，单击“确定”按钮，返回“用友账务函数”对话框。

⑧单击“确定”按钮，返回“定义公式”对话框，单击“确认”按钮。

⑨根据资料，直接或引导输入其他单元公式。

(3)生成报表数据

操作步骤：

①在“数据”状态下，单击第1张表页，执行“数据→关键字录入”命令，打开“录入关键字”对话框。

②输入年“2011”,月“01”, 日“31”。

③单击“确认”按钮,弹出“是否重算第1页?”提示框。

④单击“是”按钮,系统会自动根据单元公式计算01月份数据。

(4)保存报表

操作步骤:

单击“保存”按钮,在指定的文件夹输入报表文件名“材料明细表.rep”,再单击“保存”按钮。

(5)调用报表模板

操作步骤:

调用利润表模板

①执行“格式→报表模板”命令,打开“报表模板”对话框。

②选择您所在的行业“一般企业(2007新会计准则)”,财务报表“利润表”。

③单击“确认”按钮,弹出“模板格式将覆盖本表格式!是否继续?”提示框。

④单击“确定”按钮,即可打开“利润表”模板。

生成利润表数据

①单击左下角“格式”按钮,在数据状态下,执行“数据→关键字→录入”命令。

②输入关键字:年“2011”,月“01”,日“31”。单击“确认”按钮,弹出“是否重算第1页?”提示框。

③单击“是”按钮,系统会自动根据单元公式计算01月份数据。

3.固定资产核算

(1)设置固定资产类别

操作步骤:

①执行“固定资产→设置→资产类别”命令,进入“类别编码表”窗口。

②单击“单张视图”选项卡,单击“增加”按钮。

③输入类别名称“家具类”,净残值率“3%”;选择计提属性“正常计提”,折旧方法“平均年限法(一)”,卡片样式“通用样式”。

④单击“保存”按钮。

(2)资产增加

操作步骤:

①执行“固定资产→卡片→资产增加”命令,进入“资产类别参照”窗口。

②选择资产类别:“02电子设备”。

③单击“确认”按钮,进入“固定资产卡片新增”窗口。

④输入固定资产名称“复印机”;双击使用部门选择“销售部”,双击增加方式选择“直接购入”,双击使用状况选择“在用”;输入原值“5 000”,可使用年限“10年”,开始使用日期“2011-01-10”。

(3)计提折旧

操作步骤:

①执行"固定资产→处理→计提本月折旧"命令，弹出"本操作将计提本月折旧，并花费一定时间，是否要继续？"提示框。

②单击"是"按钮，弹出"是否要查看折旧清单？"提示框。

③单击"是"按钮，进入"折旧清单"窗口。

④单击"退出"按钮，进入"折旧分配表"窗口。

⑤单击"凭证"按钮，进入"凭证填制"窗口。

⑥选择凭证类型"转账凭证"。

⑦单击"保存"按钮。

2013 年 4 月会计从业资格考试试题

初级会计电算化

一、单项选择题(本类题共 10 小题,每小题 1 分,共 10 分。每小题备选答案中,只有一个符合题意的正确答案。多选、错选、不选均不得分。)

1.(　　)是会计电算化的丰富发展阶段。

A. 模拟手工记账的探索起步

B. 与其他业务结合的推广发展

C. 引入会计专业判断的渗透融合

D. 与内控相结合建立 ERP 系统的集成管理

2. 会计核算软件按系统软硬件结构可以分为(　　)。

A. 单用户和多用户(网络)会计软件　　B. 通用与专用会计软件

C. 独立型会计软件与非独立型会计软件　　D. 核算型与管理型会计软件

3. 按 ASCII 码值比较大小,下面正确的是(　　)。

A. 数字比字母大　　B. 0 比 9 大

C. 数字比字母小　　D. 以上均错

4. 工资核算系统中,固定数据处理包括(　　)。

A. 人员调入　　B. 工资计算

C. 费用分配　　D. 计时工资

5. 会计电算化后的档案每天做日备份,月底做月备份,是保证会计核算资料安全的措施之一,(　　)必须作为会计档案保存。

A. 日备份　　B. 月备份

C. 日备份和月备份　　D. 季度备份

6. 对应于常用工具栏"粘贴"按钮的快捷键是(　　)。

A. Ctrl+F　　B. Ctrl+U

C. Ctrl+X　　D. Ctrl+V

7. 关于删除凭证,下列说法错误的是(　　)。

A. 删除前先作废凭证　　B. 选择是否整理凭证断号

C. 作废凭证选择是否删除　　D. 删除后的凭证可以恢复

8. 银行对账功能,对账单在核对中,下列(　　)情况才能使用自动核销功能,核销未过账项。

A. 多对多　　B. 多对一

C. 一对多　　D. 一对一

9. 无论简单报表还是复合报表，都是由三个基本部分组成，即(　　)。

A. 表头、单元和制表人　　B. 表名、内容和制表人

C. 表名、单元和表尾　　D. 表头、表体和表尾

10. 在 Windows XP 中管理系统资源的两个程序组是(　　)。

A. "我的电脑"和"回收站"　　B. "资源管理器"和"我的电脑"

C. "我的电脑"和"控制面板"　　D. "资源管理器"和"回收站"

二、多项选择题(本类题共 10 题，每小题 2 分，共 20 分。每小题备选答案中，有两个或两个以上符合题意的正确答案。多选、少选、错选均不得分。)

1. 工资核算功能模块，主要用来计算职工(　　)并根据工资用途进行分配。

A. 应发工资　　B. 实发工资　　C. 养老保险金　　D. 住房公积金

2. 在中文 Word 的"段落"对话框中，可以设定(　　)。

A. 对齐方式　　B. 行间距　　C. 段间距　　D. 字体

3. 会计电算化软件的来源主要有(　　)。

A. 通用商品化会计电算化软件

B. 本单位自行开发

C. 通用与定点开发会计电算化软件相结合

D. 联合开发

4. 下列各项中，属于会计档案保管员的责任的有(　　)。

A. 负责本系统各类数据软盘、系统软盘及各类账表、凭证、资料的存档保管工作

B. 做好各类数据、资料、凭证的安全保密工作，不得擅自出借。经批准允许借阅的会计资料，应认真进行借阅登记

C. 按规定期限，向各类电算化人员催缴各种有关的软盘资料和账表凭证等会计档案资料

D. 按会计档案管理的有关规定行使职权

5. 下列各键中，不能完成翻页功能的键有(　　)。

A. Del　　B. Alt　　C. PageUp　　D. End

6. 下列关于科目编码作用的叙述，正确的有(　　)。

A. 便于反映会计科目间的上下级逻辑关系

B. 便于计算机识别和处理

C. 减少输入工作量，提高输入速度

D. 促进会计核算的规范化和标准化

7. 会计电算化的发展阶段主要包括(　　)。

A. 模拟手工记账的探索起步阶段

B. 与其他业务结合的推广发展

C. 引入会计专业判断的渗透融合

D. 与内控相结合建立 ERP 系统的集成管理

8. 计算机的应用领域包括(　　)。

A. 科学计算　　B. 数据处理

C. 过程控制　　D. 计算机辅助系统

9. 固定资产的自动编码有(　　)等形式。

A. 部门编码＋类别编码＋序号　　B. 部门编码＋固定资产编码

C. 类别编码＋序号　　D. 部门编码＋序号

10. 分辨率不属于(　　)设置的性能指标之一。

A. 键盘　　B. 显示器

C. 软盘驱动器　　D. 声卡

三、判断题(本类题共10题,每小题1分,共10分。判断结果正确得分。)

1. 在Word的编辑状态,若要设置打印的页边距,应当使用"文件"菜单中的"页面设置"命令。(　　)

2. 在Word编辑状态中,仅可以查找和替换各种字符,不可以查找和替换字符的格式。(　　)

3. 网络技术中,"上传"是指把文件从远程计算机复制到用户本地计算机中的过程。(　　)

4. 银行对账功能一般由出纳人员在会计期末进行。(　　)

5. 计算机会计信息系统的数据处理方式不能由计算机自动完成。(　　)

6. 病毒传播不但能在单个计算机范围内进行,而且能够在计算机网络中运行。(　　)

7. 操作系统是软件和硬件的接口。(　　)

8. 会计科目代码结构即是指代码共有多少级。(　　)

9. 选择商品化会计软件的前提条件是软件是否通过财政部或省市财政厅局的评审。(　　)

10. 结账前,会计软件应当自动检查本期输入的会计凭证是否全部登记入账,全部登记入账后才能结账。(　　)

四、实务操作题(本类题共60分,每小题4分。正确完成规定的操作步骤才得分,否则不得分。)

1. 设置陈令具有"001账套""财务分析"模块的操作权限。

2. 建立账套

(1)账套信息

账套号:001

账套名称:风尚科技有限公司

启用会计期:2012 年 1 月 1 日

(2)单位信息

单位名称:风尚科技有限公司

单位简称:风尚科技

(3)核算类型

行业性质:小企业会计制度

账套主管:demo

(4)基础信息

存货分类:是

(5)编码方案

科目编码级次:4-2-2

(6)系统启用

启用工资子系统,启用日期为 2012 年 1 月 1 日

3.(用户名:01;账套:002;操作日期:2012 年 1 月 2 日)

打开考生文件夹下的“资产负债表 1.rep”,完成下列操作后,将报表以原文件名进行保存。

(1)追加一张表页。

(2)在新表页中输入关键字“2012 年 1 月 2 日”。

(3)生成报表数据。

4.(用户名:02;账套:003;操作日期:2012 年 1 月 2 日)

打开考生文件夹下的“利润表 18.rep”,完成下列操作后,将报表以原文件名进行保存。判断并设置 B13 单元格的计算公式。

5.(用户名:03;账套:004;操作日期:2012 年 1 月 2 日)

打开考生文件夹下的“利润表 15.rep”,完成下列操作后,将报表以原文件名进行保存。

(1)在 A3 单元格设置“年、月、日”关键字。

(2)设置“年、月、日”关键字的偏移量为－70、－80、－90。

6.(用户名:04;账套:005;操作日期:2012 年 1 月 10 日)

查询其他应收款总账。

7.(用户名:05;账套:006;操作日期:2012 年 1 月 12 日)

对“转 0010 号”凭证进行审核。

审核通过。审核人:孙芳。

8.(用户名:06;账套:007;操作日期:2012 年 1 月 15 日)

设置工资类别。

类别名称:实习人员 2,生产部

9.(用户名:07;账套:008;操作日期:2012 年 1 月 20 日)

在“正式人员”类别下进行工资数据录入。

职员编码:12

职员姓名:李华

基本工资:3 000 元

绩效工资:1 000 元

请假天数:10 天

10.(用户名 08;账套:009;操作日期:2012 年 1 月 22 日)

固定资产增加。

资产编号:008

资产类别:02

资产名称:小型货车

所在部门:销售部

增加方式:直接购入

使用状况:在用

开始使用日期:2012－01－22

使用年限:5 年

原值:90 000 元

11.（用户名:09;账套:010;操作日期:2012 年 1 月 25 日）

输入收款单据。

2012 年 1 月 24 日，销售部收到甲公司一张面值 10 000 元的银行汇票，为销售货款。

12.（用户名:10;账套:011;操作日期:2012 年 1 月 26 日）

输入采购专用发票。

2012 年 1 月 25 日，向乙公司采购一批办公用品，价税合计 75 500 元，取得采购专用发票一张。

13.（用户名:11;账套:012;操作日期:2012 年 1 月 28 日）

核销客户名为“A 公司”的所有销售发票。

14.（用户名:12;账套:013;操作日期:2012 年 1 月 30 日）

查询全部的供应商往来余额表。

15.（用户名:13;账套:014;操作日期:2012 年 1 月 31 日）

查询全部的客户往来对账单。

参考答案及精析

一、单项选择题

1.［答案］ B

【精析】 与其他业务结合的推广发展是会计电算化的丰富发展阶段。

2.［答案］ A

【精析】 按硬件结构划分，会计核算软件可分为单用户会计核算软件和多用户（网络）会计核算软件。

3.［答案］ C

【精析】 在 ASCII 码表中，按照 ASCII 码值从小到大排列顺序是数字、英文大写字母、英文小写字母。数字 ASCII 码值比字母小。

4.［答案］ A

【精析】 工资核算系统中，人员调入和人员调出是指一个具体的时间，所以是固定数据处理。

5.[答案] B

【精析】 每天做日备份,月底做月备份,是保证会计核算资料安全的措施之一,月备份必须作为会计档案保存。

6.[答案] D

【精析】 对应于常用工具栏是"剪切"按钮的快捷键是Ctrl+X;"粘贴"按钮的快捷键是Ctrl+V。

7.[答案] D

【精析】 D项错误,删除后的凭证不可恢复。

8.[答案] D

【精析】 银行对账功能,对账单在核对中,只有一对一的对账能使用自动核销功能,核销未过账项。

9.[答案] D

【精析】 无论简单报表还是复合报表,都是由三个基本部分组成,即表头、表体和表尾。

10.[答案] B

【精析】 通过使用"资源管理器"和"我的电脑"可以方便地管理系统资源,而"回收站"和"控制面板"则不具有这样的功能。

二、多项选择题

1.[答案] AB

【精析】 会计核算软件的功能模块一般可以划分为账务处理、工资核算、固定资产核算、存货核算、销售核算、成本核算、会计报表生成与汇总、财务分析等。工资核算功能模块主要用来计算职工应发工资和实发工资,并根据工资用途进行分配。

2.[答案] ABC

【精析】 "段落"对话框可以设定文段的对齐方式、行间距、段间距等,字体设定并不包括在Word的"段落"对话框中。

3.[答案] ABCD

【精析】 会计电算化软件来源主要有通用商品化会计电算化软件、定点开发(包括本单位自行开发、委托其他单位开发、联合开发)、通用与定点开发会计电算化软件相结合三种渠道。

4.[答案] ABCD

【精析】 会计档案保管员的责任包括:①负责本系统各类数据软盘、系统软盘及各类账表、凭证、资料的存档保管工作。②做好各类数据、资料、凭证的安全保密工作,不得擅自出借。经批准允许借阅的会计资料,应认真进行借阅登记。③按规定期限,向各类电算化人员催缴各种有关的软盘资料和账表凭证等会计档案资料。④按会计档案管理的有关规定行使职权。

5.[答案] ABD

【精析】 PageUp 功能键用来实现翻页，Del、Alt、End 均不能完成翻页功能。

6.［答案］ ABCD

【精析】 科目编码的作用包括：①便于反映会计科目间的上下级逻辑关系；②便于计算机识别和处理；③减少输入工作量，提高输入速度；④促进会计核算的规范化和标准化。

7.［答案］ ABCD

【精析】 会计电算化的发展，主要包括：模拟手工记账的探索起步阶段、与其他业务结合的推广发展、引入会计专业判断的渗透融合和与内控相结合建立 ERP 系统的集成管理等阶段。

8.［答案］ ABCD

【精析】 现代计算机不仅可以用来进行科学计算、信息处理，还广泛用于工业过程控制、计算机辅助设计、计算机通信、人工智能等领域。总之，计算机已成为人类活动不可缺少的工具。

9.［答案］ ACD

【精析】 根据相关规定，固定资产的自动编码有部门编码＋类别编码＋序号、类别编码＋序号、部门编码＋序号等形式。

10.［答案］ ACD

【精析】 B 项分辨率是显示器的重要性能指标之一。

三、判断题

1.［答案］ √

【精析】 在 Word 的编辑状态，若要设置打印的页边距，应当使用“文件”菜单中的“页面设置”命令。

2.［答案］ ×

【精析】 在 Word 编辑状态，不仅可以查找和替换各种字符，而且通过其中的“高级”按钮还可以查找和替换字符的格式。

3.［答案］ ×

【精析】 文件传输分为上传（Upload）和下载（Download）两种方式。所谓下载文件就是将所连接系统中的文件传输到用户系统的磁盘中。上传文件是下载文件的逆操作，就是把文件从用户系统的磁盘上传送到所连接的系统中。

4.［答案］ √

【精析】 银行对账功能通常由出纳人员在会计期末进行核对。

5.［答案］ ×

【精析】 计算机会计信息系统的数据处理方式一般是由在程序控制下的计算机快速自动完成。

6.［答案］ √

【精析】 病毒传播不但能在单个计算机范围内进行，而且能够在计算机网络中进行。

7.[答案] √

【精析】 操作系统是软件和硬件的接口。

8.[答案] ×

【精析】 会计科目代码结构是指代码共有多少级以及各级代码的长度。

9.[答案] √

【精析】 选择商品化会计软件的前提条件是软件是否通过财政部或省市财政厅局的评审,即合法合规。

10.[答案] √

【精析】 结账前,会计软件应当自动检查本期输入的会计凭证是否全部登记入账,全部登记入账后才能结账。

四、实务操作题

1.**【提示步骤】**启动系统管理,点击“系统”菜单下的“注册”,输入用户名 Admin,进入系统管理模块。菜单:权限→权限。①单击选择操作员。②选择账套。③单击“增加”。④双击选择“财务分析”。⑤退出。

2.**【提示步骤】**启动系统管理,点击“系统”菜单下的“注册”,输入用户名 Admin,进入系统管理模块。菜单:账套→建立。①设置账套信息。②设置单位信息。③设置核算类型。④设置基础信息。⑤设置编码方案。⑥启用相应子系统。

3.**【提示步骤】**菜单:财务报表→数据→录入。①打开报表,在左下角切换到数据状态。②追加表页(编辑→追加→表页)。③输入关键字(数据→关键字→录入)。④整表重算。⑤保存报表。

4.**【提示步骤】**菜单:财务报表→数据→编辑公式→单元公式。①打开报表。②设置计算公式。③保存报表。

5.**【提示步骤】**菜单:财务报表→数据→关键字→设置、偏移。①打开报表。②设置关键字。③调整偏移量。④保存报表。

6.**【提示步骤】**菜单:总账→账簿查询→总账。①选择相应科目。②显示查询账簿。

7.**【提示步骤】**菜单:总账→审核凭证。①输入查询条件。②显示相应凭证。③单击审核。

8.**【提示步骤】**菜单:“财务”应用程序→输入用户名→选账套。①选会计年度→改操作日期→确定。②工资管理系统→工资类别→新建工资类别→输入名称→下一步→双击“实习人员 2”→点“生产部”→确定。

9.**【提示步骤】**菜单:“财务”应用程序→输入用户名→选账套。①选会计年度→改操作日期→确定。②工资管理系统→工资→业务处理→工资变动→录入信息→退出。

10.**【提示步骤】**菜单:“财务”应用程序→输入用户名→选账套。①选会计年度→改操作日期→确定。②固定资产→卡片→资产增加→录入信息→退出。

11.**【提示步骤】**菜单:“财务”应用程序→输入用户名→选账套。①选会计年度→改操作日期→确定。②应收应付→销售→客户往来→收款结算→选择客户→增加→输入数据→保存。

12.**【提示步骤】**菜单:"财务"应用程序→输入用户名→选账套。①选会计年度→改操作日期→确定。②应收应付→采购→采购发票→增加→选择发票类型→录入信息→保存。

13.**【提示步骤】**菜单:"财务"应用程序→输入用户名→选账套。①选会计年度→改操作日期→确定。②应收应付→销售→客户往来→收款结算→选择客户和收款单→核销→输入核销金额→保存。

14.**【提示步骤】**菜单:"财务"应用程序→输入用户名→选账套。①选会计年度→改操作日期→确定。②应收应付→采购→供应商往来账表→供应商往来余额表→选择查询对象→确认。

15.**【提示步骤】**菜单:"财务"应用程序→输入用户名→选账套。①选会计年度→改操作日期→确定。②应收应付→销售→客户往来账表→客户往来对账单→选择查询对象→确认。